梅香何处　纪念赵梅生百年诞辰

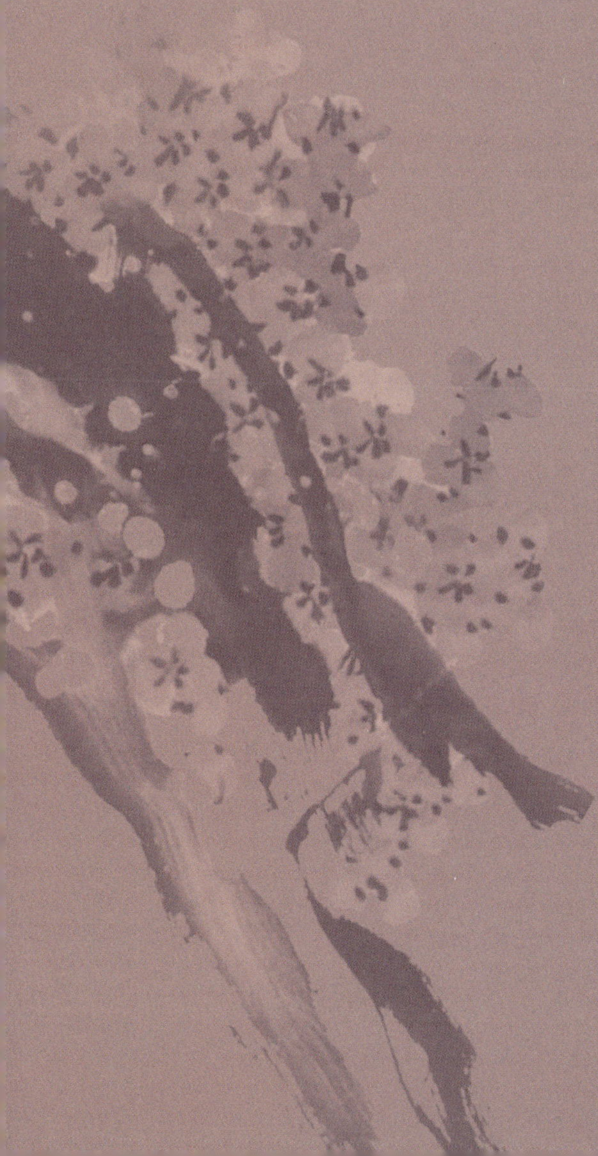

梅香何处

——赵梅生艺术人生

主编 李文洁 张静

编者 董丽丽 何莉 李建军 李小广 刘慧琴 孙丽 王赟 于晓君

中国人民大学出版社

·北京·

赵梅生作品欣赏

《百年大党万年青》，2021 年（Centennial Party, Forever Youthful，2021）

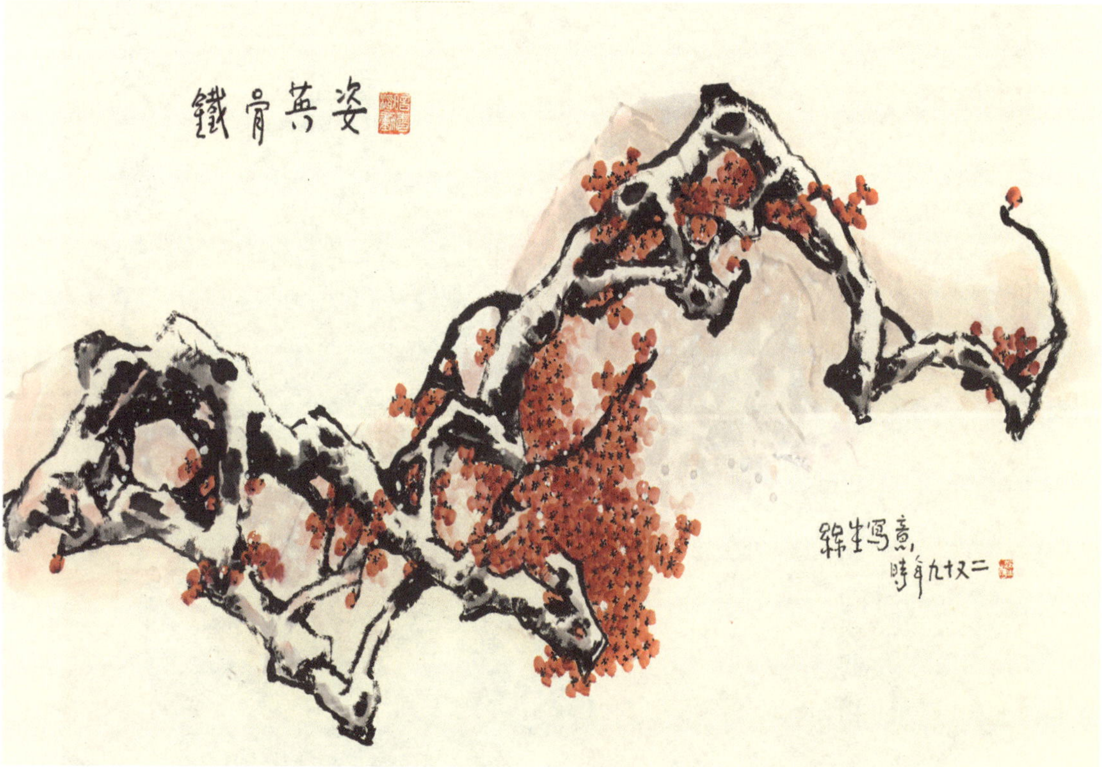

《铁骨英姿》，2017 年 10 月，天安门城楼藏（Iron Gesture and Heroic Spirit of Plum Blossoms, October 2017, Collected by the Tian’anmen Rostrum）

《苍龙三部曲》，2002 年 5 月，中国美术馆藏（Azure Dragon Trilogy, May 2002, Collected by the National Art Museum of China）

《彩虹》，2016 年 8 月（Rainbow, August 2016）

《灯花》，1994 年 9 月（Lantern Flower, September 1994）

《畅视平遥》，2003 年 6 月（Unobstructed View of Pingyao, June 2003）

《天涯若比邻》，2004 年 3 月（Close as Neighbors Despite Distance, March 2004）

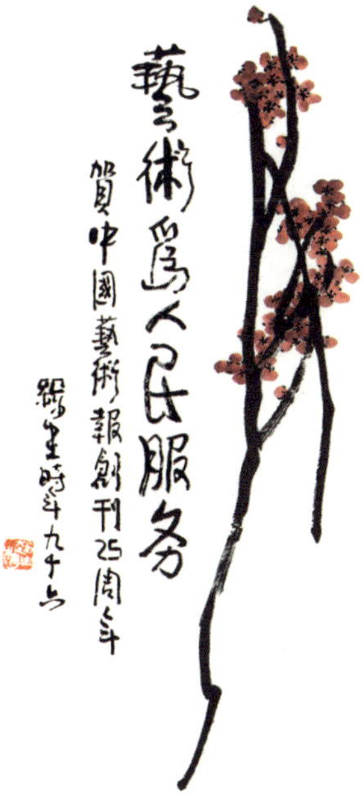

《艺术为人民服务——贺中国艺术报创刊 25 周年》，2020 年 7 月（Art for Serving the People—Celebrating the 25th Anniversary of the Founding of Art News of China, July 2020）

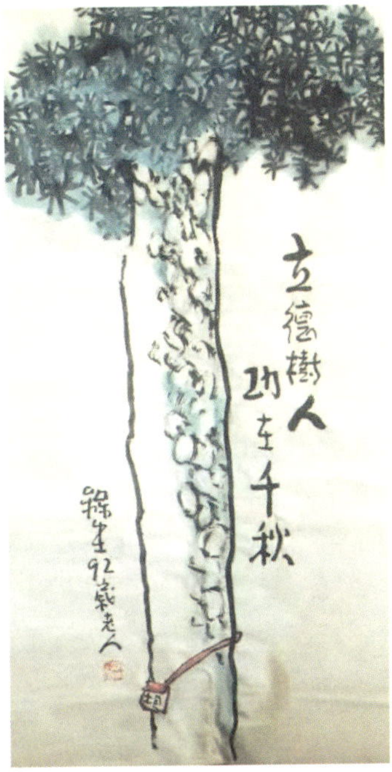

《立德树人　功在千秋》，2020 年（Establishing Virtue and Cultivating People for Spreading Merits for the Ages, 2020）

《巴黎奥赛美术馆》，2000 年 8 月（Musée d'Orsay in Paris, August 2000）

《米开朗基罗印象》，2001 年 9 月（Impression on Michelangelo, September 2001）

《卢浮宫中的胜利女神》，2001 年 10 月（The Winged Victory in Louvre, October 2001）

《西欧写生》，2001 年 10 月（Sketches on Western Europe, October 2001）

《走进罗浮宫》，2000 年 8 月，山西博物院藏（Entering the Louvre, August 2000, Collected by the Shanxi Museum）

《中华五千年》，1996 年 5 月（China's 5000 Years of History and Civilization, May 1996）

全书插图

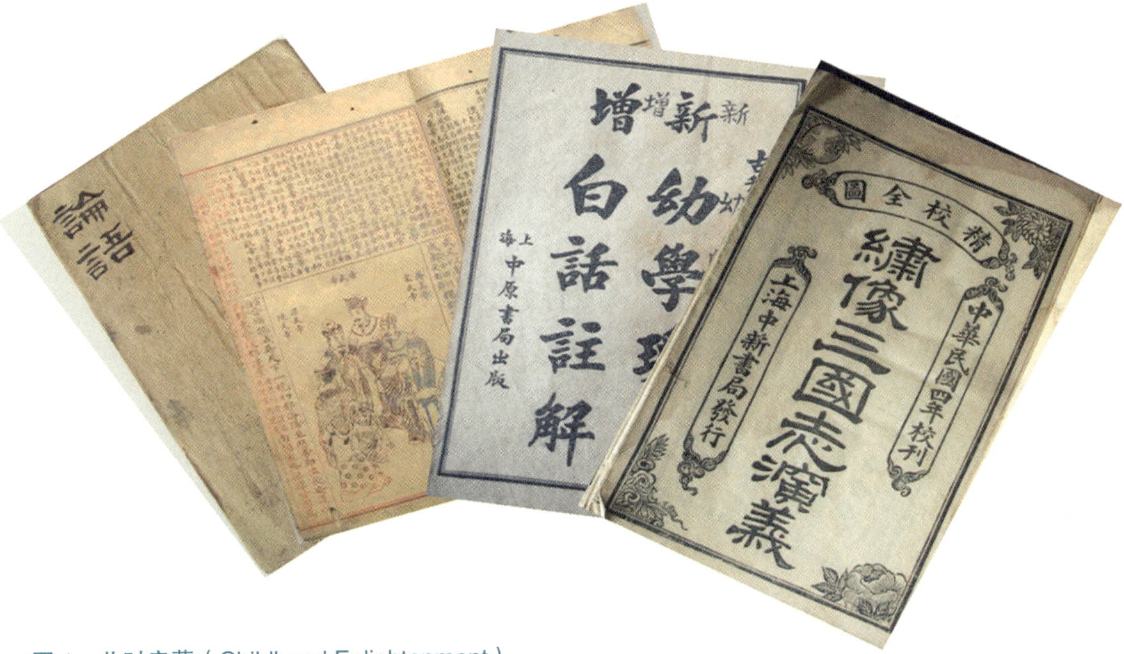

图 1　儿时启蒙（Childhood Enlightenment）

图 2　杨秋菊烈士墓（The Martyr's Cemetery of Yang Qiuju）

图 3　跪别母亲（Kneeling to Bid Farewell to Mother）

图 4　《秋菊图》(Autumn Chrysanthemums)

图 5 1943 年绘制插图、报头（Drawing Illustrations, Newspaper Headers）

图 6 书写标语（Writing Slogans）

图 7 《醉春图》(Drunken Spring)

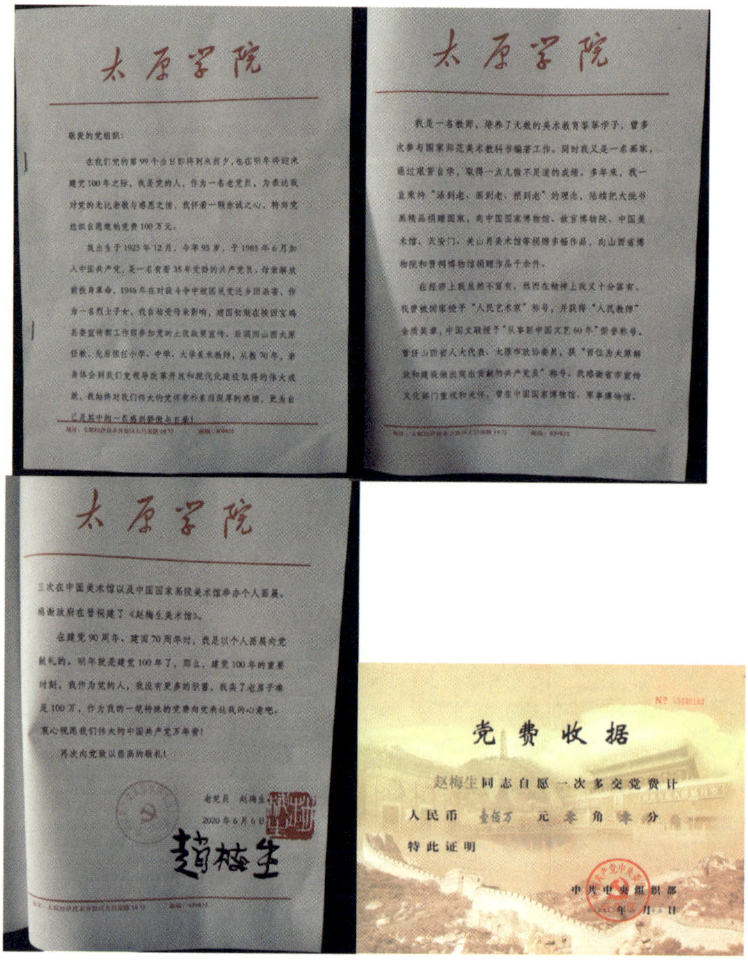

太原学院

敬爱的党组织：

在我们党的第99个生日即将到来前夕，也在明年将迎来建党100年之际，我是党的人，作为一名老党员，为表达我对党的无比崇敬与感恩之情，我怀着一颗赤诚之心，特向党组织自愿缴纳党费100万元。

我出生于1925年12月，今年95岁，于1985年6月加入中国共产党，是一名有着35年党龄的共产党员。母亲解放前投身革命，1946年在对敌斗争中被国民党还乡团杀害。作为一名烈士子女，我自幼受母亲影响，建国初期在陕西宝鸡县委宣传部工作期间参加党的土改政策宣传，后调到山西太原任教，先后担任小学、中学、大学美术教师，从教70年，亲身体会到我们党领导改革开放和现代化建设取得的伟大成就，我始终对我们伟大的党怀有特殊而深厚的感情，更为自己是其中的一员感到骄傲与自豪！

太原学院

我是一名教师，培养了无数的美术教育事业学子，曾多次参与国家师范美术教科书编著工作。同时我又是一名画家，通过艰苦自学，取得一点儿微不足道的成绩。多年来，我一直秉持“活到老、画到老、捐到老”的理念，陆续把大批书画精品捐赠国家，向中国国家博物馆、故宫博物院、中国美术馆、天安门、关山月美术馆等捐赠多幅作品，向山西省博物院和晋祠博物馆捐赠作品千余件。

在经济上我虽然不富有，然而在精神上我又十分富有。我曾被国家授予“人民艺术家”称号，并获得“人民教师”金质奖章，中国文联授予“从事新中国文艺60年”荣誉称号。曾任山西省人大代表、太原市政协委员，获“百位为太原解放和建设做出突出贡献的共产党员”称号。我感谢省市宣传文化部门重视和关怀，曾在中国国家博物馆、军事博物馆、

太原学院

三次在中国美术馆以及中国国家画院美术馆举办个人画展。感谢政府在晋祠建了《赵梅生美术馆》。

在建党90周年、建国70周年时，我是以个人画展向党献礼的。明年就是建党100年了，那么，建党100年的重要时刻，我作为党的人，我没有更多的积蓄，我卖了老房子凑足100万，作为我的一笔特殊的党费向党表达我的心意吧。

衷心祝愿我们伟大的中国共产党万年青！

再次向党致以崇高的敬礼！

老党员 赵梅生

2020年6月6日

趙梅生

党费收据

赵梅生同志自愿一次多交党费计

人民币 壹佰万 元 零 角 零 分

特此证明

中共中央组织部

年 月 日

图 8 党费 (Party Membership Dues)

图 9　坚持读书看报（Persist in Reading and Learning）

图 10　在太原大学外语师范学院授课（Teaching）

图 11　全国中师美术新编教材讲习会全体代表合影（Group Photo of All the Delegates Compiling the Art Teaching Materials）

图 12　在中央美术学院与学生交流中国花鸟画创作（Zhao Meisheng Discusses Chinese Flower and Bird Painting at the Central Academy of Fine Arts）

图 13　师徒共同创作（Collaborative Creation）

图 14　师徒研讨创作（Collaborative Discussion in Creation）

图 15　师徒同展，画坛佳话（Teacher-Student Exhibition）

图 16　“‘两弹一星’进校园”青少年红色教育基地挂牌（Youth Patriotic Education Base: “Two Bombs and One Satellite Advanced Group into Campus”）

图 17　全家福（Family Portrait）

图 18　赵紫峰老师在画室利用旧报纸为学生们讲课示范（Teaching with Old Newspapers—Zhao Zifeng's Unique Method）

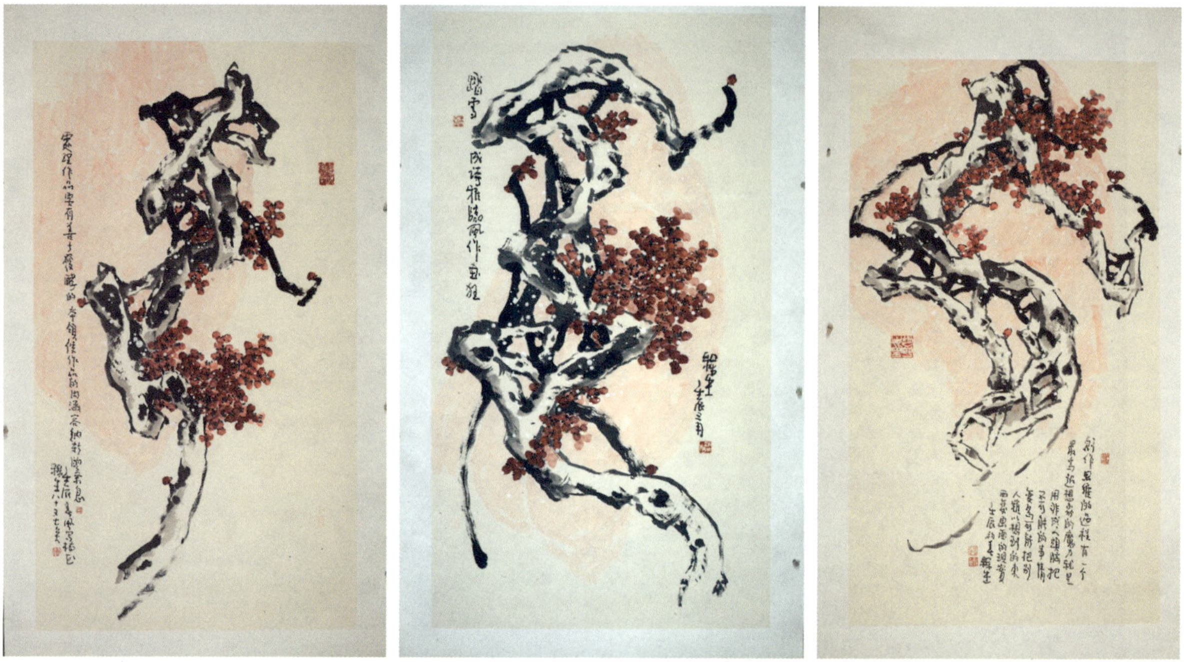

图 19 《梅花组图》(Composition of Plum Blossom Paintings)

图 20 《逍遥游》(Soaring and Flying)

图 21 《熔古铸今》(Blending the Past with the Present)

图 22 《生肖图》(Animal Zodiac)

图 23 《万里长城长又长》(The Great Wall is Long)

图 24 《泰山》(Mount Tai)

图 25 《华山》(Mount Hua)

图 26 《撼山易撼我中华难》(Shaking Mountains is Easy, Shaking China is Hard)

图 27 《上下五千年》(Five Thousand Years Up and Down)

图 28 《巍巍太行》(Majestic Taihang Mountains)

图 29 《战地黄花分外香》(Fragrant Yellow Flowers on the Battlefield)

图 30 《浴雪啄寒》(Bathing in the Snow, Pecking at the Cold)

图 31 《陶舍秋风》(Autumn Wind at the Pottery Studio)

图 32 《郁金香》(Tulips)

图 33 《逐浪图》(Sailing Waves)

图 34 《玉兰》(Magnolia)

图 35 《生机》(Vitality)

图 36 《紫浪泛春》(Drifting Purple Waves of Spring)

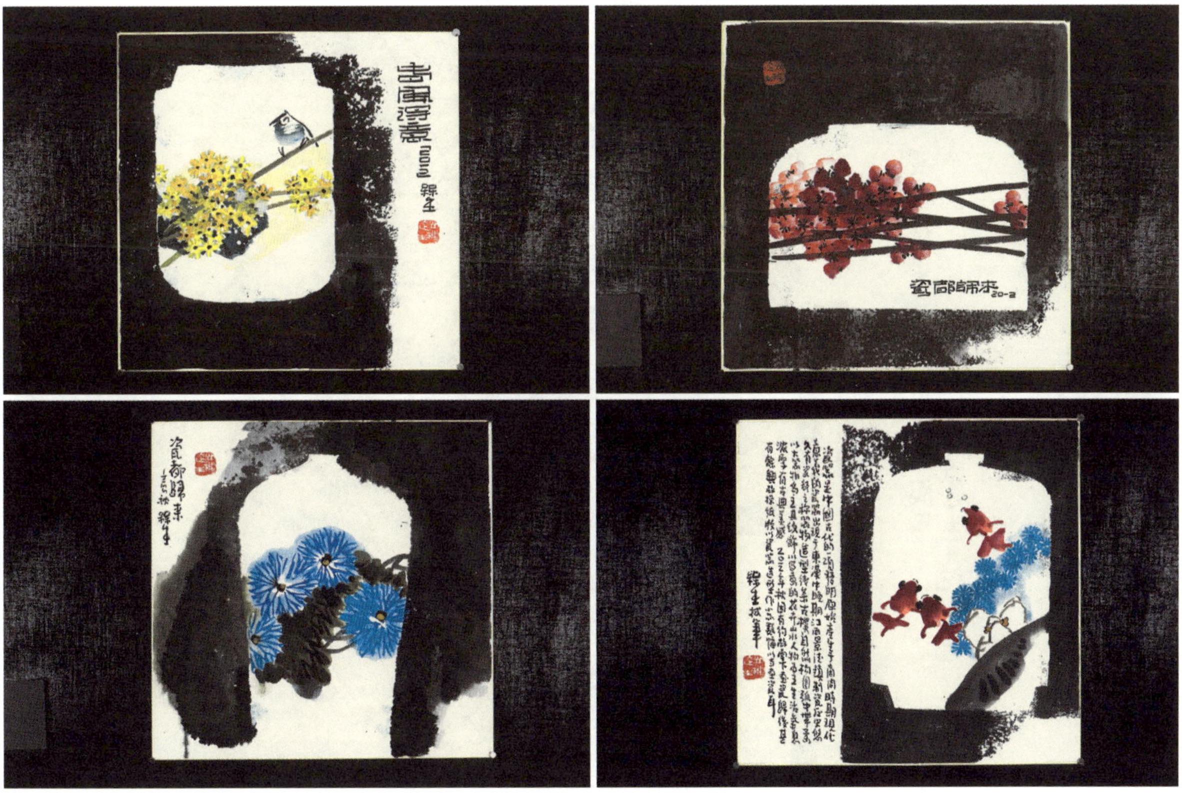

图 37 《纸墨瓷趣》系列（ Ink, Paper, Porcelain Delights Series ）

图 38 《满堂红》(Full House of Red)

图 39　古代造像组图（Compilation of Ancient Sculptures）

图 40　《鸟尊》（Bird Totem）

图 41　《关公》（Guan Yu）

图 42 《傅山》(Fu Shan)

图 43 《北岳悬空》(Xuankong Temple of Mount Heng)

图 44 《晋商宅院》(Ancient Shanxi Merchant Compounds)

图 45 《挺立的胜利女神》(Upright Winged Victory)

图 46 《思想者》(The Thinker)

图 47 《巴黎圣母院》(Notre-Dame de Paris Cathedral)

图 48 《米兰大教堂内的柱林》(Pillars inside Duomo di Milano/ Milan Cathedral)

图 49 《西欧市场夜幕》(Night Market in Western Europe)

图 50 《马德里的八月》(August in Madrid)

图 51 《翰墨千秋》(Han Mo Qian Qiu, Eternality of Chinese Calligraphy and Painting)

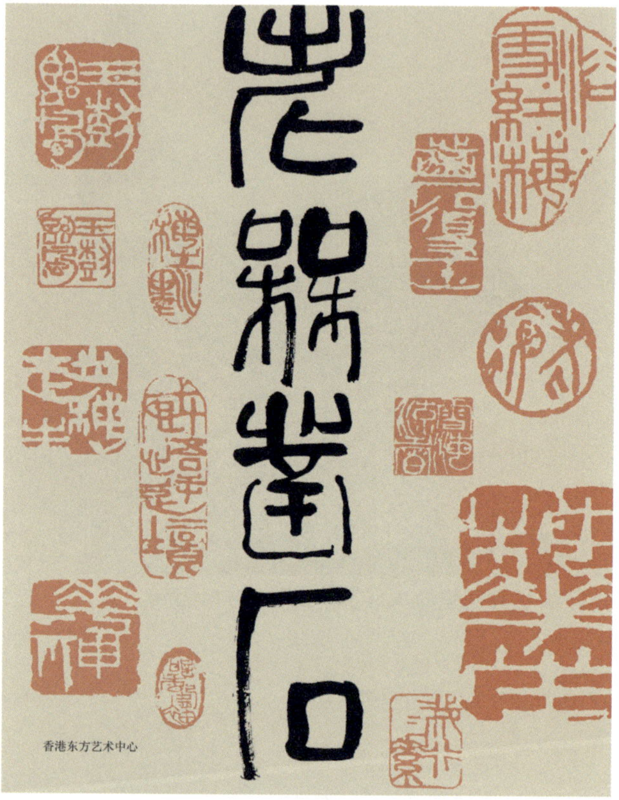

图 52 《老梅凿石》(Lao Mei Zao Shi)

图 53　积极投身到社会主义建设高潮中，绘制宣传画
(Actively engaging in the high tide of socialist construction and creating publicity paintings)

图 54 漫画《异口同声》发表于《人民日报》(Comic works “In Unison—Socialism is Good” published in *People's Daily*)

图 55 年画《五福临门》(New Year Painting “Five Blessings at the Door”)

图 56　深入部队创作（Creating Artworks within the Military）

图 57《长征路上比比看》发表于《山西日报》（"Comparisons Along the Long March" published in *Shanxi Daily*）

图 58 《海域天涯度春时》(Seas and Distant Lands Welcome Springtime)

图 59 《玉树常青　举国同助　山河动容》(Evergreen Yushu Unites the Nation, Moving Mountains and Rivers)

图 60 《北京糖葫芦》(Beijing Sugar-Coated Haws)

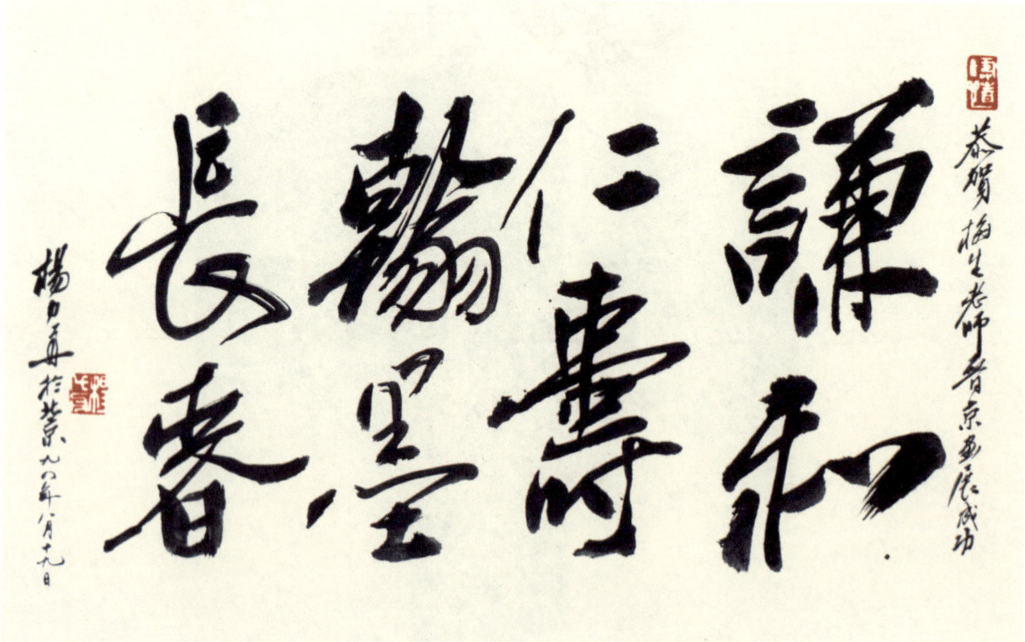

图 61 中国美术馆原馆长杨力舟题词 (By Yang Lizhou, Former Director of the NAMOC)

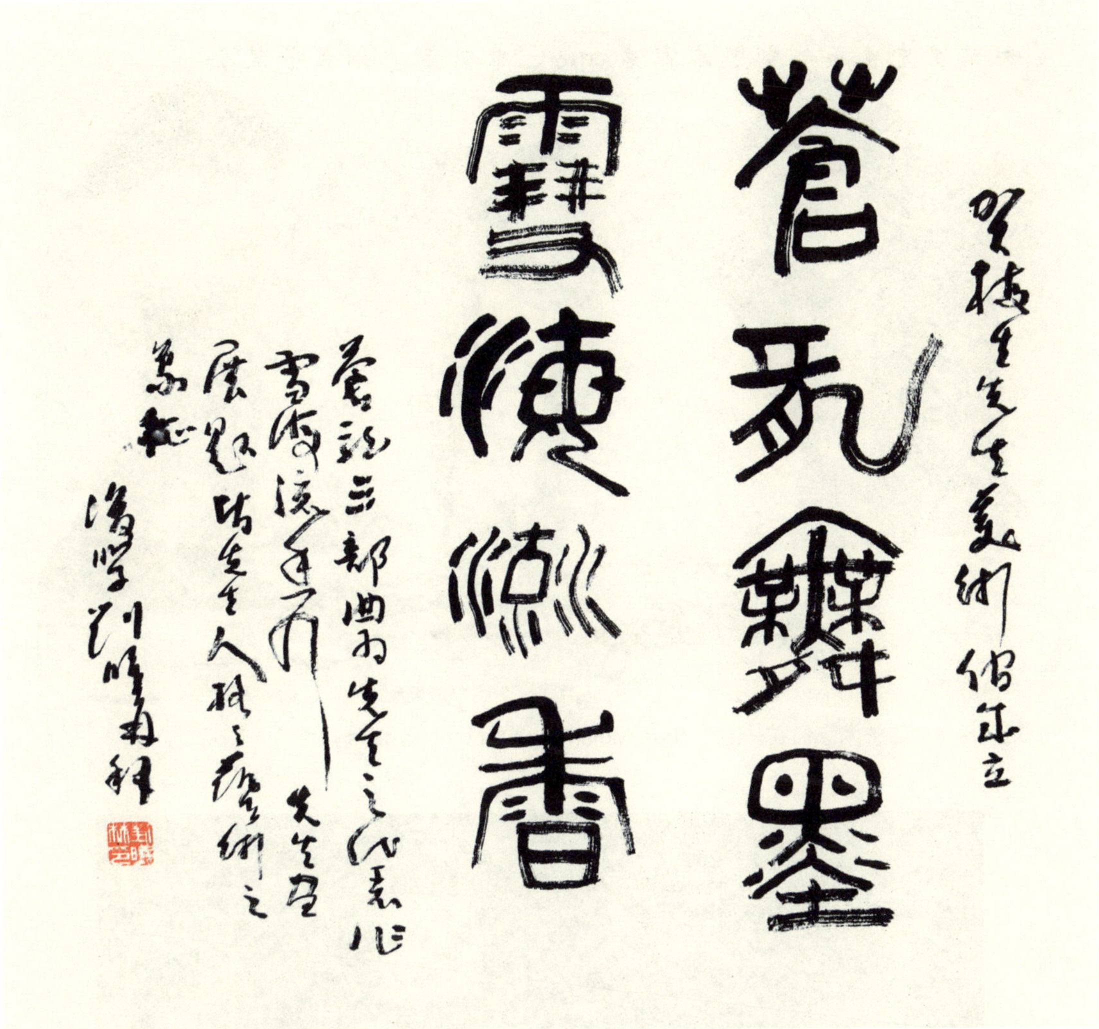

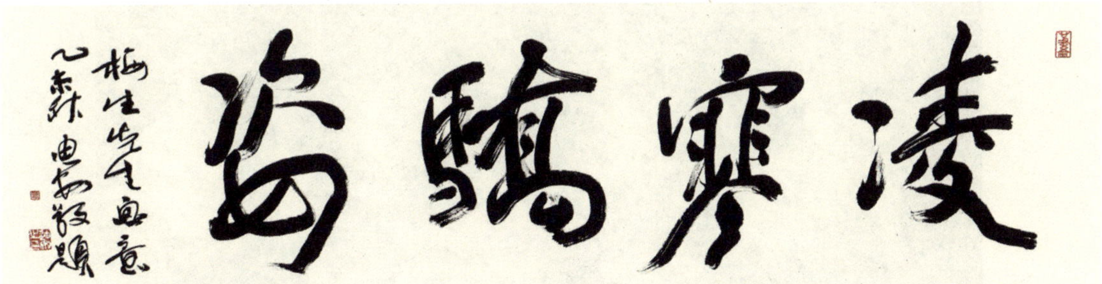

图 62　刘曦林、范迪安题词（ By Liu Xilin & Fan Di’an ）

图 63　赵梅生与艺术家们在一起（Zhao Meisheng and other artists）

图 64　赵梅生与孩子们（Zhao Meisheng and his children）

序

一半是美术教育家，一半是美术创作家

尹少淳

大千世界，芸芸众生，人居一隅，各得其所。在这个世界上，每个人都有自己的社会定位，或曰社会职业。工人、农民、军人、医生、科学家、商人、公务员等即是人的社会定位或社会职业。这些职业使人能安身立命，在这个社会上生存，体现各自的价值，为社会做出自己力所能及的贡献。有些职业是我们努力主动争取后才从事的，也有偶然间不经意中就从事了。梅生先生当老师兴许有一定的偶然性，因为当年职业的选择并没有今天这样多，而且在乡村当一名老师也是一种普遍的选择。

1942 年，梅生先生成为西迁陕北秋林镇的山西第三儿童教养院的一名图画教员，这应该是他漫长的美术教学生涯之始。幸运的是，他的教师职业从一开始就跟一个专业绑定在一起，这个专业就是美术（图画）。受父母的影响，也受山西丰厚的民间美术资源的熏染，梅生先生从小就表现出对美术的爱好和天赋。民间剪纸、雕刻（塑）等都在耳濡目染中深刻地影响着梅生先生的艺术感觉和艺术素养。他在可以绘画的任何地方——地面、墙壁、门板上涂画，把对绘画的热爱和对艺术的灵性浸入了自己的灵魂深处。

有的职业是单一性的，也有的是复合性的。就梅生先生而言，他的职业既是美术教师，也是画家。作为教师，他教的是美术课程；搞美术创作，他又从没有脱离教师的职业。这就导致梅生先生常常被问到一个尴尬的问题："您是画家，还是教师？您最喜欢的职业究竟是哪一个？"实际上，这需要对其社会职业的影响力哪一个更大来判断。至于本人怎么认定、社会怎么认定，则是另外一回事。在梅生先生看来，他更是一名艺术教师。且听他是如何表白的："人们称呼我为艺术家、画家，其实我就是一名教师。我这一辈子是教师，我最喜欢的职业是教师。我的艺术能力是在教师岗位上、在教育学生的过程中学习和锻炼出来的。和孩子们在一起，我最快乐。孩子们喜欢画画、画好画是我最大的成就。"太原市成立画院的时候，市领导决定请梅生先生出任画院领导，被他婉拒，"我愿意一辈子当个教师"。这一切都说明了，他是从心底里真正看重教师这一职业和身份的。

从 1942 年担任图画教员开始，梅生先生就再没有卸下过教师的担子和责任，直至生命的终结。他热爱教师岗位，兢兢业业，呕心沥血，奉献了 80 个春秋。新中国成立以后，

他先后在山西省干部子弟学校以及太原市的几所中小学、师范院校和综合性大学担任美术老师。退休以后，被聘为太原学院终身教授、海南师范大学客座教授等。除此之外，他还利用讲座、示范课等机会，在中央美术学院中国画学院等一些大学院系进行讲学、交流。梅生先生真正达到了“春蚕到死丝方尽，蜡炬成灰泪始干”的境界，为中国美术教育尤其是基础美术教育竭尽全力，奉献一生。

纵观梅生先生长达 80 年的教学生涯，我们大致可以提炼出这么几个亮点。

亮点一：对教师职业有天然的亲近感，乐此不疲。梅生先生性格平和，处事中庸，在对待生活的态度上，不执一端，不固一极，看问题全面而周延，周遭之人均能接受。他不好高骛远，而是脚踏实地，扎实地做好每一件事。梅生先生与人的关系，圆融和谐，这种性格比较适合担任教职，换句话说，这是一种非常适合教师工作的性格。

“天地君亲师”之信条，梅生先生信之甚笃，在他眼中，唯有教师是社会最崇高的职业。一个社会在文脉、文化、价值观和生活方式方面的传承，教师在其中发挥着关键的作用。而要成为一位优秀的教师，需要相应的性格与之匹配，从这一意义来说，梅生先生具有天然的教师禀赋和性格。

亮点二：艺术和教育都以德为先。这两者具有明显的近缘性，从而达到艺德一体的境界。正是在这一点上，艺术教育和艺术创作找到了联结点。在这个意义上，做教育是积善行德，搞创作是积德行善，两者殊途同归，并不矛盾。按当下时兴的说法，教育包含美育教育，艺术教育应该为德育服务，所以美育与德育一直如影随形，你中有我，我中有你。通过美育进行德育，一直就是真实的存在，是美育的应有之义。中外如是，古今皆然。

在西方，古希腊人已开始用史诗、戏剧、音乐、雕塑等不同艺术形式，对自由民实施艺术教育。大哲学家柏拉图和亚里士多德等人的政治学理论中，就包含了丰富的艺术教育思想。在我国，自古就有三皇五帝时代的“先王之乐”等种种传说。“制礼作乐”更是成为历代统治者治国安邦的一件不可忽视的大事。而包含文学和艺术在内的“六艺之教”(礼、乐、射、御、书、数）也成为中国古代教育的重要内容。

所以，梅生先生对鲁迅所说的“美术可以辅翼道德”有着深刻的认识和体悟，也注重道德对教育和艺术所具有的统摄作用。

亮点三：美术教育从基本功教起，并教会学生关注生活，从生活中发现灵感，学会通过绘画的方式加以表现。在教学中，梅生先生尤其看重教育的基础性。他在对待教学工作的时候，从不挑三拣四，往往喜欢从最基础的东西教起。只要是教学任务，他都极为上心，认真完成。他曾亲自上素描写生课，从培养学生的观察能力开始，发展他们的基本造型能力，将他们引入美术教学与创作的殿堂。

亮点四：在课程内容中强调实用性。梅生先生在教学中，从不轻易定义什么内容有用或者无用，也不过分强调内容的高大上、三六九等，举凡板报、题花、图案、纹样，都认真对待，一丝不苟。他鼓励学生所知要多，艺术全部门类都要认真去接触、去思考、去学习。这样不仅培养了学生的艺术通感，而且会影响到其创作的灵感和思路，使得他们的学习和创作融会贯通，获得新意。就这点而言，梅生先生自己应该也是得益良多。我们从他的创作过程中，能够感受到一种强烈的秩序感，这种秩序感正是来源于对图案、纹样的学习，这赋予了他的作品与众不同的特质。

亮点五：师范美术教育是艺术教育的基础，重视师范教育才能推动美术教育的真正发展，梅生先生在美术教学生涯中，非常关注中师教育。受教育部师范司的委托，人民美术出版社特邀梅生先生赴北京与著名美术教育家常锐伦等学者一道编写全国中师美术教材。其中梅生先生亲自编写的《简笔画》被编入新教材。新教材共分为三册，突出师范学校的教学特点，并在全国中师学校使用，推动了中师美术教育的开展，促进了全国基础美术教育的发展。

他始终认为，美术教育应该重视师范教育，因为只有师范教育才能提供强有力的师资。而这正是基础美术教育的质量保证。

梅生先生曾深情自述：“翰墨结缘红烛情，三尺讲台五十功。灯花洒落幸福泪，教书挥墨伴此生。”

鉴于赵梅生先生在艺术教育战线上点点滴滴的积累以及扎扎实实的贡献，各级部门授予了他实实在在的荣誉和表彰。1989 年他光荣地被评为“全国教育系统劳动模范”，并被授予“人民教师”奖章，事迹载入《中国特级教师辞典》。

梅生先生的一生由艺术教育和艺术创作构成，而且两个方面相得益彰、相互促进，成就了他一生的辉煌。本书描述的仅仅是梅生先生作为教师的大致人生轨迹，以及对美术教育的贡献。从某种意义上说，梅生先生已经超越了普通美术老师的范畴，成为兼具思想和方法影响力的美术教育家。

美术教育家的概念并不固定，很多在大学教美术的老师，也被称为美术教育家，但我特别看重也特别尊重曾经从事过基础美术教育并辛勤耕耘过的人，比如王雪涛、李可染等先生就曾经在小学担任过美术老师，刘海粟先生甚至主持制定过国家的美术课程标准。我们自然不能强求所有人放弃在专业上的发展，而固守在三尺讲坛，但我们依然对那些持续关心并以自己的社会影响力支持基础美术教育和美育教学的人表达一份发自内心的尊重。梅生先生是值得我们景仰的人，因为他是为数不多地公开表明自己“美术教师”身份的人，而且深深热爱教师职业。

尹少淳：首都师范大学美术学院教授、博士生导师，首都师范大学亚洲美术教育研究发展中心主任。国家教材委员会专家委员会委员，教育部艺术教育委员会委员，教育部高校美育教学指导委员会委员，教育部国家美术课程标准研制（修订）组组长。中国美术家协会少儿美术艺术委员会主任，中国美术馆公共教育专家委员会副主任。

前　言

世界在合作和纷争中颠簸前行，中国推动构建人类命运共同体。“美人之美，美美与共”，我们在寻找中国与世界的共鸣点的同时，更加惊喜于中华文化之博大精深，也更加自信于向世界阐述当代中国价值观念的历史必然性和现实合理性。与此相契合的是教育领域的教学观念出现了新元素，课程思政成为崭新的教学术语，高校外语课堂作为中西方文化碰撞频发的地方，与文化相关的思政教育势在必行，因为“文化自信是更基础、更广泛、更深厚的自信，是更基本、更深沉、更持久的力量”[1]。

中华文化虽历经沧桑，却万古一脉。其中，中国的绘画艺术在其纯美画韵中积淀了丰厚的文化传统，画中的千里江山传递着天地体验。溪桥村居里富含着人文寄寓，寻常细物中深存涵泳哲思，恰如傅抱石所言：“艺术为一国历史之最大表白。”

文化思政教育环节不应忽视中国绘画艺术中所展现的文化内涵，它集中了具有中国特色的美学范式，也包蕴着历代画家在哲学思辨中升华的宇宙观、家国观和审美观，它是真正的中国经典文化符号，是中国文化传统的现实形塑。基于此，我们希望能有这样一部文化思政教材：教材的主人公乃世人之典范，其为人对党忠诚、对祖国热爱、对人民付出，“一人兴善，万人可激”；教材的主题是中国画艺术，其画作让学习者可赏笔墨技法之精妙，涵育品性，提升审美修养；教材的功能是辅助高校外语课堂教学，其编排有助于提高学习者的语言技能中外语审美表达的专业性和精确性。同时，我们也希望这样一部育德育才的文化思政教材能着眼于家乡，选本土德艺双馨之人并与地方文化相结合，让学习者感受身边人、身边事，在热爱家乡的情感体验中产生更深刻的文化自信心。

于是，在人杰地灵的山西本土，我们将崇敬的目光聚焦于赵梅生先生身上，他的才华和人品几乎契合了我们上述种种诉求。

先生生于腊月，在冬日的凛冽和阳光的疏离中，梅生于雪中抵寒怒放，成长出日后对党的忠诚、对祖国深沉的爱、对人民的暖心关切和对艺术的孜孜以求。岁月曾为他端出过艰辛苦涩，也曾为他摆出了饕餮盛宴，但无论何时，先生唯愿山河无恙。

① 习近平谈治国理政：第 4 卷 . 北京：外文出版社，2022：312.

梅生善画，他以祖国为底色，让华夏入画，泼墨挥毫中为世人展示中国文化之生动气韵。

梅生善教，在光阴的流转中，他为人师表，育人铸魂，“三尺画布，三千桃李”。

这部教材，由此有了以下定位：

1. 高校外语教学之文化思政教辅教材

本教材行文中重点展现先生的大德之行及其作品中卓尔不群的艺术神韵，力求让学习者可以在先生鲜活事迹的影响下，感悟中国优秀文化的精神内核。

2. 高校外语教学之文化素养教辅教材

本教材的主体编排思路围绕中国绘画艺术特点展开，以赵梅生先生的画作为切入点，引领学生在中英文不同的语言氛围中领悟绘画艺术的审美特质，让蕴含其中的文化基因更加生动可感，以期进一步激活他们追求美的意愿和文化创意的生命力。

3. 高校外语教学之能力提升教辅教材

本教材中英双语均由四部分内容构成，分别为赵梅生先生的生平、教育、艺术和评价。英语部分言辞语句由浅入深，循序渐进：生平部分为普通英语阅读难度；教育部分中穿插出现了少量美术创作和审美专业术语；艺术部分中，英语阅读难度加深，艺术创作和鉴赏专业术语及专业表达范式为本部分内容的教学重点，可以让学习者习得规范的美术鉴赏表达方式；评价部分为本教材的教学难点，涉及大量中国传统诗词的英译问题。双语的编排设计会更便于学习者领略中英文语言表述背后的思维逻辑上的差异。课后练习围绕文化、语言技能、审美表达进行设计，均为开放性问题，目的是为学习者提供综合性学习演练，巩固思政教学效果并提升其语言实践技能。

本教材集聚着赵梅生先生的创意灵性和时代精神，也在艺术品鉴中镌刻着莘莘学子的文化传承，希望学习者可以借此与中国文化和榜样相与往还，寻求文化自信的心灵契合，获得文化传承的意义和力量！

编　者

2024 年 6 月 12 日

目　录

CONTENTS

帧一
玉汝于成寻梅生——生平篇

“他，傲视童年苦难，生命呈现迎寒怒放之姿；

“他，一生坚守讲台，喜看桃李芬芳硕果累累；

“他，始终心怀感恩，艺术之笔奏响时代绝唱。”

这是赵梅生先生的儿子——赵紫峰眼中父亲的一生。

节一　寒门白窗，清苦依然被褐怀珠

梅生冰雪净聪明

乙丑牛年腊月十二，山西闻喜漫天白雪，树树蜡梅迎寒盛开。寅时，续家巷内一户清贫人家，突然传来一声婴啼，有子呱呱坠地，这便是本书的主人公——德艺双馨的美术教育家、人民艺术家赵梅生先生。至此，寒梅伴暗香，人间幸有赵梅生。

先生迎梅而生，生于亦称梅月的腊月，又恰遇梅花怒放，故先生的父亲赵保臣为其取名“梅生”，乳名“梅娃”。这充满浪漫色彩的名字，预示着先生一生与梅结缘，为梅而生。

先生祖辈门第显赫，但至父辈已渐显萧条。父亲乃当地民间有名的画师，通文墨，擅花鸟。母亲杨秋菊勤劳善良，心灵手巧，擅女红，能缝绣，并有一手祖传的剪纸功夫。受父母熏陶，先生从小钟情画画，七岁已初显天赋异禀，经常涂鸦、剪刻皮影人物表演于窗，逗得母亲和姐姐玉莲捧腹大笑。赵紫峰老师介绍道：“父亲生前总会回忆自己的儿时时光，他那时经常用捡来的石块和红砖块、柴棍在院里的墙上、地上画姜太公钓鱼、关羽舞大刀等场景，院子里养的鸡、大街小巷里的老屋和牌坊，都成了他笔下常见的画面。”[①]儿时的赵梅生，画得惬意，画得悠然，在随性涂鸦中有了心中的诗和远方。

寻访先生足迹，我们可以发现，先生虽自幼清贫，却有一个被温柔对待的童年，这使他日后虽历经人事磋磨，却依然心存阳光，不惧人生微凉。

丹青不改四时春

先生童年困苦，却迎寒怒放、越挫越勇，从未自暴自弃。1928 年父亲去世，先生年仅 4 岁，自此和母亲相依为命。为谋生存，颠沛流离，数次迁徙辗转，尝尽人间疾苦，母亲还因被人构陷而入狱。年至入学，先生就读于闻喜县实验一小，遇到人生之良师——郭永泉先生和地下党员张雪霞先生，师从二人绘画写字，有了人生中难得的惬意和安宁。春节时的春联斗方、端午时的老虎雄黄、谷雨时的帖子字符……小小少年，乐在其中。张雪

① 赵紫峰．父亲赵梅生的赤子情怀．山西教育（管理），2023（5）：41.

霞先生影响先生终身，既是其艺术启蒙者，也是其终身信仰的领路人。年少的先生，俨然是村里的“神笔马良”。虽初涉丹青，但画画这项技能已与他血脉相通，割舍不断。

1937年，国难当头，日军侵华，南下攻占太原。先生不得已避难辍学，随母亲逃至乡下，避战乱于北垣栗村。虽置身于山河破碎中，日子过得清苦艰辛，但好在母子相伴，略能自在安生。母亲从长计议，为先生长大后能安身立命，希冀先生能当个账房先生，好养家糊口。于是多方打听，请人教先生学算盘。后来又从乡亲口中获悉碧云洞私塾，遂托人将他送进村里这个唯一的私塾学习。在那里，先生幸运地遇到恩师——赵耀青先生。除了习读传统文化书籍之外（图1），赵耀青先生又带他临摹古典书籍中的插图，描绘花鸟虫兽，从而奠定了其一生的美术基础。就这样，夏秋拾柴，春冬求学，窗前古书伴，灯下画技长，在母亲的悉心陪伴下，日子过得倒也安稳。

走笔至此，不由得对先生的母亲心生敬佩。在动荡的岁月里，她的无言之教将温良恭简和勤谨克己的种子播撒于彼时先生的内心，并使他在日后拨雪寻梅的从教从艺道路上始终能保有一份淡然和洒脱。

品若梅花香在骨

好景不长，1941年5月，日寇进栗村抓壮丁，先生因身体瘦弱被逐出，幸免于难，但再次辍学。母亲担心时局动荡险恶，他会再被日军抓去，为了活命，便乞求乡邻带他逃离家乡。当天先生在母亲面前磕了三个头，便匆忙告别，一路号啕大哭，连夜逃至新绛县，开始了背井离乡、颠沛流离的生活。起初，先生在陕西咸阳纱厂当童工。瘦弱的他，在这一年做苦工中受尽折磨，只好再次偷偷逃离。天无绝人之路，知道他有绘画特长的闻喜老乡介绍他到位于陕西省宜川县秋林镇的山西第三儿童教养院当图画教员，并在共产党员刘正言的指导下进行抗日墙报的绘画创作，这是先生第二次受泽于共产党人。

1946年6月19日，噩耗传至，犹如晴天霹雳。先生的母亲杨秋菊和农会主席王天爵因为帮助农会共产党员做事而被国民党还乡团于深夜枪杀，尸横通衢，年仅46岁。因无人收尸，尸体腐烂，其惨境逼人，无法直视。先生的二姐玉莲侥幸逃脱，赶至韩城报丧。先生获知噩耗，悲痛欲绝却无能为力，发誓要学好本领为母报仇。1950年，悲愤的先生赶回闻喜，向闻喜县政府上诉，强烈要求抓捕并惩治凶手。一周之内县政府便抓获凶手，并执行枪决，为其母在烈士陵园迁墓立碑。政府义举令先生终其一生没齿难忘，他常感慨，是共产党为他报了血海深仇，他感激共产党，共产党是他的大恩人。先生知恩图报，一生信念坚定，始终不忘党恩，是党为他报了国仇家恨，给了他新生。

每每午夜梦回，忆起母恩，夜不能寐。2010年，先生不顾86岁高龄，毅然回到阔别已久的家乡。日夜兼程，刚刚踏足乡土，便匆匆前往烈士陵园，站在母亲墓碑前（图 2），他深深凝望，眼噙泪花，久久不能自抑。先生喃喃自语："母亲啊，儿子来看您老了……"气氛肃穆，令观者动容。从烈士陵园出来后，先生来到自小生长的北垣栗村。乡亲们听说先生要回来，早已候在村头。刚下车，当年一起读书拾柴的伙伴，便紧紧地拉住先生的手，激动不已。当年的青涩小子，如今已经白发苍苍，大家目光相聚，一切尽在不言中。先生看他住过的窑洞，看他读书的地方……那湿润的眼眶和灿烂的笑容，先生仿佛又回到了童年。住过的窑洞前早已杂草丛生，坑坑洼洼，但先生执意走到窑洞前，透过残破的窗户，向窑洞里寻望，仿佛这个早已破败的窑洞里，还有痴痴盼儿归来的母亲秋菊。先生对身边的人说，16 岁那年，为防日本兵抓劳工，母亲让他连夜逃离家园。当他迈出院子，突然想到这一走不知何时才能相见，就又返回母亲身边。母亲仿佛支撑不住自己，胳膊支在墙上，头深埋于臂膀，背对着先生，摆摆手，说："去吧！去吧！逃命去吧……"先生跪别母亲，一步三回头地走出了家门。没想到，这一走，竟是诀别（图 3）。

先生的作品《秋菊图》（图 4）便是为缅怀母亲所作。画中题记字字句句诠释了先生难尽孝心之痛楚、思念母亲之深情。先生那深远的目光，是对那深深母爱的涓涓眷恋和依依难舍；先生那幽远的目光，是对母亲牺牲后，天人永隔，无以尽孝的浓浓遗憾和追忆，如生似存，追思一生。题记如下：

> 我亲爱的妈妈，名杨秋菊，生于 1900 年。儿，梅生，母亲叫我梅娃，自幼苦难，孤儿寡母。老母维持生计，十指纺织盘龙绣锦，千辛万苦，以礼教育成人。虽忍饥困苦，仍送私塾求教，以图养大成人。人生祸不单行，十五岁[①]遭日寇抓丁之灾，所幸逃脱虎口。无奈，俯地向母叩首，泪别老母。
>
> 从此天各一方，无缘以尽为子孝心。此心情之苦，伴我终生。母子思念，夜不成眠。昔日名言"慈母手中线，游子身上衣"，天各一方。余已虚度九十，思念老母至今，其大恩大德，只能命笔写此秋菊图，以慰儿子不孝之心。唯跪地躬献此图，俯地叩首敬献。
>
> 2014 年腊月，不孝儿，梅生。

先生受父母熏染，将艺术的种子埋于心中。如中国美术馆研究员、《美术》杂志编委刘曦林所言，父母遗传给他优良的绘画基因，传统的文化和民间艺术为他的艺术创作提供了丰厚的沃土，战乱磨炼了少年梅生坚韧的生存能力和傲雪寒梅的不屈个性。

先生一生酷爱画画，在艰难的生活中，只有画画才能让他找到些许欢愉。如果说儿时画画是孩童历经磋磨的慰藉，之后画画就是终其一生的挚爱，是为国为党为人民奉献光热

① 题记原文如此。——编者注。

的如椽大笔。先生心存敬仰，忠诚于党，用画笔描绘时代、刻画生活，发自内心地热爱和赞美祖国。

节二　峥嵘岁月，笑时尤带逸梅含香

“一辈子两件事情，一边教书一边学习，一边学习一边教书，一步一步。我说我是个教师，第二我才是个画家。‘学而时习之’，这五个字鼓励了我一生，我没什么机会，只有一生学习学习再学习……”

——赵梅生

傲枝寒梅欲峥嵘

作为太原学院终身教授，赵梅生先生是新中国成立以来山西省代表性画家之一，从教从艺 80 载，先后荣获“全国教育系统劳动模范”“人民教师”以及“优秀人民艺术家”称号。先生的长子赵紫峰提到，先生一生最骄傲的事是成为一名教师。先生特别感谢党给了他这样一个岗位，让他有机会在逆境中，扬帆起航，育桃李满天下，实现自己的梦想。

从 1942 年在陕西省宜川县秋林镇的山西第三儿童教养院当图画教员开始，先生便开启了自己钟爱一生的执教生活。教养院位于虎啸沟，沟的东西两侧有百余孔黄土窑洞，儿童教养院和山西科学馆占用了 20 余孔，其余则为山西大学所用，修葺整理之后用作校舍。就近的便利条件使得先生与山西大学的师生有了频繁的联系。1943 年，教学之余，先生受邀为山西大学文学报社《笔垒》文艺副刊绘制插图、报头（图 5）。报头中心画面是一支钢笔笔尖，以笔尖为中心发出的光晕，象征着以笔作枪，用文字的力量唤醒民众、坚持抗战、奋勇杀敌。

同年，西安大雁塔举办“赵望云画展”。赵望云先生声名赫赫，是长安画派的奠基者和创始人之一，曾任全国美协西安分会的主席。先生激动不已，前去观摩。从此，一方绘画的新天地在他眼前打开，对艺术的懵懂热爱蜕变成毕生追求的梦想。他废寝忘食，通宵达旦，无时无刻不在揣摩赵望云的画作，并由此确定了自己追求的艺术高度。1945 年，抗战胜利，在中共地下党员刘正言指导下，先生带领学生进行抗日墙报绘画比赛。

从 1949 年 1 月起，先生就积极投身于革命工作，帮助焦世雄等地下党员刻印蜡版和书写标语。在陕西宝鸡虢镇城门楼上，他不顾自身安危爬到十多米高的梯子上书写“毛主席万岁”“中国共产党万岁”等大型标语（图 6）。7 月，陕西宝鸡全城解放，宝鸡县委副书记焦世雄抽调先生担任宣传部干部。下乡演出、土地改革宣传，先生不知疲倦，乐在其中，把自己的一腔热忱献给了历经战乱浴火重生的国家，为迎接新中国的成立做了大量的革命宣传工作。

1950 年，先生请假回闻喜“告状”，请求闻喜县人民政府严惩杀母凶手。他在太原遇到了启蒙恩师、时任省财政厅副厅长的老共产党人张雪霞。知悉他的经历后，张雪霞希望先生能留在太原，到新成立的山西省干部子弟学校当美术教师并兼任美术教研组长。先生深深热爱教师这一职业，便欣然接受邀请再次当上了教师——为新中国培养人才。这也成为先生终其一生的追求。

“做一名好教师，当一名好画家”，是先生孜孜不倦、砥砺前行的不竭动力。从 16 岁在儿童教养院做教员开始，先生先后任教于小学、初中和师范学校，一直躬耕于教育事业。深感自身绘画技能有待进一步提高，先生开始强化基本功练习，着手学习油画静物技法，课余时间到花园写生、闲暇时间买鲜花写生。尽管当时先生的漫画作品已常见诸《人民日报》等报刊，盛名在外，但是为了进一步提高画艺，还是在 29 岁时考取西北人民艺术学院。然而太原市文教部领导怜惜人才，以“美术教师短缺，工作需要”为由劝阻先生留下。先生虽知机会难得，但更懂教书育人的重要，毅然放弃了这个学习机会，从此，先生的最高学历定格在了“小学文化”这个门槛上。尽管大学梦未圆，但他相信勤能补拙，坚持弥补自身不足，步步超越自我，不断走向高峰，进入了厚积薄发的中年。①

国家各级各类报刊相继发表先生的作品，先生的名声随之日益扩大，邀约也纷至沓来。河北人民美术出版社邀请先生每半年画一本连环画；《山西教育》杂志创刊，约请先生设计封面；省政府召开劳模会，请先生画巨幅宣传画……这一切都为先生的教学提供了鲜活的素材。

然而当先生沉浸在梦想之中，教书育人、不断提升画艺时，却忽视了当时的大环境，日渐顺遂的人生之路意想不到地跌入了低谷。

1958 年 8 月，先生从晋祠写生回来，未参加全校大会，未曾想因当时的政治环境而被牵涉。随即他的教学工作被停止，此后不断被批斗，入党积极分子资格被取消，加入中国美协的资格也被取消，同时也殃及家人，先生的妻子冀雅翘女士被迫退职。最终先生被发配到东山煤矿改造，他的人生又一次跌入黑暗的深渊，夫妻二人被迫离开了深爱的教育事业。

① 郑泽永．不断超越自我的美术教育家：记“全国教育系统劳动模范”“优秀人民艺术家”赵梅生．山西教育（管理），2020（10）.

逆境中先生矢志不渝、坚守本心，一路磨砺前行。1959 年，恰逢建国十周年，为此省委、省政府召开庆祝大会，需要在太原市五一广场画巨幅毛主席画像。时任省委书记陶鲁笳查看画像时，发现色彩不对。此时距离国庆仅剩两天，时间紧迫，任务艰巨，陶鲁笳想到了先生，却得知先生正在接受改造。陶鲁笳顶住压力，让时任省美协主席苏光急召先生回来画像。[①]先生不负众望，两天时间便以自己坚实的绘画功底出色地完成了省委交给的任务。之后，先生被借调到省军区筹备建国十周年成就展。先生的绘画才能使这些政治任务得以圆满完成，也使他再次回归到自己热爱的教育事业中，他先后被安排到太原师专进修部和太原市六中当美术教师。先生珍惜这来之不易的机遇，潜下心来，继续写生并为工作单位画各类宣传画，其间时有作品发表。

然而，人生坎坷，先生执着的性格让他又一次陷入困境。1966 年，在太原市二十二中任美术教师的先生又一次住进了“牛棚”，在此期间只能从事简单枯燥的体力劳动。塞翁失马焉知非福，先生不想耗费光阴，以抄写毛主席著作为由，偷偷带进一本《张迁碑》，挤出时间，在地下室用百米废晒图纸，一边抄写毛主席著作，一边潜心临帖钻研书法，由此奠定了他的书法功底，使他在绘画外又多了一项艺术技能。这种逆境中乐观豁达不断进取的精神，使先生面临生活的磨难时能坦然处之，也使他的艺术水平不断精进。

回首这段岁月，先生感慨地说：“这最动荡的十年，是我的黄金十年，是为我艺术奠基的十年。没有这十年，很难说我现在所具备的写意功夫是什么样子。”不平凡的追求，造就不平凡的人生，早年的坎坷经历使先生能够时刻以平常心对待人生，有了“一蓑烟雨任平生”的洒脱，也有了“回首向来萧瑟处，归去，也无风雨也无晴”的境界。逆境中先生初心不改，在教育事业的征程中栉风沐雨，并持守坚强，一路前行。

2012 年，《山西档案》的编辑在采访先生时感慨道，先生 20 年间，历经磨难，于情于理，有一些激愤与逆反也实为自然，但是，先生却丝毫没有，无论其人其作，都看不出一分半点的愤慨之气。在如今喧哗热闹的时代，这样淡泊宁静的心态似乎有些矫情造作，故作高深。但是，如果我们能安静地坐下来，真诚地聆听先生的人生教诲与从教从艺心得，便会觉得他正是这样的人，单纯得近乎透明，没有半点心机，即便曾经经历种种打压与苦难，也激发不出半点逆反之气，而是那样地平和纯粹，心如赤子。[②]一个艺术家，唯有荡涤胸中渣滓，洗尽世上铅华，方能忘怀得失，宠辱不惊，把诸般技术之巧拙抛置脑后，甚至忘却了自己的四肢形骸，才能真正做到眼不见绢素、手不知笔墨，下笔无非天然生机、

① 郑泽永 . 不断超越自我的美术教育家：记“全国教育系统劳动模范”“优秀人民艺术家”赵梅生 . 山西教育（管理），2020（10）.

② 赵梅生，张焕君，李星元，等 . 梅骨多清峻 大气自纵横：赵梅生先生访谈录 . 山西档案，2012（5）.

大造氤氲，放笔如在眼前，下笔即在腕底，“然后成见鑢，然后加手焉”。这种“如灯取影”的境界，在艺术上只有大手笔方可得其仿佛。诚哉斯言！

为师八秩育桃李

20 世纪 70 年代，太原市中小学美术教师奇缺。1972 年，先生受聘于太原市教育局，在太原市二十二中创办了太原市师范美术班。通过层层把关的严格考试，招收了 42 名学员。可巧妇难为无米之炊，学生有了，却缺少美术教材。随即，先生着手编写师范美术《色彩》《素描》《人体解剖》等课本，并刻蜡版油印成册，作为当时太原市美术师范生唯一的学习课本。这批师范学生毕业后成为太原市中学美术教师的骨干力量。难以想象，这位“小学毕业生”竟然编写出了如此专业的教材。备课、教学、个别辅导、示范作画、个人练笔创作，除了吃饭和几个小时的睡眠之外，几乎没有闲暇时间。①

同时，先生在基层美术教育领域，尤其是在提升太原市美术师资教学能力方面做出了巨大贡献。20 世纪七八十年代，山西省内的 14 所中等师范学校和 4 所幼儿师范学校如雨后春笋，蓬勃生发，各中师、幼师学校招收的学生都是初中毕业生中的佼佼者，但美术学科的任教老师中，有相当比例是 1976 年后中师毕业的留校代课教师，美术专业基础薄弱。提高全省中等师范学校美术学科师资水平和教学质量迫在眉睫。这些现实情况让终生耕耘在美术教坛、深谙育人之道、精晓教学之法的先生看在眼里急在心上，于是便向省教委建议、商定，由他牵头组织成立山西省中等师范学校美术教学研究会（简称“省中师美术教研会”）。

1984 年暑假，省中师美术教研会成立暨首届年会在太谷师范学校举办，主要议题和活动内容如下：

宣布研究会成立，选举并组成以赵梅生（太原师范学校）为会长，王邦替（长治师范学校）、赵文利（运城师范学校）、张新民（浑源师范学校）为副会长的组织机构，14 所中师和 4 所幼师为会员单位；

交流各中师、幼师学校美术教学现状，包括师资构成和教材使用情况；

举办全省首届中师师生美术作品展；

在太谷师范学校观摩听课并考察美术教学、教研、设备等情况；

举办笔会，参会老师进行书画交流。

令人难以忘怀的是，在这次会议上参会的老师们纷纷向先生提议，请他向省教委进言，让省内各师范毕业留校从事美术教学工作的青年教师脱产进修学习，尽快进行美术专业知

① 赵梅生，张焕君，李星元，等. 梅骨多清峻 大气自纵横：赵梅生先生访谈录. 山西档案，2012（5）.

识和技能的系统训练，补上全省中师美术学科师资人员不足、教学能力偏弱的教学短板。

先生对大家的提议颇为赞同，对大家的迫切心情深有同感，会上表态要在这次年会后向省教委立文申报，争取立项开展全省的中师美术师资教学能力提升工程。先生认准了太原理工大学轻纺工程与美术学院，这里有毕业于四川美院的谭兴渠、吴德文、陆贤能，他们有令人尊敬的师德人品和享誉美术教学领域的能力水平，可当时的纺院属省工业厅管辖，省教委不好下达任务。另外，一旦开始师资培训这项工作，并不是一期就能解决问题；若连续办下去需要大量专用经费，省教委又有难处……先生不甘心，又以省政府参事的名义，亲自撰文给省政府办公厅打报告，详陈全省中师的师资水平现状、组织培训提升专业能力的必要性以及未来将会对全省中幼师和中小学美术人才培养产生直接影响的重要性。

赤子之心，多方调停，一腔热情，好事终成。在先生的奔走呼吁下，山西省政府终于下文委托省教委和太原理工大学轻纺工程与美术学院于 1986 年秋季开始招生，联合举办全省中师、中学美术师资班。

省中师美术教研会由赵梅生先生担任会长，各师范学校轮流作为主办单位，一直坚持了十多年。省中师美术教研会是那个时期全省中等师范学校各学科教研会开展活动最为活跃的一个组织，为提升美术师资教学能力、提高全省各中师美术教学质量起到了极大的促进作用。

20 世纪 80 年代初，教育部师范司组织编写中等师范美术教材，特别请先生参加编写工作，因为他是一线的中师老师，又是水平极高的中师美术老师。

作为教师，先生的一举一动、一言一行，不仅感染着学生，也润物细无声地影响着自己的孩子。赵紫峰老师不仅继承了父亲的衣钵，也延续了先生质朴淡泊的风骨。作为中国美术家协会会员、山西省特级教师、山西省中学首批正高级教师、教育部“国培计划”美术教育专家、中学美术教科书编著作者、太原学院艺术设计系客座教授的赵紫峰老师同样成绩斐然。这对父子特级教师秉持的美术育人理念让人刮目相看：美术不是生硬的教学，而是展现万物之美的艺术熏陶；美术不是死板教条，而是人文素养的体现，生活中的万物皆可入画。

为了让课堂上爱说话的学生安静下来，先生会转身在教室的黑板上画一幅学生张大嘴说话的肖像画，课堂上的杂音便戛然而止。先生从不指责批评学生，而是宽容有度、耐心有礼。他不会怒责学生，而是无声胜有声，用美术育人的力量感染学生。这种力量不伤害学生，却能对学生有一种潜移默化的影响，润物细无声，影响深远，直击人心。

百年大计，教育为本；教育大计，教师为本。在第三十九个教师节，习近平总书记致信全国优秀教师代表时，首次提出并深刻阐释了教育家精神。他指出，教师群体中涌现出一批教育家和优秀教师，他们具有心有大我、至诚报国的理想信念，言为士则、行为世范的道德情操，启智润心、因材施教的育人智慧，勤学笃行、求是创新的躬耕态度，乐教爱生、甘于奉献的仁爱之心，胸怀天下、以文化人的弘道追求，展现了中国特有的教育家精神。先生为山西乃至全国孜孜不倦地培养美术教师的精神和行为，诠释了习近平总书记对广大教师的这一殷切嘱托。

在三尺讲台上，先生一干就是80年。80年的艺术教育生涯，没有甘守寂寞的潜心治学精神，没有淡泊名利的克己奉献思想，是断然坚守不下来的，而先生坚守了下来，无论多么坎坷、艰难，都不能改变他一生从教的初心。80年来，先生用自己的光辉人品诠释着一个教师应该具备的职业道德。他为广大教师树立了一个榜样——用师德的光辉点亮学生成长的旅程。作为美术教育家，先生用人品与画品传播真、善、美，并引领学生去追求真、善、美。他一生践行人品与画品的统一，用大写的人，画最美的画。

先生一生有过多次当官的机会，他都以潜心教学与创作为由婉言谢绝。“贵以贱为本，高以下为基。”先生秉持这一理念，甘愿做一名普通的人民教师、一名扎根于民间的布衣大师。他认为，只有扎根于人民之中，躬身于学生之间，耕耘于讲台之上，才能像梅花一样，凭借深厚的根基，使自己的生命和艺术绽放出无限的活力与魅力。

平日里，先生一直与各行各业的普通人为伍，不分贵贱。他的学生有来自其教学工作单位的，退休后更多的是来自社会各界，先生有教无类。正因为根植于人民的肥沃土壤，他才能笔底起波澜，画出梅花那万古不朽的独特风骨；正因为与人民在一起，他的胸中才能充满浓郁的乡土情怀，绽放出一枝独秀的精气神韵，他才能成为一座丰碑，被许许多多的人敬仰、怀念、追思、缅怀。

先生从教80年如一日，以美化德，循循善诱，因材施教，育人无数。“夫画者，成教化，助人伦，穷神变，测幽微，与六籍同功，四时并运，发于天然，非繇述作。”桃李不言，下自成蹊。

节三　丹青过实，点墨绘出瀚海崇山

赵梅生对好画家的解读是：“这是个仁者见仁、智者见智的问题，但就我个人而言，不外乎三点：首先是心中有敬仰，听党的话、对党忠诚，以发自内心的热爱去赞美祖国、描绘时代、刻画生活；再者是做个好人，以德为先、不怕吃亏，先做人、后做事，这样才能有更好的平台、更高的发展；最后还要不停地画，画古人没有画过的、画同行没有画过的，紧跟时代、不断出新，这样你就有可能成为一位好画家。”

梅生匠心始传神

先生是一位自学起家的画家，也是一位教师出身的画家。在教学工作中，不断激励自己，不肯苟且，方能精益求精研习绘画，秉承己任，躬耕讲台，教学相长，达成了“教学是职业，绘画是专业；教师是主业，画家是余业”的相辅相成、相得益彰的愿望。在现代西画体系为宗的艺术教育岗位上，先生深感不会西画的缺憾，于是从 1952 年开始自学西画素描、速写、水彩、油画。以西画悟国画，他认识到西画的写生功夫对国画创作的重要性，并且从美学上的异曲同工之美来参悟、丰富中国画的内涵，由此水到渠成地创立了梅式绘画风格。先生自 1960 年由西画、漫画等杂项转作中国画，对他而言，是启蒙老师的种子和传统艺术的魅力根植于心而萌发的艺术生命，也是历经磨难和风雨之后的彩虹，先生对此感触颇深，自谓“坎坷、艰辛、搏斗是艺术家最宝贵的财富”“美的追求与苦的奋斗是对孪生兄弟”[①]。这也是他艺术生涯背景和艺术个性生成的内在力量，更是他多年苦心经营的艺术积淀进入升华阶段的不竭动力。

1979 年，步入改革开放的新时代，历经磨难的先生并没有大隐于世，而是在岁月的沉淀中，潜心自修，笔墨紧随时代，不断突破，老当益壮。先生早年涉猎颇广，系统地自修了素描、油画、设计等西方画科，发表、出版过数百幅漫画和连环画，再加上先生持之以恒，不懈坚持，几十年如一日，每天至少作画三幅，同时四处写生，揣摩名家画技，故此，他势如破竹，厚积薄发，迎来了创作的全盛时期，而先生广博的艺术素养为其中国画创作提供了丰富的养分。

漫画“重立意”“求简约”的理念，始终影响着先生的创作观。一幅漫画的成败很大程度上取决于下笔之前的立意，立意往往需要出其不意，平淡中显新奇，淡然中含诡谲。画每一幅作品都要动脑筋的漫画创作思维，沉淀为先生日后每画必思考、绝不重复自己的创作习惯。同时，漫画强调夸张、变形、移花接木等表现手法和图式，表达讽刺、警世、幽默等思想感情。在后来的花鸟画创作中，先生潜移默化地运用漫画的这些手法，在图式上显示出异于旁人的审美吸引力，在鲜活而生动的气息和格调上辐射出先声夺人的视觉强势，继而又在浑融的笔墨造境中令人回味隽永，实现了对中国画“写意”的新探索。[②]正如先生所言，“50 年代我从事漫画创作，当我接到约稿后，如何使用夸张手段，使画面在

① 山西博物院 . 赵梅生新写意作品精选：下 . 北京：文物出版社，2011：435.

② 高雅梅，张艺兴 . 我行我素 求新求变：新写意花鸟大家赵梅生先生的艺术人生 . 天津美术学院学报，2019（1）.

夸张中生情达意，要反复思考，一而再再而三地推翻已有的方案，促使最后作品品位的提高。有了这段艺史，我以后在画中国花鸟画时，习惯在构思阶段多出几个方案，并将夸张手法嫁接到花鸟画中或显示画面不同于别人画作的视觉效应”。

西画严谨准确的造型手法，早已融会于他的笔墨之中；设计学中的“构成理论”与中国画的“经营位置”经他嫁接后，为中国画的构图注入了全新的内涵。更重要的是，先生坚持秉守中国画的笔墨意韵与写意精神。

中国花鸟画之难，在于借物抒情、有时代感、画出大花鸟精神。与人物画、山水画相比，大写意花鸟画尤为如此。要把花鸟画画出个性、画出时代感，熔古铸今，实属不易。

当今，花鸟画前进道路上不可回避的“三座大山”，一是花鸟画题材的拓展；二是构图的创新，也就是“构成”的运用；三是“重色”，即让浓重的色彩与水墨相结合，解决好二者之间的矛盾。花鸟画家只要能在其中一个方面有所建树，便可载入画史。而先生在这三个方面都做出了成功的探索。先生以“宁探索失败，不守旧成功”“笔墨当随时代，不食古人残羹”为座右铭，艺术介入时代、求新不止，为后人的创作提供了崭新的思路。

先生别具匠心地拓展画作题材，纳入以前不入画或鲜少入画的题材，许多无名野花杂卉皆成为他笔下描绘的对象，并且这些新的题材在他的笔下不是简单的描摹，而是被赋予了更多的人文精神，并注重挖掘其背后的文化内涵。

写意花鸟画在形象的刻画上不把追求形似放在唯一位置，而是保留了一定的形似成分，是追求“不似之似”的“神似”，因而在创作写意花鸟画时，关键在于把画作所要表达的思想感情和具体意象结合在一起。翻开青藤、八大、缶翁、白石诸前辈的画册，那高度简洁的笔墨、塑造的似真似幻的形象，赋予人们强烈的感染力，给予人们醉梦天机之趣。人们可以从中体会到画家对社会、对民众的情感，画家的作品再现了他们的品性、节操和人格价值，具有鲜明的个性特征。同时，中国传统文人画题材大多偏重梅兰竹菊四君子，静气、雅气、文气、清气、灵气为文人画的显著特点，或多以山石入画，营造一种寂寥空阔之感。而先生认为：“当代中国花鸟画界的艺术家，首属大忌者莫过于再啃老祖宗的残食剩羹。应跳出陈旧的艺术深谷，回顾、反思、思考和探索艺术作品的时代性。时代性绝非传统形式的墨守成规。要勇于跨越固有的樊篱，大胆地冲破传统观念的束缚，摆脱历史心理框架，给传统的中国花鸟画在形式上、风格上注入新的血液，注入时代的感悟和思绪，开凿出自己的新天地，使中国古老文明与时代情愫水乳交融，使中国花鸟画的艺术创作滋生无限生机。”

中国传统花鸟画多因阳春白雪而曲高和寡，好似养在深闺人未识的大家闺秀，给人以只可远观之距离感。而先生的花鸟画则是“世俗”的，现代时尚，丰富多彩。先生钟情于让花卉来装饰现代人的生活，让花鸟画尽可能离我们的生活再近些，随缘而发，随感而作。在《醉春图》（图 7）中洋酒瓶替代了花瓶，再配上几束极富象征意味的野藤黄花，醉倒的酒杯滚落一旁。这幅画既有古诗的韵味，又有现代诗的意境，饱含着清新的气息和生命的活力。

在色彩运用上，先生的心得是，西方绘画最重视色彩，而传统中国画多用水墨，如果把色彩之美运用到中国画上，把补色、间色、对比色等对比关系应用于中国画中，不仅可以保留中国画的基调，而且可以形成新的风格。比如把白色运用于大写意中，就能与墨色形成强烈的视觉大对比，更能凸显中国画的特色。先生不仅是使“白”的高手，也是用“黑”的高手，艳丽的色彩通过墨面、墨线、墨点，去调整画面。经过墨的调和，画面变得简而不薄、艳而不俗。先生作品画面的色彩处理，打破了中国画“随类赋彩”的藩篱，显得更加自由灵活。除此之外，先生还根据印象、联想、寓意、情感、画面的需要等自由设色，画面色彩对比强烈，靓丽高雅，极具时代感。先生也很注重形式美，善于把具体的形象抽象化，使其具备视觉艺术的美感。这是一个删繁就简的过程，通过简约、变异、夸张和高度提炼，彰显艺术形象的视觉美感。经过这么多年的摸索，先生形成了自己的程式，但他仍坚持不断超越，绝不自我抄袭，“区别于前人，相异于自己”。

画笔横姿显春秋

先生对梅情有独钟，喜梅，爱梅，更精于画梅。每每谈及梅花创作，便会嘱咐家人移案铺纸，挥毫泼墨示范展示。只见先生凝神定气，悬肘提笔，起笔落墨，书法用笔气势磅礴，提、按、行、顿、转，留白布点，浓淡干湿，行稳致远，一气呵成，抑扬上下如虎踞龙盘，穿梭前后如行云流水，概括、简练、准确、形神兼备的梅杆花枝已成态势。换笔调朱磦、蘸曙红，信手拈来画花瓣，梅开五福有规制，布花朵，左顾右盼，疏密错落有致讲神韵。更笔蘸墨，点花萼，提花蕊，落款压章，很快，一幅至纯至简至真、神遇而迹化的梅花作品便完美展现在眼前，真乃“奇文妙墨炳其华”[①]。细细品味先生笔下的梅花，不难发现，他所传神写照的早已不是人们生活中所习见的梅花模样。先生的“梅”在保留画梅传统笔墨的精神基础上大胆超越，省去了梅枝的细节，让老干虬枝自由地舒展、火红的梅花成片地绽放，用他特有的程式阐释着梅的倔强、坚韧、自由、乐观，还有梅的坎坷与博大。先生画梅的基本形态是一个个梅点，无数个梅点重复勾勒点染，并非要画梅的骨相，而是在画疏密、点花蕊，在雄健的梅花枝干映托下，画出别致的朵朵梅花，重整体节奏与关系。“梅花不是能言鸟，却是人间解语花。”先生的梅花图有一种遒劲放旷之美，兼具苍凉壮阔之势，融入了他自身的情感与寄托，是他人生追求与艺术追求的浓缩和升华。其母为民族大义而甘愿赴死、壮怀激烈的精神血脉，早已与先生的情感合二为一，那是一位孝

① 王安禄. 梅生雅翘寓见闻：拜谒赵梅生先生所感. 文史月刊，2022（9）.

子在永失母爱之后，对母亲永无绝期的绵绵思念。柔美的梅花花瓣、丝丝交错的花枝花蕊，仿佛回应着母亲深情的呼唤。母亲那如影似幻的身姿、秀丽馨香的容颜、义薄云天的豪情，分明就藏于花丛之中。更加昂扬向上的是，他把儿子对母亲的眷恋，进一步升华为赤子对祖国的热爱，把母亲的牺牲精神、奉献精神、爱国之情，与中华民族的气节和风骨高度熔融黏合，形成了自身独具特色的艺术气质和魅力。

难能可贵的是，随着时代的发展，先生也在进一步挖掘现代都市题材的新空间。2000年，年近杖朝之年的先生随中国艺术考察团前往西欧采风。此行不仅使他开拓了视觉世界，深化了文化思考，融合了中国画的写意精神和现代主义艺术思维形式，也开启了他用中国画艺术表现现代都市题材的新空间。先生用东方的视角、21世纪的目光，运用传统的中国画表达手法，自由挥洒。例如，在《启程》中，“大写”的飞机占据了一半的画面，给人以扑面而来之感，一组言简意赅的典型西方传统建筑置于画面左下方，几笔似云像雾的淡墨打破了画面的单调，画面紧扣“飞向”西欧的主题，以简驭繁，主题突出，用笔轻松，让人感受到作者的兴奋与期待。这些作品，意在笔先，抓住异域典型的特质，如建筑、环境、场景、动植物等来组织画面，通过合理挪位、大胆取舍，将不同的“亮点”和谐地糅为一体。这种凌驾于客观景物之上的自由取舍、随意组合，正是中国画艺术手法的高妙之处，也是中国画抒情性与写意性的需要。

2004年，先生客访加拿大，在两个月的北美行旅中，作画50多幅。这是他继西欧系列创作之后又一次集中对西方世界的描绘。作品思精技熟，题材广泛，常出新意于法度之中，寄妙思于豪放之外。

除此之外，先生对题材的开掘和构图的设计自有深意。因其洞悉禽鸟的形象和生态，摸索出了一套自己独有的造型方法和笔墨程式。用笔粗放简括，把握形象恰到好处。比如生肖年画，先生画过牛、虎、兔、马、羊、猴、鸡、猪，每画一种，并不局限和计较对物象细节的刻画，而侧重于对其神韵的捕捉，多为动态，少有静态，赋予其人性化的升华，神采韵致恰如其分。因而同样是画生肖，先生下笔总与别人不一样，既和古人不同，也和今人有别，不一样并有看头、有嚼头，耐人寻味，最是难得。这些生肖年画，体现了先生作画的生趣、雅趣，妙趣横生，不落窠臼。

先生始终把一种热爱生活、激情创造的张力自然而然地融入画面中，把一种阳光的、积极的情态绘于笔墨之中。这种阳光心态的意境表达，就艺术而言，是旺盛的创造力；就公众审美而言，是健康的、积极向上的精神感染力。欣赏其画作，无论是单株花木还是繁花锦簇，无论是素雅怡静还是大彩铺陈，都是宁静祥和的，没有浮华、没有燥气，带给我们的尽是悦目赏心、心气平和。先生的画也投射出他的心境，清静中蕴含热烈。中国画讲究内美，内修身、外于世，度己度人，先有自己的境界，然后传达给别人。正如程大利所言，先生很谦虚，说整个学习阶段中就记住四个字，“礼、义、廉、耻”，但是很深刻，这是儒家思想的核心，中国画中中正之气实际上就是“礼、义、廉、耻”。先生的笔墨展现其功力、其骨法，描写对象柔如轻云、重若春雷，润如春雨、苍若丘山，笔墨中深含灵秀，点破中国画用笔最深层次的东西，做到了无一笔浮华。同时，先生的心境又是热烈的，他的绘画笔墨雄阔热烈，对笔墨、造型、意境不断地探索追求，最终把自己内在的精神传达在画作中，力透纸背。

山西省人民政府文史馆馆员董智敏认为，可以从两个方面凸显和印证先生的艺术成就与贡献。首先，无论在什么场合，先生对他自己一贯的评价，都先是人民教师，而后才是画家，教书育人是他终其一生的志业，从小学、中学到中专、师范，先生在讲台上站得生了根。他默默奉献、甘为人梯、殚精竭虑，培养成就了几代美术人才，诲人不倦从而得以桃李满山。从素描、漫画到油画、水墨，他那灵动的画笔延伸到一个接一个崭新的领域，妙笔生花，绘出瀚海崇山。其次，作为画家，他自学进取、涉猎广博，不离传统又不囿于传统，时有新变却又不是为新而新。他“无所不能入画、无画不具独创”，题材宽泛，内容不拘一格；他不食古人残羹，以“画古人没画过的、画旁人没画过的”为美学意识，审美慎思，画无定法，从心所欲，精思妙构。先生“出新意于法度之中，寄妙理于豪放之外”，辣笔灌雄风，挥毫纳真气，创作了一大批传世力作，在古今画坛独树一帜。

在终其一生的美术教育事业中，先生始终信奉“以德为先不怕吃亏”“先做人后做事”“燃烧自己照亮别人”的信条。他忠诚于党的教育事业，并始终把教书育人作为奉献社会的平台和自己做人的基础，尽职敬业、无怨无悔。终而，不仅获得了同道的赞誉，也收获了社会的认同和尊重。

在艺术实践的追求探索中，先生始终坚持“心有敬仰、热爱生活”“为时代画像、为时代立传、为时代明德”，把现实需要和描绘生活作为动力、责任和通往自己艺术理想的必要途径，集多元、多能的创造求新、聚沙成塔、矢志不移而终得所成。在社会美术事业的贡献中，他身有担当，捐资捐画，老骥伏枥，令同仁钦佩。

赤子丹心日月鉴

先生的一生并非一帆风顺，但在挫折中始终感念党恩，常常提及是党为自己报了国仇家恨，夙愿得偿；是党给了自己教书育人的机会，才得以实现自己的人生价值；更是党赋予自己追求艺术的永恒动力。先生一生不忘初心、矢志不渝，愿永远做一名最忠诚的共产党员，以自己手中的画笔倾诉对党的感恩，以书画上的累累成果向伟大的中国共产党献礼。

作为一位有责任、有担当、有思想的艺术家，先生在作品中呈现了浓厚的时代气息与创新精神，展现了中国气派和中国精神，在艺术的道路上竖起座座丰碑。先生每一历史时期都有佳作呈现，表现时代旋律，抒发爱国、爱党、爱人民的赤子情怀。他的艺术生命力之旺盛、创作力之丰富，让人叹为观止。在90岁高龄之后，创作的激情不仅丝毫不减，而且屡有新作，不断超越自我，创作了一系列饱含温度的精品之作，在走向人生高寿的同时，也迈向了艺术高峰、时代之巅。①

先生在传统中国画的笔墨意境中注入了史诗般的情怀，把承载着中华民族精神的文化意象，熔铸在充满爱国主义信念的绘画语言中，定格大事件、礼赞新时代，以有筋骨、有道德、有温度的心血之作，抒发了一名老共产党员的赤子情怀。他将崇高的信念与绘画艺术相结合，实现了完美的统一，折射出意境不凡的时代美学，凸显了信仰之光、崇高之美，实现了艺术的时代升华。

先生的作品深刻反映时代的历史巨变，描绘时代的精神图谱，为时代画像，为时代立传，为时代明德。他的艺术生涯曾经历过数次社会剧变，而今处于他所热爱的新时代，其作品展现出旺盛丰沛的创作力、振奋人心的艺术冲击力和时代感染力，体现出强烈的文化自觉和文化自信。

先生那一幅幅充满生命力的作品，让我们充分体会到他对艺术的独特感悟和精准把握，他紧跟党的步伐，不断开拓创新，用画笔记录时代变迁，记录人民生活。透过他大气磅礴的作品，我们不仅看到了一个日新月异、生机勃勃的绚丽世界，也见证了一条生生不息的中华文脉和一份永葆艺术初心的赤子之情。

自1985年4月在党旗下庄严宣誓入党以来，先生一直用坚定的信仰支撑着自己，激励着自己不断奋进，用画笔和热情不断讴歌祖国和人民。中国美术馆是当今中国书画家心中艺术的圣殿，在这里举办个人画展，不仅要有极高的艺术造诣和广泛的社会认知度，而且要有对艺术的纵横捭阖之力和被公众检验的极大勇气。

1994年10月，中国美术馆首次举办“赵梅生画展”。2006年9月，又再次开展，在画展开幕式上同时举行人民美术出版社“大红袍”系列画集之《中国近现代名家画集——赵梅生》的首发仪式，时年先生高龄八十又一。“大红袍”系列画集在画册外壳使用全红硬套装帧，画家的烫金黄字封名跃然红套之上，这是人民美术出版社给予画家的最高级别的待遇。人民美术出版社的“大红袍”系列画集素以选题严格著称，入选者均在中国近现代美术史上占有一席之地，其作品必须经由美术界权威专家审核之后，方可成集出版。自1993年首次出版这一系列画集以来，国内著名画家张大千、齐白石、徐悲鸿等大师曾享此殊荣。作为入选“大红袍”系列画集的三晋第一人，先生为山西画坛赢得了荣誉。

2012年12月，中国美术馆第三次开展，举办了“雪海流香——赵梅生画展”，先生成

① 赵墨．百年大党万年青．中国美术报，2021-03-15（8）.

为三次在中国美术馆举办个展的第一人。先生在创作上孜孜不倦、不断推陈出新、兼容并蓄、中西融会贯通的精神如同一股清香流溢在广袤的艺海之上，这种精神不仅激励着先生自己，而且还激励着美术界同仁不断突破自我，找寻新的样式和体裁来表达自我、描绘时代。这种艺海之清香将随着时间长河的流逝不断前行，余香袅袅。此时已年近九旬的先生让我们惊喜地看到了他新创作的“茶系列”“瓷系列”“梅瓶系列”作品，风格迥异于往昔。画作“大简朴”“大自由”，信手拈来，天人合一，有种莫知其来、莫知所终、无相可循、无知有宗的通透之感。

除《中国近现代名家画集——赵梅生》之外，素以作风严谨、慧眼独具而著称的人民美术出版社也先后为先生出版了《中国美术家作品集——赵梅生》《中国美术家作品丛书——赵梅生》《中国近现代名家作品选粹——赵梅生》《赵梅生画集》《赵梅生水墨世界》《赵梅生小品集》等30多部专题画集。

2019年是中华人民共和国成立70周年，95岁的先生按捺不住内心的激动和自豪，爱国之心油然而生，他挥毫泼墨，倾情创作了中国画《祖国万岁》。画面以红色为基调，主体是五星红旗和一株万年青，背景是广袤的地球，一群翱翔的白鸽从天空飞过。巨幅国旗象征伟大的祖国，茁壮的万年青寓意祖国欣欣向荣、基业长青，旁边题有四个遒劲有力的大字“祖国万岁”，充分表达了先生浓浓的爱国之情。

2020年，面对来势凶猛的新冠疫情，先生挥笔一气呵成创作了《全民战疫》。五星红旗下，一只汇聚着中国人民强大力量的铁拳砸向新冠病毒。作品构图巧妙、表达有力，象征着中国人民不畏疫魔、齐心协力、凝聚一心抗击疫情的强大精神力量。这幅作品多次在各种抗击疫情的书画展中展出，激发了四面八方的力量，万众一心，众志成城，同心抗疫。

2021年是中国共产党成立100周年，先生忆起往昔岁月，感念党和政府，心中倍感无限荣耀与幸福，提笔欣然完成作品《百年大党万年青》。作品画面简洁、笔墨雄阔、大气磅礴，一面迎风飘扬招展的鲜红的党旗，仿佛旭日东升，寓意我们的党虽历经百年，却依然朝气蓬勃、风华正茂。从上海石库门到嘉兴南湖，那一艘红船承载着人民的重托、民族的厚望，穿越急流险滩，历经惊涛骇浪，为人民带来安居乐业和国泰民安。党旗下，一丛郁郁葱葱的万年青，象征伟大的党基业永固、历久长青。整幅作品热情讴歌、直抒胸臆，深情地抒发了在建党百年之际，一名老党员对党的崇敬之情和美好祝愿。①

先生说，报国当存儒法志，绘画要有老庄心。先生一生活到老，学到老，画到老，捐到老。如先生所言：“回顾此生，我感觉既富有也贫穷。要说富有，是因为我几十年来画了几千幅的画、写了上千幅的字，我活得很充实、精神很富有；要说贫穷，是因为我把几

① 赵墨．百年大党万年青．中国美术报，2021-03-15（8）．

乎所有的画、所有的字都捐献给了国家、捐献给了人民，我现在可以说两手空空、心无所累。现在我每天还在画、还在写，但无论画多少、写多少，我都要继续捐给国家和社会，直到画不动、写不动为止。”这是先生德艺双馨、高风亮节的体现。

早在 2008 年，先生就交付特殊党费支援四川汶川大地震救灾工作，之后多次为国为民捐钱赠画。2020 年，先生不仅创作了《全民战疫》画作，而且，为了进一步支持抗疫，在家人陪同下，主动向太原学院老干部处交了 100 万元的特殊党费。中组部委托省市组织部领导看望先生，并向他致函表示慰问和赞誉。先生的大儿子赵紫峰老师说，当时先生双手抱拳深情地说道：“我的一切都是党和国家给我的，我把钱拿出来是应该的，不能忘记党和祖国。”赵紫峰老师说：“对于这笔特殊党费，我们子女都非常支持。父亲一辈子念叨着要感恩祖国、感恩党，桌子上常年摆放着国旗和党旗。”（图 8）

先生精挑细选出 1 000 余幅书画作品，先后捐赠给故宫博物院、中国国家博物馆、中国美术馆、毛主席纪念堂、周恩来纪念馆、刘少奇纪念馆、中央党校、中央美术学院、天安门城楼、北京大学、关山月美术馆、北京京丰宾馆、深圳五洲宾馆、山西博物院、晋商博物院、太原美术馆、晋祠博物馆、晋祠宾馆、闻喜县博物馆等专业机构收藏。这一系列举动，都无声地彰显出一位中国艺术家崇高的境界和无私的情怀。

先生先后于 2019 年、2021 年和 2022 年三次应邀参加了联合国中文日，以其卓越的艺术风姿向世界展示了中国绘画艺术的神韵和中国传统文化的魅力，被誉为“中国人民的骄傲”“中国传统艺术大师”，为中国文化的传播作出了巨大贡献。

纵观先生的一生，幼时贫寒，4 岁失怙，22 岁失恃，山河破碎、外敌入侵之际，仓皇逃命，苦寻安身之所；时局好转，准备潜心于教学与绘画之际，又偏逢不测，历经波折，却始终持有一份赤子情怀。先生没有被苦难打倒，相反，苦难成就了他，让他安之若素。先生安贫乐道的品性应该得益于其母的谆谆教诲以及传统文化的启蒙，还有后天孜孜不倦的苦学精神。有了这种精神，才能在苦坐“牛棚”之际，不忘临摹《张迁碑》，奠定了他的书法基础，从而使他的绘画作品锦上添花；也唯有这种精神，才使他一生躬耕于三尺讲台，甘做灯花，开枝散叶造就栋梁之材，所授高徒当以百千万计。即使老骥伏枥，也志在千里；纵然岁与时驰，然老梅吐新蕊，终成一代大家。

回顾先生的艺术人生，他生于有文化教养的家庭，从小便受到艺术的熏陶，即使他的学历永远定格在“小学学历”，也没有机会进入艺术院校接受正规的美术训练，但这并没有妨碍和挫伤他“志于道，据于德，依于仁”而驰骋于艺术世界的决心。

先生每幅作品的落笔均为“槑生”，“槑”本是“梅”的异体字，一般人很少用，但先生自有其寓意所在。先生的长子赵紫峰解释道：“二‘呆’二傻过一生。”这也反映了先生的人生哲学以及做人的理念，这和郑板桥的“难得糊涂”有异曲同工之妙。前有板桥“一生碌碌，半世萧萧，人生难道就是如此？……万事都作糊涂观，无所谓失，无所谓得，心灵也就安宁了”，后有先生独到却自有其韵的落笔签名。看先生的访谈，他总是一脸祥和，慈眉善目，谈生活话艺术，如数家珍，不急不躁，娓娓道来。艺术与做人是相通的，“不经一番寒彻骨，怎得梅花扑鼻香”，唯有“千锤万凿出深山，烈火焚烧若等闲。粉骨碎身浑不怕，要留清白在人间”的精气神，方能在人间留下英名。先生宅心仁厚，不图虚名浮利，所以长寿，这也是所谓的“仁者寿”。

在其书法作品《感怀》中，先生写道：“古往今来，凡感人肺腑者，影响至深的艺术作品无不出自作者全身心的投入，成功的作者呕心沥血，殚精竭虑，真情苦思的凝聚，亦是坎坷人生和血泪倾诉的交融，才能使人们在获得艺术享受之时得到心灵的净化、精神的升华，故而成为不朽的传世杰作，实非偶然。文艺六十年。稞生书此与同道共勉。”

每每论及艺术，先生常说：“真正优秀的艺术家可以没有恩宠，没有地位，没有名气，没有桂冠，但绝不可以没有自我。”“聪明应有良好的观察力、记忆力、思维力、想象力与操作力，但对人对事要憨点厚道。聪明易，厚道难。”艺术上真正有造诣的大家都是德高望重之人，他们不擅苦心钻营，也不沽名钓誉，不投机取巧，也不哗众取宠，只是抱着一种“无为”的态度。宠辱不惊，看庭前花开花落；去留无意，望天上云卷云舒。但艺术是真实的，亦是真诚的，画家的品性亦是其作品的意趣与旨意，所以先生的作品才能“妙得天籁，与天同契”。

如今大师虽驾鹤西去，但英名流芳！先生似梅，虽抵寒衔霜，却映雪染香。纵观先生的一生，似乎无人关注他是否天赋异禀，人们看到的是他在漫漫时光中褪去青涩，在悠悠缓缓的慧聪淡然和勤奋中将自己的一生丰富得如诗如画。先生对这土地爱得深沉，无论是观家乡的袅袅炊烟，还是赏他乡的崇山沃野，他站立的地方，始终是让他温暖的国。先生也曾逢洪荒岁月，却波澜不惊，任凭炉火明灭；先生功成名就，在人声鼎沸处鲜花着锦，但他依然能心之安然，唯愿山河无恙。先生是浪漫的，他眉宇有山川，眼中映华夏。先生又是豪放的，他将华夏入画，让山有顶峰，让湖有彼岸，让观画之人在平常中靠向幸福。先生更是仁爱的，他以祖国为底色，为学生泼墨出春风十里的未来。人间得此先生，何其有幸！

帧二
怀瑾握瑜韵梅生——教育篇

“他一生固守美术讲台，红烛燃尽播撒光明；他中年沉醉花鸟意韵，卧冰踏雪迎接春天；他用独特的炫彩幻墨，展现心中的鸟语花香；他老而弥坚，壮游天下，祖国河山皆入画中。”

——赵紫峰眼中的父亲

八十载桃李路，育花春泥自芳菲。寒来暑往，赵梅生先生把“勤恳严谨”刻进教育的年轮，把“真挚关爱”融入学子的人生。他淡泊明志，潜心培育人才，春风化雨，薪火相传，为国家培养了大批美术人才，为中国美术教育事业作出了卓越贡献，获得的各级荣誉与褒奖是对其卓越成就的权威认可。

节一　春风化雨，乐教不汲汲于荣名

“一个人生在这个世界，必然还要离开这个世界。当离开的时候，我们应该回头看一下，自己这一生做了些什么？我觉得不用多做，能做出一点对人民有意义的东西，也就心安了。总的来说一句话，这大概也是为人民服务吧。”

——赵梅生

“我家洗砚池头树，朵朵花开淡墨痕。不要人夸好颜色，只留清气满乾坤。”（元代王冕）先生坚守初心、淡泊名利、与时代同行的家国情怀，勤奋执着、无私奉献、不求回报的艺术追求，兢兢业业、诲人不倦、春风化雨的敬业精神，如教科书一般，为后人留下了宝贵的精神财富，似梅花隽永，韵满神州。

热爱教育事业、一心向党、不汲汲于荣名富贵是先生恪守一生的信念。虽与齐白石、张大千等著名国画大师同属于“红袍画家”，但他生前不愿接受采访，不愿别人对他进行宣传报道。先生坚守教学一线，初心从未动摇。教授学生，有教无类，不求回报；交纳党费，务必亲力亲为；国步多艰，面对自然灾害，他主动交纳特殊党费；热衷公益事业，他捐赠书画作品无数。

先生一生不忘初心，矢志不渝跟党走，永远是一名最忠诚的共产党员，心甘情愿地把自己的一生献给党、献给祖国、献给人民。他以自己手中的画笔激发学生对党的感恩；以硕果累累的作品引领学生深化对党的信仰！这种坚定不渝的精神背后是他对新中国、对中国共产党的深厚感情。《人民日报》副总编辑方江山参观赵梅生美术馆后感言：“中国精神，梅生精神。”

心底无私天地宽

一个无私的人，往往能够超越个人利益，关注他人需求。先生拥有开阔的胸襟和兼容并蓄的心态，自己有所为，也让他人有所获。先生的一生，除了为艺术奉献，也在播撒善行。

平日里，先生坚持与五行八作的普通人交往，不分贵贱，均热心教导。他的学生中有普通工人、农民、大中小学生、医生、护士、部队将军、企业家、媒体记者、行政官员等，济济一堂，十步芳草。有几位住在郊区的农民朋友，数十年来犹如亲人一般，可随时进出他的家门。

赵紫峰老师与太原学院教师座谈时说道："大家都觉得老爷子很有亲和力，为啥？因为他到处教别人，全是义务的，不收任何费用。"先生认为："每个人都是我的老师，来跟我学画画的也都是我的朋友，没有师生之分，我们是平等的，是互相学习的。"紫峰老师受到先生的影响，继承了他的教育方式和理念，学生也来自各行各业。他无偿教画画，和他的学生们都是朋友。座谈时他这样说："咱们在座的一共是十个人，我也要免费教你们画画，教不会责任在我，我会根据你们的性格来教你们。"紫峰老师在说这段话时，笃定且自豪。

先生不仅关心自己所教学生的进步，还关心身边人员的成长。二老年事渐高之时，子女为照顾他们的生活起居，聘请了一位保姆。先生认为她应该在工作之余学习一些实用技能，经过询问并征求她的意见之后，先生亲自掏腰包为她报名，在太原市南宫学习裱画。经过先生的引导支持和自身多年坚持不懈的努力，这个保姆进步很大，现已成为山西省小有名气的裱画师。20 世纪 90 年代，电脑属于稀有产品，会操作电脑可称为一项特长。当时有一种普遍的观点，找工作的三项必备技能是会开车、懂英语、会操作电脑。可见，掌握电脑操作在当时是多么超前和重要。因此，在聘请另一位保姆期间，先生积极鼓励她继续深造，并慷慨解囊资助其学习电脑。为了使保姆专心学习电脑技能，先生的老伴冀雅翘老师亲自下厨，为她提供营养丰富的饭菜，确保她能够顺利完成学业。这位保姆最终成功考取了大学，有了更好的发展。时任山西省委书记的胡富国同志在看望先生时得知此事，心有所感，特题"知足常乐"，送给保姆，以资鼓励。先生就是这样，始终以严谨、务实的态度，为身边的每个人提供职业发展机会，坚定地给予支持和鼓励，助力他们实现个人的卓越成长。

先生育人无数，但从未在社会上办过任何形式的美术培训班，从不挣学生的钱。通过提供额外的学习机会、个性化的教学和培养学生的学习兴趣与习惯，先生为学生们提供了宝贵的美术学习环境和发展机会。对于那些经济条件有限的学生来说，这无疑是一种非常宝贵且受益终生的教育资源。先生不求大富大贵，不攀比，不虚荣，热衷于奉献而不求回报，在平凡的岗位上为党和国家尽心竭力地培养美术精英。

1992 年，在山西大学建校 90 周年的重要时刻，学校诚挚地邀请先生参加书画展览。据当时负责组织展览的著名书法家张铁锁回忆，先生在整个展览期间表现出了极高的专业素养和奉献精神。他从早上到下午连续作画数小时，创作了多幅作品，中午只是简单地吃了点便饭，没有片刻的休息。他不仅没有收取任何笔润费用，甚至都没有接受任何纪念品。

先生秉持"一花独放不是春，万紫千红春满园"的理念，热衷公益事业，先后捐赠作品上千幅，希望能把更多的作品留给后辈。2008 年，晋祠博物馆欲以高价收购他的作品，他的回答是："我不卖，我捐！"在晋祠宾馆举行的"著名画家赵梅生绘画作品捐赠仪式"上，先生将自己精心创作的市值 390 多万元的 12 幅绘画佳品捐赠给晋祠博物馆永久收藏，这是他高尚人格魅力的体现，是对艺术的深沉热爱以及对社会之爱的无私回馈。时任山西省文联主席李才旺说："此次捐赠充分体现了赵梅生老师德艺双馨，我们要号召山西的艺术家们向他学习，共同来繁荣我们的文艺事业。"先生多幅绘画作品先后被中国美术馆、中国国家博物馆、故宫博物院、中央美术学院、山西博物院、晋祠博物馆等单位收藏，为人民留下了宝贵的精神财富。

先生重视美术馆和博物馆的捐赠建设，因为他认为展览和教育活动有利于培养公众的审美意识，提高他们的艺术素养。对于青少年来说，美术馆更是一个重要的美学教育和德育教育基地，能够帮助他们建立正确的价值观和世界观。

为方便收藏与展示作品，闻喜县博物馆内的赵梅生美术馆于 2005 年落成，并于 2005 年 4 月 14 日举行了隆重的开馆剪彩和书画捐赠仪式，共展出赵梅生先生 1980 年以来的书画精品 76 幅，诗书画印俱全，山水花鸟皆有，具有较高的艺术价值和观赏价值。2016 年 9 月 26 日下午，在太原市晋祠公园南湖之滨，赵梅生美术馆正式宣告开馆。"'雪海流香'赵梅生书画作品展"成为这座新建筑最华美最丰实的内核。"流香"非"留香"，先生愿把最美好的东西若蜡梅芬芳流向四方。观众蜂拥而至，共同见证这一艺术盛事，感受其独特的艺术魅力。先生答谢道："美术馆是一个载体，它能更好地向社会展示馆藏作品；美术馆是一个平台，它能传承文化、服务群众；对我来说，美术馆更是一个激励，它将让我在有生之年创作不止，捐赠不息！"先生把捐赠当作一种习惯、一种信仰，用实际行动影响着人们的人生观与价值观。

立德立行泽后世

在先生的眼中，教育不仅是一种职业，也是一种追求和享受。他不断完善自我，实现自我，超越自我，并以此为乐，以此为境。兢兢业业、关爱学生是先生从业之初心。他爱国爱党，尽职尽责，大公无私，谦虚做人，高调做事，希望能以身作则引导学生们成为支撑社会的栋梁之材。这不仅是他个人的追求，也是他为教育事业献身的崇高精神体现。先生的一生都致力于美术教学，其良苦用心泽惠众生。课堂内外，先生用无法复制的人格魅力和艺术风采，引领学生成长，点亮学生前行的道路。

时年已 94 岁高龄的李大方，每每回忆起当年在陕西窑洞的那段时光，先生无微不至的关怀总会让他感动不已。那时，他还是个没有袜子穿的孩童，而先生总是温暖地抱着他，为他驱寒取暖。这段记忆深深烙印在他的心中。每当提及此事，他的眼中总会泛起感动的泪光。先生对学生关爱有加，对待自己的家人却要求严苛。其子赵紫峰参加职称评审，作为评委，他却屡次都把儿子排在所有参评人的最后，严要求、不徇私。当其他评委无意中得知赵紫峰是他的儿子时，问他：“为什么不给儿子升职称呢？”先生回答说：“他是我儿子，评职称就要比别人晚，等我不干评委再说。”

先生的夫人冀雅翘老师兰心蕙质，为学生们讲授“美术鉴赏”。夫妇二人相濡以沫，举案齐眉，在育人上教学相长，互为借鉴。慈祥又严厉的先生，对学生日常起居嘘寒问暖，但对他们画画却一丝不苟。当时几位有志青年搞画展，先生多次审查，反复斟酌，提出修改完善意见。只要学生有问题，必会给予耐心解答。

先生培养了数千名美术教师和画家，是一名德高望重的美术教育家。但当有人问他“先生有多少徒弟”时，他的回答是：“我没有徒弟！”先生有言：“每个人的成长过程都离不开家庭、社会和学校三方面的教育，而学生在学校又会遇到许多位老师，我怎么能贪功为己有呢？”特别是在先生即将卸下教职时，学校及太原市教育局都有意为他执教五十年举办庆祝会，然而均遭到了先生的委婉拒绝。有很多记者想采访他，对其杰出成就及社会贡献进行报道，先生均敬谢不敏。他就是这样一位财富不动其心、爵禄不改其志的“人民教师”。他不仅关注学生的学习进步，也关心他们的个人成长和心理健康。他愿意倾听学生的困惑与烦恼，给予他们关怀和支持。

退休后，先生继续发挥余热，在大学担任客座教授或终身教授，通过讲座的形式，用自己的人品和画品传播真善美。这种精神的引领和心灵的触动，能够深深温暖每一个生命。他谦和儒雅的学者风范和高尚博大的艺术情怀及德高望重的人格魅力，真正展现了“学为人师、行为世范”的崇高理念。

先生在晚上有阅读报纸杂志的习惯，以保持对时事动态的关注和了解。这是他向学生传递时代脉搏、敦促学生了解时代主题、创作反映时代声音的文艺精品的源泉。赵紫峰老师回忆，父亲从 20 世纪 50 年代开始就喜欢看报纸，并在课堂上为学生解读时代声音。《人民日报》他看了一辈子。因为当时订阅《人民日报》的人很少，邮递员每次都需要专程给先生送报，故建议他取消订阅这份报纸。先生贴心地提议每周送一次即可，但是坚决不能取消订阅。他经常说：“你得关心国家，关心单位，这就等于关心自己。”各种报纸——《人民日报》《光明日报》《中国美术报》《参考消息》，还有《读者》等杂志，晚上 9 点睡觉前必须摆到他床边的茶几上。每天晚上 9 点到 11 点，先生都会坚持阅读报纸杂志，这已经成为他的生活习惯，甚至因此用坏了 40 多盏台灯。对于他来说，重要的内容不仅仅要阅读，更需要通过剪报的方式进行整理和分类。这种严谨的态度，让他始终能够与时代同步，与祖国共同进步。同时，在教学过程中，先生也会将自己在读报过程中获得的新知识与新信息，及时传递给学生们，为他们提供更为广阔的视野和更有价值的信息。

他认为："作为画家，皆要读书，否则自愚人也。读有诗意的书是开启画作、启迪思维智慧花朵的一把钥匙，所以文艺的提高需要文化的积累与艺术的功底。"（图 9）

先生认为，在改革的年代，各行各业无不在思索新的课题。画家面对这样日新月异的时代不能无动于衷。如果思维陈旧、落后保守，作品就触摸不到时代的脉搏，展现不出新时代的艺术方向。如果与时代脱节，当代画家的艺术成就就会受到限制。

在艺术创作中，先生始终坚持将与时俱进的时代精神融入每一幅作品。他深入挖掘时代素材，以笔墨展现时代变迁，创作出了一系列充满正能量的作品。这些作品紧贴时代脉搏，触动人们的心灵，激发共鸣，唤醒精神力量。通过这些作品，学生们得以在富有力量的艺术氛围中接受熏陶，获得成长。先生曾说过："我的作品不讲流派，只讲时代感。"同时他也要求他的学生们做到这一点。

作为美术界的一面旗帜、山西美术界的领军人物，先生荣获太原市"特殊贡献艺术家"、"百位为太原解放和建设做出突出贡献的共产党员"、"全省优秀共产党员"、"华夏文化人物"、"优秀人民艺术家"、"全国教育系统劳动模范"等荣誉称号，并被授予"人民教师"奖章。国家级美术专业报纸《中国美术报》用八个版面做了题为"赵梅生：为梅而生雪海流香"的纪念专题。国内各大主流媒体及视频号也用不同的形式，对这位在中国画坛和美术教育界有着极高地位和影响力的艺术家进行了报道。这些荣誉与连续不断的新闻报道是对先生个人价值的肯定与突出社会贡献的颂扬。

"时间是有限的，要做有意义的事情。"在八十余载的教学生涯中，先生兢兢业业，坚守教席，虽不羡虚名但多受嘉奖。在创作过程中通过对山水花鸟、梅兰竹菊等的描绘，实现了对美好生活的传递，引导欣赏者感悟人生温暖，提升民族自信。他以崇高的职业道德、积极的社会形象、优秀的美术作品，彰显艺术的社会价值，受到人们的喜爱与尊重。先生的一生充满了善行义举，他的一生是为人民服务的一生！

节二　桃李满天，堂前何须更种繁花

"一生最热爱的是教坛，一生最珍视的是光阴，最幸运的是三十年的美好，最支撑我的是强健的身体和这支画笔，最携手共进的是启蒙、学习和智慧，最信任的艺术归宿是博物馆。"

——赵梅生

先生一生所获荣誉无数，但他最看重的身份却是教师。作为教师，他一生育桃李满天，其堂前无须多种繁花。他心里装着学生、爱着学生。正是这份发自内心的爱，让他能够在获得尊重、理解和信任的前提下，激发学生的潜能。俗话说，“于细微之处见真情”，他常常以一个亲切的称呼、一下轻柔的抚摸、一句温暖的话语，拉近与学生的距离。他会站在学生的角度换位思考，成为他们最可信赖的朋友和引路人。

2016 年，先生对上门拜访的太师附小的老师们说：“从十六岁当美术教师开始，我一干就是一辈子。也有很多机会从教师岗位调离，自己不走，一辈子忠于教育事业，最后从太原师范退休。自己是个退休老师，从退休以后才正式开始画画。一辈子就是教书、画画，但画画绝不影响教学，画画是为教学服务的。自己为教学服务一辈子，知识浅薄，只能尽心为之。国家和学校给‘全国教育系统劳动模范’的荣誉，倍感荣幸。在教育岗位干了一辈子，教育是最好的岗位。它培养了我，我培养了学生，学生反过来给我成就感，我的学生又培养出新一代。”

20 世纪 90 年代，中国佛教协会会长、佛教学者、社会活动家赵朴初曾邀请先生一起前往西泠印社。然而，恰逢当时先生有课，他秉持着严谨的教学态度，表示：“学校有公开课，很遗憾，不能前往。”因而未能赴约，此事成为先生一生的遗憾。值得敬佩的是，先生一生中都未曾因任何原因耽误给学生授课。

先生对教育事业挚爱一生，坚持“求真、求善、求美，有容乃大”的教学态度，因材施教，致力于每一位学生的成长；愿意将自己的知识和经验毫无保留地传授给学生，让嘉木成林，栋梁成材。先生的付出和奉献为学生们所念，被世人铭记。

老干弥坚扶新竹

老干坚守沧桑道，扶持新竹不畏风。先生用自己的经验与智慧，不畏艰难，为中国美术事业的发展和美术人才的培养鞠躬尽瘁。

20 世纪七八十年代，中等师范学校和幼儿师范学校迅速发展，吸引了大批优秀的初中毕业生，但美术学科的师资力量却相对薄弱，师资水平和教学质量亟待提高。先生深知教育的重要性，心急如焚。为解决这一问题，他向省教委提出建议，并牵头组织成立山西省中等师范学校美术教学研究会。这个研究会的成立，为全省中等师范学校的美术教师提供了一个交流和学习的平台，促进了教学水平和质量的提升。同时，为开展全省的中师美术师资教学能力提升工程，先生奔走呼吁，联合举办全省中师、中学美术师资班，以短期培训的方式提升美术教学师资力量。先生的这些举措，不仅提高了山西省中等师范学校美术学科的师资水平，也奠定了山西省美术教育的基础。

由于当年社会各方面对美术学科的重视程度不够，太原市中小学美术教学面临着教学资源和设施严重不足，尤其是缺乏合适的教材的困境，美术教育在中小学阶段处于一个较为尴尬的位置，既没有得到足够的支持，又面临着种种挑战。先生临危受命，紧急组织同行编撰教材。不仅需要深入研究美术教育的理念和方法，还要结合实际情况对现有的教材进行不断调整和完善，先生为此付出了巨大的努力和心血。在这个过程中，他需要解决各种问题，不断推敲和尝试。在繁重的教学任务之余，他几乎牺牲了所有闲暇时间，仅保留了必要的用餐和几小时的睡眠时间。由于工作负荷过重，先生在讲台上突然晕倒。经过仔细检查，医生严肃地告诫先生必须加强营养摄入，并确保充足的休息时间，最好是进行一段时间的住院治疗。然而，先生却以教育为重，坚定地表示不能错过与学生们相处的每一刻。他请求医生开一些药物，以便能够尽快回到讲台上。先生在教育事业上夕寐宵兴、厉志贞亮的执着与奉献，让学生们在日后的成长中即使褪去青涩，也依然保有奋进的动力。（图 10）

一日，山西大学的故友赵延绪先生来学校探望先生。他悄然走近教室，只闻笔触在纸上的沙沙声，却不见学生的身影。进入教室后，他惊讶地发现学生们正在画板后面全神贯注地绘画。在那个时代，如此学风实属罕见，赵先生作为教育工作者，对此深感敬佩并连连赞叹。时光荏苒，三年转瞬即逝。这些经过精心栽培的学子顺利毕业，他们如同星星之火，遍布于各个中小学校，成为各校美术教学的中坚力量。他们点燃了学生们对美术的热情，激发了无数学生的艺术潜能，为培养更多的美术人才奠定了坚实的基础。

欧京海先生是我国著名的伟人肖像画家，人民美术出版社副总编辑、中国美术家协会会员。他回忆了和先生在一起编写中师美术教材的情景，“20 世纪 80 年代初，教育部师范司组织编写中等师范的美术教材，特别请先生参加编写工作，因为他是一线中师的老师，又是最高水平的中师美术老师。当时他主要负责手绘图像，也就是跟简笔画比较接近的，80 年代叫简笔画，是用中国画的表现方法，教中师学生如何能整体地概括一些形体。这套书的编写工作从 1984 年开始，到现在这套书还没有完全停止使用，因为中师在我们国家基本上很少了，原来非常多。但是这套书影响很大。我记得，先生当时画了很多我们现在称之为手绘的图像，这种形式和这种绘画方式，对于学生来讲，既贴近生活，又容易掌握，深受学生欢迎”[①]。（图 11）

当时的中师教学比较注重简笔画，因为它好学好用，在中师教学中非常盛行。这套书编得非常好，影响力持续了二三十年，在全国的发行量也比较好，在当时的师范院校里是所有学生的必学教材。无论是教体育的还是教语文的，都能够快速地用一些形体表达一些动作或者语言，或者是其他所要表达的内容。

① 欧京海．我与赵梅生先生．(2023-02-18)[2023-12-25].https://mp.weixin.qq.com/s/GoRmiIyKjR-Q2u2wlDGj_Q.

据欧京海先生回忆，先生人品极佳，性格和善。在共同编写这套教材时，主编根据教学的要求，请他绘制相关内容，他从不推辞，不挑不拣，不计较个人得失，不辞辛劳地完成了所有绘画作品。先生平日主要致力于教学和国画创作，鲜少涉猎简笔画领域。然而，在教材编写中，他展现出了极高的合作精神和艺术造诣。他以基础作品为载体，将深邃的内涵和情感表达得淋漓尽致，令人叹为观止。

先生的作品，为数代师生提供了教学素材和教学方法。其教学所涉及的绘画形式不仅有国画，还有粉笔画，使抽象的教学方法有了具象的特点。无论是在黑板上还是在画纸上，他给出的绘画教学素材都具有极高的借鉴性和参考意义。其中有人物、动物，还有人物和动物的结合，有山水、树木、房子、工地等，还有飞机、火箭。先生也非常关注农村题材简笔画，像农村生活中常见的拖拉机、大白菜，甚至猪、马、牛、羊，都有体现。从这种教学形式和示范，可见其画风中的漫画特点，运用线造型展现出诸多形象。欧京海先生说："比如说圆方、半圆、三角形，如何用线来进行概括，还有动物、人物、风景等。他画了很多，不辞辛劳。先生虽然是位国画家，但是为了教学、为了学生们、为了孩子们的学习，他能够潜下心来，放下架子，为学生画这些最基础的、以线造型的形象。这些作品，帮助学生更快地学到基础绘画造型表现的一些知识和能力。"①

在师范教学实践中，先生通过不断总结经验，发表了数十万字的美术教学论著。这些论著包括《立足改革，为中师美术教学服务》《论简笔画教学》《中师美术课应重视师范性教学》《师范学校应加强审美教育》《美术课应培养学生独立获取知识技能的能力》等。这些作品在美术教育界产生了广泛的影响，并获得了业内人士的高度评价。赵紫峰老师秉承父志，积极参与编写中小学美术教材。其美术教学案例《雪地飞龙》《一张合影》已被纳入教育部基础教育司组织编写的《美术课程标准解读》一书。受教育部师范司之邀，他参与编写了由高等教育出版社出版的基础教育新课程教师教育系列教材《初中美术新课程教学论》。同时，参与了人民教育出版社、人民美术出版社、湖南美术出版社等九年义务教育课程标准《美术》教科书的编撰，以及山东美术出版社出版的高中课程标准《美术》教科书的编写。

谆谆寄望后来者

在美术教育教学领域，先生不仅是一位严谨、严格的"经师"，也是一位以自身人格魅力塑造学生灵魂、德才兼备的"人师"。他的人格魅力和高尚修养，如同春风化雨影响着每一位学生，使他们像他一样坚定对党的信念，坚定文化自信，对祖国和人民永葆一颗

① 欧京海 . 我与赵梅生先生 .（2023-02-18)[2023-12-25].https://mp.weixin.qq.com/s/GoRmiIyKjR-Q2u2wlDGj_Q.

赤子之心。他不仅传授知识，也以身作则，通过自身的德、才、情，为学生树立了人生的榜样。

先生在教育中始终坚守公正原则，对每个学生都一视同仁。他注重培养学生的品格和道德修养，引导学生树立正确的价值观和道德观，培养学生做有担当、有责任感的公民。他不断探索新方法，用创新思维激发学生的创造力和想象力，包容学生的差异，尊重每个学生的个性和特点，给予他们不同的发展空间。

教学中，先生通过互动教学的方式，将教与学相互融合，以达到教学相长的目的。除传授深受学生们喜爱的中国画传统技法之外，先生还能为学生讲授“西方美术史”“西洋画欣赏”等美术基础课程，打开学生的格局，培养学生的世界眼光。九秩之年，先生受邀在中央美院为学生开讲“赵梅生的艺术人生”专题讲座，大讲堂内互动频频，反响热烈，圆了先生在美术专业最高学府开坛宣讲的梦想。

在小学及中学担任美术教师期间，他教学严谨，注重激发学生的兴趣并巩固学生的基础。他坚决反对照本宣科的教学方式，认为美术课应该灵活运用和编写教材，以引导学生创造出独特且富有创意的作品。他指出，美术课不是照猫画虎、照本宣科，要善于活用和编写教材，让学生在绘画的田园中开出别具一格的花朵。[①] 他的教育理念深深烙印在学生心中，即使在几十年后，他们仍然对此记忆犹新。

中国国家画院著名画家王迎春是先生早期的一名学生，她回忆第一次上美术课时，先生用粉笔在黑板上画了一个圆圈，并添加了眼睛和嘴巴的曲线，通过简单的描绘就生动地表现出了笑脸和哭脸。全班同学立刻被这种教学方式吸引，纷纷跃跃欲试。先生不仅自编了绘画教材，还创作了易于朗诵的绘画口诀，他的智慧和慈祥让学生自愿追随，走进艺术的殿堂。

赵紫峰老师亦从教近五十年，身上颇有乃父之风。在与太原学院的教师们座谈时，他曾讲到这样一件事情：一位学生在上美术课时忘了带绘画工具，害怕受到批评，准备回家去拿。紫峰老师了解情况之后叫住他，微笑着对他说：“孩子，没带工具一样可以上美术呀。”学生诧异地抬起头：“别人画画我就看着吗？”紫峰老师依旧微笑着，答道：“你可以认真看别的同学画，用心去感觉，去临摹，等有工具了再画出自己的作品。没有工具还能学到，那才是真本事呢。”紫峰老师轻轻地摸了摸孩子的小脑袋，让他回到自己的座位上。这一节课，那孩子无比认真地看同学们作画，不仅掌握了细节，之后自己作画时还加入了新奇的创意。

这验证了著名教育家陶行知先生的一句话：“爱是一种伟大的力量，没有爱就没有教育。”在紫峰老师的教学生涯当中，这是一件再小不过的事情，却留给我们满满的感动。

① 张瑛．笔墨丹青“90后”：中国画大家赵梅生访记．名家名作，2015（3）.

紫峰老师考虑到孩子已经到校，再回家拿工具，不仅不安全，还耽误时间。紫峰老师像他父亲一样，没有用惩罚的方式试图让学生“长记性”，而是用温柔的语气、轻柔的抚摸，给予孩子关爱和信任，最终激发出孩子的潜能。

赵紫峰老师说：“我在自己的教学中沿用了老爷子的宽容，对学生正确地引导。”比如教室里被学生坐坏的残缺圆凳，他不追究是谁损坏了圆凳，而是通过让学生观察绘制，并书写 100 字以内的感受，让学生自觉认识到损坏公共财物的行为是错误的。白墙上染上了墨渍，那就和学生一起为它“锦上添花”。他会结合课堂内容设置环环相扣的问题，引导学生课上利用手机查阅相关资料，然后对所查阅的资料进行整合，以便回答问题。在此过程中，让学生明白：手机只是一个生活工具，它可以成就你，也可以毁掉你；手机查阅的内容也不是完全正确，还要有甄别信息的能力。这样一来，学生的手机被用来查资料了，他们也就不会去做别的了。

先生对学生的教育融于细节，存于平常。一个微笑、一句问候，虽朴素而平凡，却感人至深，润物无声。他在生活中关爱学生，在教学上更善于尊重学生，顺势引导。在先生眼中，学生没有优点和缺点，有的都是特点。教师要根据学生的特点进行正确引导。在先生带过的班里没有差生，因为在他的认知中，“没有教不好的学生，只有不会教的老师”。学生行为的背后，一定有他的需求。先生能够看到孩子们的需求，并进行引导，这是教学中难能可贵的，其教育理念的精髓就是“教书育人是永恒的主题，育人比教育更重要”。

先生认为，教师应该根据学生的个体差异，采取不同的引导方式和策略。对于进步较慢的学生，教师需要提供更多的辅导和指导，帮助他们逐步提高。先生的指导，不显山不露水，却提高了学生的学习效果和兴趣。教师需要关注学生的需求，注重学生的主动参与，真诚地帮助学生，并根据他们的个体差异进行有针对性的指导。这样，教师的顺势引导才会更加有效，对学生的影响也将更加积极。在中央美术学院教学时，先生首先会让学生自己根据要求作画，学生觉得没画好，想重新来一次，先生摆摆手，接过画笔，在学生画作的基础上继续作画，拨乱反正，一气呵成，成就了一幅好画。他认为，艺术没有标准，没有没画好、画坏一说。每当学生不敢下笔时，他会跟学生说：“没关系，咱画不好还画不坏吗？大胆画吧。只要动脑筋，表达自己的思想即可。作画不要只想画什么，而要想画的主题的意趣形态，但想的形象太具体，结论只能是看图识字了。文人画是线条水墨散步的艺术，得意而后造形，以形写意，不可以意画形。艺术不能是传授，而要是画家不断探索发现。传统作画有忌，但善用忌往往能绝处逢生。”（图 12）

在访谈中，紫峰老师也提到自己教学过程中遇到的几个典型案例，如“学生将蛇带到教室”“学生课堂睡觉问题”“学生打架事件”等，在父亲“顺势引导”教育思想的影响下，这些棘手的教学问题都得到妥善解决，既摆脱了老师的教学困境，又激发了学生的学习积极性。通过鼓励、肯定和赞赏等方式，尊重学生，使学生的自信心和学习动力极大增强。同时，耐心倾听学生的困惑和疑虑，给予积极回应和支持，让学生感受到被理解和关爱。

先生从来不批评学生，因为他相信“办法总比困难多”，除了批评，还会有更好的办法来解决问题。他也相信“教育中没有什么是爱解决不了的问题”。他是这么说的，也是这么做的。他不会受限于特定的教学方法，而是致力于深入研究每一位学生。通过细致观察，他根据每个学生的性格、习惯和情绪，制定出更具针对性的教学方案。正确的教育在于了解学生，并无条件地接纳他。先生从未把“应该怎样”的想法强加在学生身上。教师头脑中若存入了太多“应该”，就是逼迫学生去遵从。这会让学生产生恐惧，并且在其内心当中，“真实的”他和“应该的”他不断产生冲突，学生的问题就出现了。教师要有极大的耐心和爱，了解学生，真正理解学生行为背后的需求，而不是求助于快速简便的“特效药”，比如批评、惩罚等手段，希望能带来神奇和理所当然的效果。

教育的本质不是简单传授、更不是严厉惩罚，而是信任与唤醒。通过就地取材、因势利导等手段，先生成功地将德育教育融入美术课堂当中。关于“破坏者”，他相信每个孩子都是善良的，并非故意犯错，也会知错即改。事实也的确如此。做先生的学生是幸运的，也是幸福的。

紫峰老师说：“学生爱动，调皮是他们的天性。如果在课堂上遇到学生调皮，我们怎么办？这是我和老爷子经常探讨的事情。学生们调皮，他总能巧妙应对。受老爷子影响，我对学生更多的是启发，而不是惩罚。”有一次，紫峰老师走进教室，发现地上有一张四尺整张的宣纸，上面全是脚印，前排一个女学生正在抽泣。他捡起宣纸，问道：“这是谁踩的脚印呀？”没人吭声，谁也不敢承认。只见紫峰老师转身将带脚印的宣纸贴在了黑板上，说道：“多好的一幅画啊，这是一幅了不起的作品，我们给它起个题目，叫《路是人走出来的》。这是谁的作品？我收藏了。”学生们对老师的做法感到很意外，你看看我，我看看你，不知老师用意何在。紫峰老师灵感一来，引导学生们观察脚印上鞋底的纹路，继而给学生们讲起了我国非物质文化遗产——拓印技艺。学生们听得津津有味，了解了木板拓印、树皮拓印、石头拓印等有趣的拓印方法。原以为要找出“罪魁祸首”，没想到变成了一堂趣味横生的拓印课。

听到紫峰老师讲述这些发人深省的故事，在钦佩先生教育智慧的同时，又为这种教育传承所感动！能够遇到引领他们一生的优秀教师，这些孩子实属幸运。教书育人是永恒的话题，因材施教是先生坚持的教学原则之一，他认为：“能把所谓的‘差等生’教好，才能被称为好老师。”因材施教在先生的教学过程中得以完美诠释。

画家王保雷因仰慕赵梅生先生，1987 年报考了太原师范学校第一届美术专业班，有幸成为先生执教的首届美术生。

王保雷回忆，当时先生作为学科带头人，整体策划，谋篇布局，不拘一格启用人才，为美术班配备了最优秀的学科老师；亲自编撰美术史教材《艺术鉴赏》；具有开拓创新的开阔视野，联系全国知名画家吴冠中等到太原做讲座；参与全国师范类教材编撰工作。先生的教学目标，不仅在于传授学生中国画技法，也在于教会学生做人、做事、做学问，注重学生创造力、审美能力、文化理解等多方面能力的培养。先生说，不想当将军的士兵不是好士兵，尽管师范培养的是教师，但不想当画家的教师不是一个好的教师。在时间利用上，要求学生持之以恒、见缝插针。王保雷说，先生的教导令他受益无穷，乃至终身。

先生的教学体系是一个传道与体悟的接受过程，突出表现在以下三点：

书画同源——书法、画法皆是做人之法。毛笔、钢笔、粉笔等三笔字是师范学生必考科目。在先生的指导下，学生由楷书入手，向篆隶深入，稳扎稳打，为作画打下了扎实的基础。先生一生用隶书和篆籀笔法作画，浑厚苍茫，气魄非凡。画品就是人品，先生的画有气魄，更具爱国情怀，他在国家有困难时捐出 100 万元特殊党费，这就是先生“人如其画、画如其人”的真实写照。

人文精神——独特的梅生国画专业教学。美术专业班的国画课程，先是工笔花鸟，然后是写意花鸟。有一节课，先生在一张六尺大的宣纸上，当堂示范画菊。他讲道：一世兰花半世竹，梅花要画得好，最少需要十五年，菊花相对容易，五六年就可以画好。随后，在宣纸上边画边讲笔法、墨法。画完以后，他讲解道，这枝 S 形的枝干开始被风雪压得低垂，这时候花儿并不愿意向自然低头，然后又重新昂扬起来，菊花的花头朝上翻转，表现出一种迎风傲雪的精神。先生始终坚持昂扬奋进的人文主义创作观念，那时也是他的黄金创作时期，其创作已经步入了追求人生理想的境界。记得先生曾脱了鞋，穿着白色的袜子，站在平铺的宣纸上，挥动扫把一般大小的毛笔，为天龙大厦画巨幅梅花。

大道至简——返璞归真是大道。先生编撰并绘制了简笔画教材，把自然物象概括成几何形进行概念化训练和教学，造形简练，便于记忆和掌握，可以使教学活动生动形象。简笔画不简单，王保雷说，他当时不到二十岁，认识不足，根本不能理解先生的良苦用心，大道至简才是人生最高能力。

先生画公鸡，先用简笔画鸡的结构，再表现鸡的墨色组织、用笔关键等。讲到鸡的人文象征意义时，他说：鸡有五德，一文德，鸡的头顶戴着冠冕，象征着文雅和礼仪，代表着升迁腾达的寓意；二武德，鸡的脚爪装备着鸡距，这是一种潜在的攻击武器，显示出鸡的勇气和力量；三勇德，面对攻击时，鸡敢于斗争，表现出无畏和勇敢的精神；四仁德，鸡在找到食物时会呼唤同伴共享，体现了互助和仁爱的品德；五信德，雄鸡按时打鸣，守夜不失时，代表了诚实和信用。受先生影响，至今公鸡仍是王保雷花鸟画的主角。

赵紫峰老师深受先生教育理念的影响，全心全意为学生着想。当学生饭卡没钱时，他自掏腰包给困难学生买饭；担心乒乓球台旁边的钉子弄伤学生，建议全部拔掉；因学生打破一块玻璃，发现安全隐患，督促学校将教室普通玻璃全部换成有机玻璃；帮助脸部烧伤学生恢复自信；下雪天给校领导提议让学生们分批下课，减少拥挤，保证安全……类似的例子不胜枚举。

先生经常讲："一个人最大的素养就是关心别人。"正是这样的随和与善良，让先生收获了很多尊重和喜爱。先生一生随和待人，随和做事，眼里有光，心里有爱，给别人温暖，自己坦然。这份随和与善良，也深深影响着他的后代和学生们。这是一种善行，更是一种胸怀。

先生不仅仅教授学生绘画技巧，更重要的是引导学生了解和感知生活中的美。他通常会从日常生活中的各种事物中寻找灵感。通过观察和思考，将这些生活中的美转化为艺术作品，并与学生分享。

在黑板上，先生一边绘画一边讲解，同时引导学生们一同学习。他始终坚守着这样的教学方式，用一生的实践向学生传递着"发现生活中美好"的理念。他鼓励学生自己创作封面和图画本，而这些图画本之后又被用作制作灯笼的材料。除此之外，他还利用废弃物品教授学生们如何制作贺卡，教他们变废为宝的技巧。在先生眼中，什么都是美的，看到的材料都能利用起来，空奶瓶、空衬衣盒子都可以用来作画。

先生常言："若我们说的外语外国人听不懂怎么办？无须担忧，绘画是最高效的沟通方式。"通过绘画这一简洁明了的方式，不仅能够快速传递信息，也能够在不同文化和语言背景下，实现高效的沟通和交流。

在国外访问期间，先生在英国、法国、德国和日本等多个国家走到哪画到哪，通过画笔巧妙地克服了语言沟通障碍。他解释道："在与当地人交流时，我们常常感到困惑，难以理解对方的言语。而通过绘画，我们能够明确地传达信息，这正是一种手绘线条图像的表达方式。"北京外国语大学的教授赞誉其为"手绘世界语"。

山西师范大学书法专业硕士生导师、国家一级美术师沈晓英，对于1988年同先生一起在日本吃早餐的经历仍然记忆犹新。他们不喜咖啡想换牛奶，在随团翻译缺席的情况下，先生以一种诙谐的方式向服务员借来纸笔，他几笔勾勒，栩栩如生的"牛下奶"图便跃然纸上。服务员在看过画作后，了然于心，捧腹大笑，在欢笑声中迅速为他们送上了牛奶。先生风趣地总结道："绘画无疑是通用的世界语言，即便没有翻译，我们也能游遍全球。"①

此类趣事多次发生。紫峰老师回忆，父亲在日本住宿时需要电熨斗，仅仅通过他手绘的熨斗图案，服务员便能准确理解并迅速提供所需之物。同样，在法国旅行期间，为了前往埃菲尔铁塔，他仅需绘制铁塔的图案，路人便能轻松知晓其意，指引方向。一位来自黑

① 沈晓英.难忘的扶桑之行：记赵梅生先生.（2023-12-26）. http://blog.sina.cn/dpool/blog/s/blog_4baa2398010301zc.html?md=gd.

龙江省的教师在国外遭遇眼镜螺丝遗失的困扰，先生通过绘制眼镜和螺丝刀的图案，使外国友人很快明白其所需，迅速帮助这位教师找到了合适的工具。在法国住宿时，宾馆将钥匙挂在墙上供客人自行取用。先生通过绘制钥匙牌的图案，迅速与外国人沟通并获取钥匙。

先生将生活与美术完美结合，告诉学生生活中的美好要用心体会，以画示人，展示美好。通过与学生一起创作和交流，让学生感受到艺术给人们带来的愉悦和启发，激发了学生的美术潜力，促进其艺术成长。他为学生带来的艺术之美将在他们的生活中持久存在，成为他们追求美好生活的重要部分。

先生经历了无数的风雨，积累了丰富的人生经验。他坚定地扶持着新生的一代不断向前，总是乐于将自己的经验和智慧传授给年轻的一代，帮助他们避免走弯路，更快速地成长和进步。他以身作则，用自己的行动和言传身教树立榜样，完美诠释了育人比教书更重要的理念。

“两弹一星”赤子情

教育的过程就是一个传播爱、分享爱、创造爱的过程。先生无疑就是那颗爱的种子，他用他的善良和随和，把爱的种子播撒在了每个人心中；他用他的智慧和德行，把爱分享给更多人；他用他的付出和信任，用爱创造出更多爱。先生一生低调做人，真诚交往，善良处事，从不张扬，却自带光芒。先生就像太阳一般，温暖着身边人，也影响了一批批“向阳而生，逐光而行”的年轻人。

学生赵同泽常常回想起老师赵梅生，他不仅是良师，也是益友。在赵同泽心中，先生是一位极具人格魅力的老师。他的教学风格独特，总是能够用生动有趣的方式将复杂的知识传授给学生。他总是耐心地解答学生的问题，无论是学术上的还是生活上的，他都会尽力提供帮助。

先生有着深厚的学术背景和丰富的实践经验，他的研究成果在学术界有着广泛的影响力。他严谨的学术态度和扎实的专业知识深深地影响了赵同泽，使他对学术有了更深刻的理解和追求。除了学术上的指导，先生还教授了学生们做人、做事、做学问的道理。

2021 年，先生与赵同泽共同创作了书作《中国原子城》。在书作中，先生以其独特的艺术手法，精心书写了原子城，让人们联想到原子城的建筑、设施以及科学家们的工作场景。这幅作品不仅展现了先生对艺术的深厚热爱与不懈追求，也彰显了他对“两弹一星”精神的敬仰与弘扬。

“两弹一星”精神是中国人民在 20 世纪五六十年代为保卫国家安全而奋斗的精神象征。先生通过《中国原子城》这部作品，向世人展示了这种精神的伟大和崇高。他以艺术的方

式表达了对这一段历史的敬仰和缅怀，同时也向观众传递了积极向上、自强不息的精神力量。（图 13）

在创作过程中，先生不仅将自己的艺术才华发挥得淋漓尽致，还引导学生赵同泽积极参与创作。他用自己的亲身经历和感悟，向赵同泽传授了宝贵的艺术经验和创作技巧。先生始终坚持讲述这个先进群体的故事。他深信，把“两弹一星”精神一代一代传下去，这种精神将能够转化为不可限量的物质创造力，推动国家的发展和进步。广泛传播科学家的思想，感悟科学家的丰功伟绩，他们的名字与功勋将被历史永远铭记。让更多的人知晓“两弹一星”科技工作者，让更多的人萌生践行他们奉献精神的想法，让更多的大中小学生从小树立科学报国的远大志向，这是先生耄耋之年孜孜以求的愿景。

深受老师言传身教的影响，赵同泽对“两弹一星”精神产生了浓厚的兴趣。一个被历史铭记的英雄群体——“两弹一星”先进群体的科学家们，攻坚克难，风雨兼程，创造了举世瞩目的科技奇迹，为新中国的发展作出了巨大的贡献。“热爱祖国、无私奉献、自力更生、艰苦奋斗、大力协同、勇于登攀”的“两弹一星”精神，是中华民族的宝贵精神财富。在先生的影响下，多年专注于立体肖像版画研究的赵同泽希望能够通过立体肖像版画的形式，将这个群体的人物形象展现出来。他的创意也得到了先生的支持，他们开始夜以继日地仔细研究“两弹一星”的历史背景和先进人物，查阅大量的资料。在这个过程中，他们不仅对历史事件有了更深入的了解，也对如何通过艺术形式表现这些人物形象有了更清晰的思路。（图 14）

经过长时间的筹备和创作，赵同泽终于完成了他的立体肖像版画作品。这幅作品以“两弹一星”先进群体为核心主题，通过精湛的绘画技艺，将这一历史性事件中的关键人物栩栩如生地呈现出来。每一处细节均经过精心雕琢，以立体肖像版画的独特形式，将“两弹一星”先进群体中的科学家们的形象刻画得神采奕奕。他们面带微笑，目光中透露着坚定的信念，仿佛在向世人展示他们对祖国的忠诚、对事业的执着和对困难的无所畏惧。

这次创作之旅是一次思想的碰撞和精神的对话。先生和学生赵同泽用他们的作品，向观众传递了“丹心永向党”的信念和精神。他们用自己的实际行动传承红色基因，并在传承中不断创新。他们的作品不仅展示了中国艺术创作的新气象，也让人们对中华文化的内涵有了更深刻的理解。

为了进一步推广和展示这两位艺术家的作品与才华，山西省赵梅生美术馆、青海省海晏县原子城纪念馆于 2022 年 9 月至 10 月联合举办双馆双展：“喜迎二十大丹心永向党雪海流香——赵梅生书画展”“薪火相传——赵梅生门生赵同泽‘两弹一星’先进群体立体肖像版画展”。在此期间，先生还要求赵同泽入党，在先生的培养、帮助和教育下，八十高龄的赵同泽向党组织递交了入党申请书。此时的他们师生同心，丹心向党，这是他

们人生信仰的庄重表达。（图 15）

他们的创作得到了广泛的认可和赞扬。位于晋祠公园南湖边的赵梅生美术馆成为"'两弹一星'进校园"青少年红色教育基地之一。太原学院和太原市进山中学、第二十九中、第十二小学、双东小学等多所学校，纷纷开展了以"'两弹一星'进校园"为主题的专题宣讲活动。通过活动，学生们感受到了科学家们热爱祖国、不忘初心的精神，纷纷表示要以他们为榜样，将来为祖国做贡献，让生活更美好。（图 16）

此次展览不仅是一次艺术的盛宴，也是一次思想的碰撞和精神的对话。他们用自己的实际行动传承红色基因，展出的立体肖像版画作品以钱学森等 23 位"两弹一星"元勋为主题，不仅在艺术上具有极高的价值，也在引领时代和人民的思想方面起到了积极的作用。这些作品为人民发声，为时代留痕，以独特的艺术形式生动地展现了科学家们的辛勤付出和卓越贡献。这些作品塑造了国家和民族的支柱形象，充分展现了鲜明的时代特色、国家精神和民族气质。

习近平总书记指出，"两弹一星"精神激励和鼓舞了几代人，是中华民族的宝贵精神财富。为深入贯彻落实党的二十大精神和习近平总书记关于"用心用情用力保护好、管理好、运用好红色资源""传承红色基因、赓续红色血脉""培育时代新人"等重要讲话精神，全面实施"时代新人铸魂工程"，教育引导广大青少年厚植爱党爱国爱社会主义情感，2023 年 8 月，文化和旅游部、教育部、共青团中央、全国妇联、中国关工委印发《用好红色资源　培育时代新人　红色旅游助推铸魂育人行动计划（2023—2025 年）》。教育部、文旅部文件明确表示，"'两弹一星'先进群体立体肖像版画进校园"活动要在全国各地陆续展开。从"姓钱不爱钱"的"中国航天之父"钱学森，到荣获共和国勋章的"卫星之父"孙家栋，每一个肖像都做工精巧、栩栩如生，令人赞叹不已。

先生以画者的匠心，追求至善的境界；以师者的阳光，照耀学生的前行。历经八十载岁月，先生对每一位学生都倾囊相授、传承师道，种桃种李种春风！

不言桃李下成蹊

人生的旅途穿越重重山水，每一段路程都承载着老师的教诲与影响。老师，是学生前行路上的灯塔。老师的付出与辛勤耕耘，如同一股无形的力量，激励学生奋发向前。每每忆及恩师，学生们无不心生怀念，为先生的言行而折服，为先生的付出而感动。他们听其言，立己行，传承其精神与智慧，为国为民奉献自己。

先生自十六岁起投身美术教育事业，历经小学、中学及师专等多个教育阶段，广泛涉猎了连环画、漫画、油画及国画等多种艺术领域。然而，相较于科班出身的同仁，他深知自己缺乏大学文凭，事业发展面临着诸多挑战。他坚定地告诉自己："无论何种困难，都不能成为我追求艺术的阻碍！四十年的努力难道还比不上四年的本科生涯吗？"他视绘画为生命，每日笔耕不辍，即使在寒冬腊月也从未间断过创作。他曾步行四十多里前往晋祠，于难老泉之畔卧雪写生，一画便是整整一天。在太原严冬的零下二十多度气温下，他的画室温度仅维持在零下十一度。画室中的洗笔水早已结冰，冰块砸开又冻上，冻上又砸开，先生就在如此艰苦的条件下带领学生们在被称为"寒窑"的画室中坚持作画。他以身作则，展现出坚韧不拔、不畏艰辛的精神，感染并激励着身边的学生。他不仅教导学生们学习绘画技巧，还注重培养他们的人格品质。他坚信"活到老，学到老，画到老"的人生信条，用实际行动践行这一理念。

选择美学与中国画视错觉学说创始人陈雨光回忆，每与先生见面，话题深处，先生总是说："要从零开始。"从零开始，实质上是从"我"开始。众所周知，先生凭借自我努力和天赋，无师承、无门派、无拘无束地自学成才。他始终坚守自我，从自然出发，不受任何束缚。他强调与传统对话，而非简单地临摹画谱。在继承传统的同时，他摆脱了传统的桎梏，展现出对传统的自豪和自信。陈雨光说："和先生接触，不单单在享受艺术，还在感悟生命，'常青''新鲜''生机'等概念自然地让你咀嚼、回味。"[①]对从零开始的认识，不仅是对笔墨技艺的深度提炼，也是先生谦逊好学的体现，这种态度在无形之中影响着周围的人。

山西当代书画名家、中国艺术研究院书法院研究员田树苌提到时年 85 岁高龄的先生时说："精神矍铄，满面红光，看上去绝对要比实际年龄小十多岁。尤为难得的是他那诙谐的语言、机敏的思辨、爽朗的性格、豁达的襟怀，哪里有他，哪里就充满轻松而欢乐的气氛。他思想活跃、才思敏捷，有时候在绘画的选材立意、构思谋篇与形式表现上，十分新颖大胆，连年轻人都自叹弗如。"[②]

著名书法家张铁锁至今仍然记得，在 2008 年与先生一起应邀在晋祠宾馆进行一次小范围的涉外书画创作活动。先生始终专注作画，耄耋之年的他，画了大约一整天时间，很少休息。他全神贯注的创作态度、废寝忘食的精神投入、娴熟独到的笔墨技巧，让他的学生深受感动，受益匪浅。

山西省教育科学研究院美术教研员、中国教育学会美术教育专业委员会理事、山西省教育学会美术教育专业委员会秘书长、山西师范大学美术学院学生校外指导教师孙潇巍也是先生的学生，十多年追随先生。从中国美术馆、中国国家博物馆、中国国家画院、山西博物院和太原美术馆的布展，再到赵梅生美术馆开馆仪式的筹备，她亲自参与并见证了

① 陈雨光 . 零点的起步 无限的追求：为艺术而哲学的赵梅生 .（2022-03-28）.https://mp.weixin.qq.com/s/avYQODbvPsBfR9alXpwoaQ.

② 田树苌 . 赵梅生与他的画家书法 .（2011-07-18）[2023-12-26].https://blog.sina.com.cn/s/blog_610494560100u40j.html.

恩师艺术生涯的辉煌与绚烂，深受恩师宽阔胸怀、不懈勤奋以及教育耐心细致的感染与鼓舞。她说："恩师对我言传身教、悉心指点，鼓励我坚守三尺讲台，在绘画道路中勇于探索，并主动收我为徒，谆谆教诲，使我在迷茫困惑中找到了努力的方向，受益终身。因此传播恩师的美德、思想、艺术成果将成为我义不容辞的责任和毕生的使命。"①

孙潇巍深深感慨，先生虽历经沧桑，饱受磨难，但其胸襟之广博、格局之包容，犹如冬日暖阳，普照众生，使周围之人皆受其恩泽。先生教导她，要想创作出优秀的画作，首先需要具备优秀的人品，做人比作画更重要；热爱祖国，紧跟时代步伐，不断推陈出新，才能成为一名优秀的画家。

对于画家而言，技艺固然重要，但更为关键的是个人品格和修养的塑造。一个缺乏高尚品格的画家，即便拥有卓越的技艺，也难以创作出具有真正价值的作品。品格的塑造与提升，为画家的创作提供了坚实的基础。先生优秀的人格特质，如诚实、谦虚、勤奋、执着等，奠定了他艺术创作的视野、态度和风格。正是这些人格特质，影响着学生们在艺术道路上不断探索、创新，以更高标准要求自己。艺术源于生活，又高于生活。只有具备高尚品格的画家，才能更深刻地理解生活的真谛和艺术的本质，从而创作出更具深度和内涵的作品。作为一个品格高尚的画家，先生不仅创作出了众多优秀的作品，培养了无数德行兼备的学生，而且为社会做出突出贡献，推动了艺术事业的发展。

孙潇巍常听到先生在讲话时谦虚地说"我要学习、学习、再学习"。终生学习使先生一直保持着旺盛的艺术创造力，只要身体状况允许，他始终坚持进行创作。他善于思考，不断突破自我，作品充满着清新的气息和生命的活力。他追求卓越、锐意进取的精神以及紧跟时代步伐的信念，激发了学生坚定前行的决心。她说："恩师一生活跃在教坛，他对教育事业的热爱，让我无比怀念又无限景仰。他从教八十年，德艺双馨、桃李满天下，得益于恩师指点的绘画人才也数不胜数。他曾多次参与国家美术教材的编写，为美术教育作出了重要贡献。师者范也，恩师为广大教师树立了一个榜样——用师德的光辉照亮学生成长的航程，因此国家把'人民教师'的金质奖章颁发给他，实至名归。"②

山西省作协会员，太原市迎泽区作协主席，崇永国学院、暖冰书画院名誉院长张志永了解到先生从事美术事业数十年，仍然勤奋刻苦、求真务实并坚持学习与创作，大为感动与震撼。

谈到先生的授课方式，张志永依然记忆犹新："师父常慈祥地抚摸着我的头，教我要多看多学，多临古人的画技画法，但不能死板地学他们的构图。要自己创新，画出自己的风格。还教导我要先做人，再作画。他还在作画技法上强调：要我行我素，画自己想画的画，

① 孙潇巍．怀念我的恩师赵梅生先生．(2022-12-03)[2023-12-26].https://mp.weixin.qq.com/s/bDPPFOahdHamaUkPXUtunA.
② 同①.

画自己喜欢的画，不要拘泥于传统的技法。做到画别人不画的画，不画别人常画的画。”[①]

先生反复强调：“我行我素，独创风格。”“做人要谦虚、要勤勉、要创新、要求远求异。”“画如人，人如画。”“不俗、不凡。”“破常规、破自我。”他以严谨的态度，对学生的作业进行认真点评，并经常进行现场示范。他致力于用最简练的语言，传递最真实、最朴素的教导。这种敬业精神令人敬仰！

山西省美术家协会会员、山西省书法家协会会员王保雷1987年考入太原师范学校第一届美术班，正好是先生所带的班级。他回忆道：“在我的印象中，先生风华正茂，尤喜照镜子、正衣冠。当时学校美术组有面大镜子，就是舞美组跳舞时使用的那种镜子。先生常穿一件干净的白衬衣，授课前后，总在镜子前照照，理理衣领，抻抻袖子。这是作为师范老师的一个行为规范，‘德高为师，行为世范’，体现出他生活作风的严谨。以史为鉴，以人为鉴，以镜为鉴，可见先生对自己行为规范的看重，并以身作则。”[②]

王保雷回忆起先生为学生们讲授国画课的情景，依然清晰如昨。先生曾在一张六尺宣纸上，边讲解边挥毫，看似随意的笔触，却将梅兰竹菊四君子的神韵展现得淋漓尽致。他不仅注重绘画技巧，还注重寓教于画，以画传递人格魅力。他在晚自习课间常常播放贝多芬的《命运交响曲》，在坚韧不屈的人生观影响下，先生有着独特的时间观念：善于利用点滴时间，持之以恒。这种时间观念与他的生活哲学相得益彰。先生时常告诫学生们，步入社会后，不可能有大段的时间进行创作，必须学会利用零散时间把握每一个灵感火花。要做一个有追求、有目标的平凡人，这个看似简单的道理，却让学生受益匪浅，对其一生的成长产生深远的影响。

先生尽管在艺术领域已享有盛名，但从未停止学习的步伐，始终致力于自我完善与革新。他积极汲取其他画家的色彩理论与观点，不断丰富自己的艺术修养。在创作过程中，先生敢于挑战传统，不畏艰险，常常在明知山有虎的情况下偏向虎山行，表现出一种不畏艰难、不惧挑战的精神。正是这种独特的构图风格，最终形成了他独具个人特色的大写意画风。他坚信艺术贵在创新，不断追求自我超越。这种持之以恒的求新求变的精神，使得先生在艺术领域始终保持领先地位，成为一代艺术名家。

王保雷在年轻时曾有过一些过激的言论，他曾经夸下海口，声称自己的作品一定能够进入卢浮宫。然而，有一位授课老师认为他的言辞过于狂妄，自己无法教导这样的学生，于是便向先生告状。王保雷回忆道：“那一天下了晚自习，我被先生狠狠地批评教训，这才使我悟到：做艺先做人，君子如玉，外柔而内刚，君子更要谦虚谨慎。随着年龄的增长，

① 张志永，邢卯川.我的师父赵梅生.（2022-12-24）.https://mp.weixin.qq.com/s/E7xTIC-RRYeB2w-i6zGh4Q.

② 王保雷.惟香如故有 他在丛中笑.（2023-01-29）[2023-12-26].https://mp.weixin.qq.com/s/lyxC7FJKZ0ZhxQNhqM1fDw.

我谦虚做人，谨慎做事，在画画的田地深耕不懈，终于在全国美展中获奖并被中国美协收藏，这也是对先生谆谆教导的回馈。”[①]

谦虚使人进步，骄傲使人落后。先生不止教授学生画画技能，也时刻提醒学生要保持谨慎的态度，不要轻率行事，不要骄傲自大，要时刻提醒自己，人生之路漫长而曲折，需要始终保持一颗谦虚谨慎的心，不断努力，才能走向成功。

原山西省教育学院院长、《德育报》原总编辑、中国伦理学会理事、山西省伦理学会会长、山西省中小学德育工作指导组组长陈茂林在 2022 年 9 月 21 日《中国教师报·教育家周刊》发表的《我所认识的赵梅生老师》一文中，谈及他眼中的先生。他坚信先生以他的人格魅力完美地诠释了教师应具备的职业道德，为学生们树立了一个光辉的榜样，以师德之光照亮了学生的成长之路。先生不仅在画品中传递真、善、美，还在人品中展现出高尚的道德情操。他一生致力于实现人品与画品的完美统一，以大写的人性描绘出最美丽的画作。坚守教坛八十载，先生笃学不倦、坦荡无私，是学生们学习的楷模。

学生陈三禾在《谁填沧海　我造昆仑》一文中，深情地写道：“‘不欲琭琭如玉，珞珞如石。’先生认为：人的一生，与其像晶莹剔透的宝玉一样华丽而无用，不如像坚韧无比的山石一样平凡而有位。他在九十八度春秋里，安然从教八十余载，优哉游哉，神情言语间满是‘无智亦无得、无挂亦无碍’的超脱。”[②]

作为学生成长道路的引路人，教师肩负着培养学生良好品质的重任。先生展现出的优秀品质令人钦佩和赞颂，他对于教育事业的热情是无法衡量的。他用爱心和激情点燃学生的求知欲望，引导他们走向知识的殿堂。他不计较辛苦付出，用自己的热爱激发学生对学习的热情。他在教学中的严谨态度和高尚的职业道德、不断自我学习和提高的孜孜追求、持续更新教学理念和方法的不懈努力，无一不是学生学习的楷模。

节三　梅香细嗅，不问花开浅笑安然

先生不仅在方寸讲台可与桃李争妍，在家教方面也让人感佩。作为教师，先生的一举一动、一言一行，不仅感染着学生，也润物细无声地影响着自己的孩子。对于孩子们，他是父亲，更是先生；他淡泊明志，不羡浮名，以身作则教会孩子们做人、做事、做学问。

① 王保雷．惟香如故有 他在丛中笑．(2023-01-29) [2023-12-26].https://mp.weixin.qq.com/s/lyxC7FJKZ0ZhxQNhqM1fDw.

② 陈三禾．谁填沧海 我造昆仑．(2022-12-08) [2023-12-26].https://mp.weixin.qq.com/s/neA4eu5sk42hENpk78uEcQ.

岁月荏苒克勤俭

一个人成长成才，离不开家风的潜移默化。家和万事兴，有好家风才有好家道，才能出好子弟。好的家风淳朴无华，催人向善。纵观先生的成长成才过程，父母对其影响至深。他勤俭勤奋、乐思好学、爱党爱国、敬业奉献、不追名逐利的优良品质亦潜移默化地影响着儿孙们日常生活中的点点滴滴。

在先生家里，勤俭持家不仅是精神上的延伸，也是行动上的拓展。先生童年坎坷，四岁丧父，母亲依靠裁剪、纺纱、织布艰难谋生。早年的经历孕育了先生生活俭朴、吃苦耐劳的优秀品质，培养了他坚韧、勇敢、乐观的性格。这些优秀品质和良好性格构成了赵家家风的重要部分，深刻影响着后辈的成长。（图 17）

赵紫峰老师讲道："在我们兄妹六人眼中，赵梅生是父亲，更是先生。他慈祥和蔼、幽默风趣，在日常生活上他无微不至地关心我们，在艺术创作上他非常严格地要求我们。多年来，我一直与父亲生活在一起，他教会了我做人、做事、做学问。他心怀感恩、勤奋努力、生活简朴、吃苦耐劳、创新探索、无私奉献、一心为民的精神，时刻激励我们、鞭策我们勇毅前行。"①

2023 年 7 月 20 日，紫峰老师与太原学院的教师们座谈时提到，先生和家人的衣服一直坚持在解放大楼购买。解放大楼是建国初期太原北城最大的百货大楼，成立于 1955 年。商品小到针头线脑，大到服装家电，品种全、类别细，最主要的是价格实惠，逛一次几乎能买齐家里所需。先生认为衣服不需要名牌，干净整洁即可，家里用着最朴素的白炽日光灯，陈设除了画就是书，没有电视机和电脑。座谈当天，紫峰老师像他父亲一样衣着朴素，上身着淡蓝色衬衫，下身穿黑色裤子，衣料普通、式样平常，却合体大方、洁净自然，朴素中精气十足，谈吐中尽显淡定和洒脱。

紫峰老师至今仍然秉持着一个好习惯：用废旧报纸练习写字画画，旧报纸用完卖了后购买新墨汁。这种做法源于父亲的善施教化。在紫峰老师的画室，始终摞着两沓旧报纸，取之不尽、用之不竭。这是因为来到画室的每个人都了解紫峰老师的习惯，每次来都会自发带旧报纸，放在上面，供练习使用。学生们只要进到画室，不论老师是否在场，都会展开一张报纸自觉进行练习。节俭的好习惯，不仅影响着赵家后人，也影响着每一个认识他们的人。（图 18）

在紫峰老师的记忆中，父母未曾给他们兄妹六个过过生日，因为父母认为过生日太浪费，因此形成"过年即过生日"的习惯。如果哪个孩子偶尔记起自己的生日，问父母要礼物，那必然是到书店选一本自己喜欢的书。紫峰老师回忆道："七岁那年，父亲领我到书店选

① 赵紫峰 . 赵梅生：为梅而生 雪海流香 .（2022-11-20）[2023-12-26].https://mp.weixin.qq.com/s/8yMILemr5urFgrIyuyu6Yw.

自己喜欢的书，我选了好几本，最后父亲只让选一本最喜欢的带回家，我至今都记得那本书的名字——《跟随周副主席十一年》。从那时起，书就成了赵家孩子们过年过生日的礼物。逢年过节过生日都是买书，家里顶天立地的书柜也放不下，无论是原来的旧家还是现在的新家，到处都是书。有时候学生来家里帮忙，父亲和母亲会送给他们一人一本自己的画作，小人书或者连环画，所以学生们都特别乐意来家里帮忙。”

先生是一个勤快顾家的人。长女赵南南记得父亲曾经风趣地说：“你妈有三把刷子，我也有三把刷子。我的刷子是厕所里马桶刷子一把，每天拖地刷子一把，还有毛笔刷子一把。你妈是厨房锅刷子一把，扫帚刷子一把，毛笔刷子一把。”“小时候，每逢星期六，父亲就去买菜买肉，然后做好饺子馅，妈妈和面、包饺子、做菜，一家人饱餐一顿。油盐酱醋生活用品，全由父亲采购。”孩子们只要有时间，先生都会要求他们参与打扫卫生、收拾餐桌、清洗衣服这样的生活琐事，从小培养他们爱劳动的习惯以及生活自理能力。这种和谐的家庭氛围，为孩子们提供了安全感和信任感，促进了他们的身心健康发展，也奠定了他们幸福生活的基石。

梅心赓续一脉承

先生热爱家庭，孝顺父母，对党和国家更是一片热忱；先生热爱教育事业，一心向党，不务虚名，不汲汲于富贵。他经常跟孩子们讲：“关心国家，关心单位，就是关心自己。”去世前夕依然惦念不给组织添麻烦，要求秘不发丧。紫峰老师回忆，每到国庆节前夕，父亲总会叮嘱他购买国旗，悬挂在赵梅生美术馆门口。他不仅将爱国、爱党、爱人民的赤子情怀倾注到了作品之中，还将其体现在生活的点点滴滴，用自己的行动将爱国主义完美诠释、传承、发扬。

身为儿子、亦为学生的紫峰老师，秉承家学，与父亲共同在师范院校任教，同时受聘于海南师范大学，担任客座教授。先生是太原学院的终身教授，而紫峰老师本人亦被太原学院聘为客座教授。家族传承之中，现为上海市园林设计研究院院长的长孙赵彦博士亦不定期为太原学院园林系学生授课。先生以身作则，教书育人一脉相承。

对先生而言，冒着生命危险，在教学楼侧墙从早到晚站在十几米高的脚手架上爬上攀下书写标语，放弃深造机会、甘愿做一名一线美术教师，潜心自修、提升技能，捐赠书画、交纳特殊党费等，可能都是不值一提的小事，却是他对共产党恩情的回馈，是对教育事业的热爱。正是这些点点滴滴，紫峰老师耳濡目染，极大地影响了他的职业选择和工作作风。

1985 年 7 月，先生与其子赵紫峰一同加入了中国共产党。在鲜红的党旗下，父子二人庄严宣誓为实现共产主义不断奋斗。言为心声，行胜于言。多年来，他们用实际行动践行入党誓词，一如寒冬时节傲然怒放的梅花，坚守洁雅的操守。紫峰老师在采访中告诉记者：“父亲从小就教导我们要懂得感恩，永远不能忘记党和祖国，不管从事哪个行业都要为党和国家贡献自己的力量。”

1983 年，太原市委领导想请先生出任太原画院副院长。这对常人来说是梦寐以求的好事，但先生却不为所动，依然愿意坚守三尺讲台。后来，市领导到太原师范学校与先生在操场上漫步三圈之后，回去跟上级领导反馈：“先生志不在此。”

“高以下为基、贵以贱为本”，先生秉持这一理念，甘愿做一名普通的人民教师。他认为，只有扎根于人民之中，躬身于学生之间，耕耘于讲台之上，才能像梅花一样凭借深厚的根基，使自己的生命和艺术绽放出无限的活力与魅力。先生热爱教育、淡泊自守的形象给紫峰老师留下深刻印象，让他坚定了“做一名像父亲一样的人民教师”的决心。在父亲的影响下，他毅然多次放弃转岗机会，选择平凡而光荣的教师职业，以父亲为榜样，兢兢业业固守三尺讲台五十年，潜心教书育人。这对父子特级教师，不能不让人刮目相看。

1996 年，紫峰老师被临时调派至太旧高速公路进行书画宣传工作。任务完成后，他原本有机会转至待遇优厚的省级单位工作，例如省交通厅、省级文化单位或出版社。然而，他毅然选择返回原单位继续执教。当有人请先生劝解其固执的儿子时，他坚定地表示：“他的决定是正确的。既然已完成抽调任务，他理应回到讲台上！”对教师职业的坚守，似乎是一种“遗传”特质。

与太原学院的教师们座谈当天，紫峰老师衣着朴素，唯独腰间皮带较为亮眼。带着好奇，大家询问了紫峰老师这条皮带的来历。他指了指皮带扣，微笑着说：“五角星。”大家明显能够感觉到紫峰老师微笑中带着自豪。他随后讲起了皮带的来历：“20 世纪 50 年代，父亲调到省军区搞展览——建国十周年成就展。从那时起，我们家就和部队打交道多了起来。我去某部队讲课，他们送了这条带有五角星的皮带作为纪念。”“我喜欢部队那种严格的管理，‘行如风，坐如钟，站如松’，这就是一种美。美术也一样，就是求真、求善、求美，所以‘真善美’是美术教育最高境界的追求。”爱党爱国，是赵家的家风与传承。

先生逝世时，长孙赵彦满含热泪写下如下悼词：“您用一生做好一件事的承诺报答了父母、培养了子女、服务了人民、回馈了社会、报效了祖国，而这些朴实的话语和感人的瞬间是爷爷留给我们晚辈最为宝贵的精神财富。”

先生对他自己一贯的评价，在任何场合都先是人民教师，而后才是画家，教书育人是他终其一生的事业。在终其一生的美术教育事业中，先生“以德为先不怕吃亏”“先做人后做事”“燃烧自己照亮别人”的信条，体现在对“天地君亲师”的尊崇，对党的教育事业的忠诚。他始终把教书育人作为奉献社会的平台和自己做人的基础，尽职敬业、无怨无悔，不仅获得了同道的赞誉，而且收获了社会的认同和尊重。

梅干当拐杖，布履雪中行。

一路烈风苦，健步不回头。

这是先生最喜欢的一首自创小诗，也是他一生的生动写照，更是他坚韧勇敢、高风亮节、坦荡无私性格的呈现。经历给予他无尽的精神财富，也必将以赵家家风的方式，代代相传。

帧三
笔底春风画梅生——艺术篇

艺术作品的真正价值，不仅在于提供精美视觉形式，也不仅在于记录历史人物和事件，还在于彰显人文传统和精神。艺术家的创作，当以赋予作品精神为旨归。中国艺术最重要的精神，是凝固艺术家瞬间的感悟和生命激情，是蕴蓄古老民族伟大智慧的“写意”。

在艺术风格上，赵梅生先生的画作为遵循固有模式的文人画作注入了灵动生机，在理想与现实之间巧妙关联。先生借由雅俗共赏的作品，拓展了传统写意的表现方法、传播范围及社会功能。中国的书画写意，天然内蕴创新基因，源自传统，又与时俱进，以与生俱来的开放性和包容性，为中外结合提供可能，将古今融会化为现实。先生画作中的写意处于写实与抽象之间，拥有一目了然又意蕴无穷的形式。它引导观者在一种似曾相识的心理作用之下，去体味作品的整体及每个局部、细节，故而更本质、更本真！

新中国成立后，尤其从改革开放开始，先生作品中写意的当代特性越发明显。很多精品力作以写意表现人民群众新面貌，或呈现社会主义河山新气象。其中，先生以其高尚的人品、坚定的信仰和夺天工之笔，将写意的审美功用进一步拓展，成为中国画当代领军人物。本帧将在先生的笔墨疏宕中，细品其画作中的写意人生。

节一　墨染春秋，梅韵丹青总有匠心

先生性格温文尔雅，行事规行矩止，但在艺术创作上绝不循规蹈矩，艺术个性强烈而鲜明。先生的学艺生涯中出现了东西方绘画思想交汇的机缘，又自小受中国传统文化的熏陶，使得其作品既能够向西方文化艺术作探索、借鉴，又可以和中国传统画作的写意心心相印。先生的画艺无师承可考，学画历程中，只观画不临摹。

落纸皆殊像　别具自成格

先生的艺术品格中，最突出的就是追求新奇与变革。他认为中国画需要有所突破，艺术与时代进步相呼应，古人既有的风格不应成为限制艺术创作的框格。先生以独特的构图，呈现特立独行的艺术思考，打破常规，形成具有鲜明个人特征的大写意风格。这种自我选择与取舍的坚定立场，以及力求突破的独特精神，与石涛的“我之为我，自有我在”、潘天寿的“不同才是艺术”一脉相通。[①]故此，先生的画源自传统，又与时俱进。先生既对传统画工进行了创造性转化，又在作品中体现出深刻的开放性和包容性，将古今融会为现实。

雷同与重复是艺术创造的天敌。自明代徐渭开始，花鸟写意涌现出的巅峰人物不胜枚举，如明清四僧、扬州八怪、吴昌硕、齐白石、潘天寿等。在这个领域要想突破并标新立异，实非易事。先生对此洞察透彻，秉持“画不惊人死不休”的勇气与自觉，浸染于自己眼中的世界，坚守着每天从零开始的信念，下定“哪怕终生只迈出了半步”的决心。[②]最终，先生做到了独辟蹊径、自成一体。宁愿在探索中失败，也不愿在固守中获得成功。他在花鸟画的色彩美、结构美、形态美、精神气息美等方面形成了独特的艺术结晶——“新写意花鸟”和“赵家花鸟”。先生运笔或生涩凝练，或提按刚直，其中更透露出一种高贵的笔墨自信。这种自信源自他对自然的敬仰，源自他积累多年的心血，这种自信也是他师法自然和笃学不倦后的笔墨尊严！

---

① 赵墨．百年大党万年青．中国美术报，2021-03-15（8）.

② 高雅梅，张艺兴．我行我素 求新求变：新写意花鸟大家赵梅生先生的艺术人生．天津美术学院学报，2019（1）.

先生曾言："复刻他人作品易，超越自我艰。"他笔下的雪里梅舒、翩翩飞鸟，歌颂着不坠青云之志。他用宏大的笔触勾勒出如骨节蜿蜒的梅枝，展现梅花傲骨挺拔的气势，无论是主题设定还是表现手法，都摒弃了俗气作风（图 19）。先生在花鸟画中，尤擅梅花，其所绘之梅并非清冷孤寂，而是拥有英勇豪迈的气势。将个人寄托和情怀融入梅花创作中，是艺术精神的外化，亦是他追求艺术与人生的结晶，画中之人，人中之画。再如画鹰，众多艺术大师皆以鹰为题材，然先生却在《逍遥游》中独树一帜，以其雄浑气势跨越了古今，通过抽象与具象的结合、色彩与造型的运用以及技法与表现的展现，传达了庄子哲学中关于自由、超脱的思想（图 20）。而他的灵思比庄子的"逍遥"更加超然，举陟于高远天际。作品独具个性，风格独树一帜，笔墨挺拔有力，清新脱俗，作品融合时代性与人民性，呈现出浓郁的时代特色与创新精神，展示了中华精神的魅力。

心中有丘壑　墨色别有韵

先生画作笔飞墨舞，虚实相随，每一幅画都灵动活跃，写意自如。用墨特点和他人不同，墨为主色，而非点缀。但细赏之后，会发现他的很多作品中又有一种共同的、让人了然于心的似曾相识，这种感觉其实是先生风格的体现，是先生的过人之处。其中最重要的一点便是先生在画作中对墨色的处理。先生在处理不同题材的画作时，愿用墨且善用墨，即使色彩浓烈，墨色也必然成其基底。墨笔所至，必顾及他色。

中国画的特殊画材毛笔、宣纸和墨汁让其呈现出世上独一无二的审美特性，画笔所到之处是画，画笔未及之处亦是画，黑白之间体现的是中国文人所理解的对立统一和空灵意境。而先生在其画作中对墨色的处理，将中国传统水墨丹青的技法往前大大推进了一步。

中国传统画家，用大红大紫色彩的不多，墨色是核心。先生在创作时帧帧用墨，却不仅仅以墨色为主色调，他笔下的人物、山水，用墨通透、运笔清新，富有一种朴实厚重的独特神韵。先生的作品，将传统的笔墨意韵、现代的形态表现、当代的审美旨趣融于一体，以独特的方式为中国画提供了全新的释读角度。先生的笔墨特征体现于结构性布局，通过强烈的形状和色彩的对比，反映自身对艺术的深刻见解（图 21）。

漫画绕素笺　一笔可传神

先生游艺于各种艺术门类，并在创作和研究中积累了丰富的经验和养料，以此为艺术创作的高度成就奠定了基础，其中漫画创作的功效甚为突出。先生的艺术创作起始于漫画、插画、版画等生动的艺术形式，早期曾发表千余幅漫画，出版连环画 4 本。他对漫画创作技法的探索不仅深深融入他的艺术风格中，也为中国画的发展带来了新的思路和启示。他引入了齐白石的构思，赋予了漫画独特的风格，进而得到了华君武的赞赏，经其介绍加入了中国美协。先生的漫画有如下鲜明特色：

首先是画之生趣。先生笔下的生肖不再是原始生态下的生物个体，而与时代紧密结合，具有漫画的巧趣。小猴子走出了山野密林，走进了我们的生活，它们上树摘果，登高送桃，探身望远，飞天戏蝶，穿着花衣服，系着蝴蝶结，忙着为大家送来新年的祝福。2011 年发行兔年挂历时，行家里手和广大群众褒赏有加，为先生积极鲜活的生活热情所感动。他用拟人形象表现生肖虎兔交接工作，拉着行李箱的老虎和说着“goodbye”的兔子，预示着辞旧迎新的春节气氛，将传统的年味以更具时代气息的方式呈现出来，充满童趣又生动活泼（图 22）。

其次是画之雅趣。在先生心里，这些生肖动物和人一样，甚至比人更自在、更纯洁，它们保有生命的活力，褪去蒙昧，勤劳地创造生活并享受生活。它们贴春联，送祝福，开开心心过春节；它们坦坦荡荡、扎扎实实为人民服务；它们有文化、有品位、有追求、有境界！这些生肖画洋溢着烂漫的童心，洋溢着真诚，更见先生返璞归真的内心世界。这些可爱的生灵，就是心灵的映象。如此，先生的生肖画画的是自己浑金璞玉般的内心！

荒寒添锦绣　提笔壮山河

荒寒意境是中国画风格技法中最常见的意境特点，其精神领域与中国传统哲学相连，主要受到禅宗的影响，具有超然出尘的美感，同时也是中国传统文人思想境界的纸上蕴染。在中国古代，荒寒被视为中国画的基本特点之一，同时它也是中国画的最高境界。[①]先生作为当代具有代表性的中国画家，在秉承了这种审美意旨的同时，对荒寒意境有了大胆的创造和突破。这不仅与其人文意识有很大关系，也与画家的精神趣味息息相关。

先生的山水画，构图独特，笔法灵活多变，色彩和墨色层次丰富，虚实相生，气韵生动，展现了他深厚的艺术造诣，少了荒寒的悲凉，多了荒寒的热烈。他的画作，通过对自然景观的深入观察和感悟，营造出一种静谧而深远的氛围，使观者能够感受到自然的气息和生命的张力。同时，先生运用淡雅色调和简练笔触，突破清冷、孤傲和寂静的情怀，将自然景观的细节描绘得非常生动，标新立异地体现出积极向上的心态，使观者能够感受到浓烈的气息和积极向上的力量。如《万里长城长又长》（图 23）中，以长城黛色远山和缥

① 朱良志．论中国画的荒寒境界．文艺研究，1997（4）．

缈雪景，衬托出对祖国山河的无限深情。

先生在创作中不拘泥于荒寒、萧疏的境界，将生命的悸动和张力融入创作中，使展现生命中的美成为自觉的美学追求。荒寒技法并非先生的创作底色，亦非其创作倾向，以冷清的笔触，表达对祖国山河、世间万物蓬勃的热爱，在一定程度上代表了现代中国画的审美旨趣，是山水画家积极的自我生命意识与宇宙情调极为完美的体现。先生营造荒寒感并非为了宣泄痛苦，而是为了表现自由和洒脱，蜕去表面欲望的外壳，与天地同流，与山河同在。无论在风格上，还是在置景布局上，都可看到宁静苍茫而又富有生命力的境界，和先生的艺术修养以及精神气质有很大关系。从《泰山》（图 24）和《华山》（图 25）两幅作品可见，先生画画不是一般地描摹物象，而是描绘“胸中丘壑”，是他对承载历史风云的壮美山河的一片向往。不离情而言景，不离义而摹自然。

荒寒作为中国古代画匠的美学追求基础，孕育出新时代中国画审美的新意趣。先生借生命之荒寒底色，表现不同的意绪，这也使得其画作呈现出更有能量和感染力的质感。先生没有因循传统中国画烟云古木之后的幽幽寒意，而是选择祖国山河的独特意象，将生存感受和宇宙体验融为一体，构成了强大的心理张力。观者于凉意中追求热烈，于阴冷中寻求自由，于冷漠中追求温情，将荒寒作为一种审美趣味。[①]在先生的中国画中，荒寒成为呈现蓬勃生命力和生活意境的有效形式，似寒而非寒，见荒而不荒，将对世间万物的热爱蕴藏于笔触之中。

节二　山河入画，但愿得此身常报国

笔墨当随时代，丹青汇聚山河。先生的作品在各个时期都有出色之作，表现了时代旋律，饱含对祖国、党和人民的深情。先生描绘了中国的变化，记录了时代的变迁，代表性作品多具有时代烙印，如《大寨虎头红旗颂》《长征路上比比看》《国魂》《玉树常青　举国同助　山河动容》等。另有纪念中国人民抗日战争暨世界反法西斯战争胜利 70 周年的系列作品，如《卢沟醒狮》《巍巍太行》《上下五千年》《撼山易撼我中华难》等。先生常感慨，此生有幸，赶上好时代。先生的画中隐约展现出一种孤傲之气，并非外显的锋芒毕露，也不是强势傲慢的态度。他的作品质朴真诚，平易近人，却无迎合俗气之意。这不仅是对

① 杨丰 . 王诜山水画之荒寒意境探微 . 书画世界，2019（6）.

艺术的真诚，也是对观赏者的真心。艺术原本是互通人类的一种语言，不仅要美，还应兼诚。先生的情怀非常可贵，始终心系国家、感恩社会，无愧于国家授予的“优秀人民艺术家”的称号。

丹青为底色　笔触生敬意

为庆祝中国共产党成立 100 周年，先生心中倍感无限荣耀与幸福，提笔欣然完成作品《百年大党万年青》，以深情的笔触绘制出了一名老共产党员的真挚情怀。迎风飘扬的鲜红党旗和茁壮挺拔的万年青，在构图和色彩上形成鲜明对比，寓意中国共产党永葆青春活力，以简洁的画面和分明的层次，表达了对党历经百年沧桑、愈加焕发蓬勃朝气的发展历程的深刻理解，以及党领导中国人民走向民族复兴的殷切期盼，展示了“两个一百年”奋斗目标。

《双喜临门》通过精巧的设计，将富有中国传统意象的红色对联，与正中的双喜字形成呼应，呈现一派喜气洋洋的庆典氛围。这幅作品不仅是对建党、建国重要节日的庆祝，也是通过画作表达对在中国共产党领导下中国未来发展新征程的巨大信心。

家园有深意　锋毫赋深情

《撼山易撼我中华难》（图 26），画面凝重肃穆，透着坚毅和豪气，既在深情诉说历史，也在昂首憧憬未来，展示了中国人民奋发图强的顽强意志。古老的青铜大鼎，屹立山头，深深地刻印着曾经的民族苦难，代表着坚强挺立的中流砥柱，散发着强烈而震撼人心的力量。画面以青绿色为主，顺着画面中刺眼的红色，可见坠落在地的日本军旗，表现了日本侵略者的野心破灭，法西斯邪恶势力被正义战胜。而点睛之笔聚焦在洁白的鸽子，不仅彰显了不屈不挠的民族气概，也唤起每一个善良的人对和平的向往和坚守，昭示着人们避免历史悲剧重演、开创人类更美好未来的共同心愿。[①]

画卷展青史　彤管绘盛世

《上下五千年》（图 27）是一幅具有艺术气息的历史长卷，也是一篇壮丽的盛世篇章。画作以深邃的历史感和鲜明的时代感，概览了古往今来的历史进程，以国家博物馆建筑、三件青铜礼器和飞船火箭为原型，展现古代文明与现代科技相呼应的主题思想，中华民族

① 书言 . 赵梅生的红色情怀 . 美术报，2015-08-29（24）.

的文明轨迹与伟大复兴一脉相承。先生凭借丰富的人生经历，对艺术高度再次做出了挑战。他用情感浓郁的笔触，描绘了中华文明源远流长、悠久厚重的历史。先生的大胆突破收到了出乎意料的效果。选择这个题材创作时代精品，是一位艺术家对自我的挑战，也体现了其历史责任和时代使命感，展现出其非凡的功力和独特的风范。

为纪念抗战胜利 70 周年，先生绘制了壮丽巨作《巍巍太行》（图 28），展示了众志成城的民族精神。作品背景为层峦叠嶂的太行山，前景为八路军太行纪念馆以及鱼贯而入的民众。这幅作品用色大胆，为阳光下的红色色调。红色在中国人心中的意义十分丰富和深远。红色是喜庆、热闹与祥和的象征，而且是一种充满生机和希望的色彩。以红色为主色调，色块醒目，线条豪放，气势磅礴。曾经的太行儿女，在国家和民族危亡之时，前赴后继、浴血奋战，展现了无所畏惧的红色革命精神。在国家建设如火如荼的今天，这片传承红色基因的热土，依然为新一代年轻人提供精神养分，成为支持他们建设祖国、推进现代化强国进程的不竭动力。在《巍巍太行》中，先生特意描绘了群山环绕下的八路军太行纪念馆，不断涌向纪念馆的人群高举着红旗，登上阶梯，巧妙地将历史与现实融为一体，象征着前赴后继、薪火相传的精神寄托，也预示着革命事业和民族振兴的永恒延续。纪念馆两边矗立着松柏，借助其树影勾勒出深邃的空间感，更凸显了大山的壮丽之美。

中国人民志愿军抗美援朝 70 周年之际，先生取毛主席的《采桑子·重阳》之意象，创作了《战地黄花分外香》（图 29），表达了强烈的革命乐观主义情感。画面中的“黄花”体现了在严酷战争中中国军民的革命乐观精神，也带领观者从嗅觉和思想层面，体验黄花之“香”，与“风吹稻花香两岸”有异曲同工之妙。红色基底下的黄色菊花，产生出像向日葵一般的奔放的生命能量，绽放于中国人民志愿军战士的瓷缸中。画作表达了先生对中国人民志愿军将士的深深敬意，赞颂了中国人民对和平和幸福生活的珍视。①

总之，先生作为一位杰出的共产党员，对美术教育和艺术事业做出了卓越的贡献。先生红色系列主题作品包括《祖国万岁》《双喜临门》《巍巍太行》《百年大党万年青》《战地黄花分外香》等，均展现了先生的创作历史高度、爱国主义情怀以及把握主旋律的意识和能力。政治主题在艺术创作中并不容易表现，但先生以独特的构思、深厚的积淀和老练的技巧，成功地把握和驾驭了此类主题，呈现出深刻的思想内涵和高超的艺术境界。随着历史渐行渐远，先生的作品生动展现了一位负责任、有担当的艺术家深入生活、扎根人民的创作热情。②

① 赵墨 . 百年大党万年青 . 中国美术报，2021-03-15（8）.

② 同①.

节三　花鸟鱼趣，三尺画卷可存日月

先生认为，画画要动脑筋，不去探索，艺术生命也就没有潜力了；不探索绘画形式问题，艺术也就不存在了。先生在中国画领域特立独行，大胆创新，其画作表现了画家对中国画的深刻理解和独特感悟。从五代、北宋以来，花鸟画经历了“黄家富贵，徐熙野逸”之后，艺术模式已趋于成熟完善。近代以来，尤其是在吴昌硕、齐白石再创高峰之后，欲超越前人难上加难。多数画家一生的工作，不是在重复古人，就是在重复自己。① 先生的作品既没有古人出世的冷逸，也没有今人入世的俗媚，表达的是对大自然精神本色的通悟。先生确实在这方面付出了辛勤的劳动，也确实创造了异于他人的艺术面貌。如果说以前的中国传统花鸟画，好似养在深闺人未识（阳春白雪而曲高和寡）、犹如不食人间烟火的大家闺秀，给人以只可远观之距离感，那么先生的花鸟画无疑是“世俗”的，现代时尚，丰富多彩。

先生别具匠心地拓展画作题材，闲花野草、落叶枯枝在他眼中大雅不俗，具有蓬勃的生命力，与为古人所乐道的富贵如牡丹、清雅如梅兰竹菊等物象相反。把以前不入画或鲜少入画的题材，比如郁金香、苦菜花、骆驼刺、马兰花、天堂鸟、君子兰、剑麻花、炮仗花、白鸽花、一品红等许多野花杂卉，皆纳为他笔下描绘的对象，并且这些新的题材在他的笔下不是简单的描摹，而是赋予其更多的人文精神，并注重挖掘背后的文化内涵。先生认为，画面的空间要用一种美的形式去营造，画面的结构只有经过系统化组织，才具有表现力。先生在中国画传统文化精神、传统技巧、传统体裁与现代艺术、现代造型和形式构成之间探索出了契合中国花鸟画的绘画语言，这种语言具有现代审美特质，在当代中国花鸟画界展示出“赵家花鸟”的风貌。②

素练启新意　画者知其奇

先生有云，画家主观感受的敏感性很重要，特别是在形式上要动脑筋研究，随时发现美和创造美的形式。先生经常写生，并从写生物体到解析物体到抽象变体，使形式具有明

① 赵梅生，张焕君，李星元，等．梅骨多清峻 大气自纵横：赵梅生先生访谈录．山西档案，2012（5）.
② 赵梅生．中国近现代名家画集：赵梅生．北京：人民美术出版社，2006：8.

确的表现指向，自成风格。他的造型是以设计元素的笔墨形式感觉，在似与不似之间重新塑造形象。[①]先生造形不很注重情态、动作、情节的表达，而是强化艺术形象之视觉形式美的因素，注入更多艺术抽象意味。在他的画中，已不是纯客观的物象，而是经研究转化后再生的艺术形象，也就是先生常说的“发酵”过程，或简约或变异或夸张或抽象，对物象删繁就简，升华为艺术设计元素基本形式。先生主观性的笔墨、色彩，都是随着他的画作形式需要一变再变。他的简约是由繁至简的浓缩，是把多余笔墨去掉后的高度提炼，是更充分的精神表达。

先生笔下的小麻雀、鸥、鸡等，三五笔便可成画。荷花、牡丹、水仙等由他变体后的造形，有笔有墨有形，造形中将具体物象归纳为点、线、面、方、圆、三角形等抽象表达，很有形式美感。将先生与八大山人的小鸟比较分析可知，都是笔墨所致，都很讲究画面结构，但所表达的个性、情绪是不一样的。八大山人是将愤世嫉俗之情诉诸形象，是从情绪表现落笔，是情绪导致形的变异，表现出压抑之感，鸟的眼睛表现出对世事的不屑和对现实的不满，表现一种冷逸之美、一种反抗精神。先生则将生活中的点滴体验、将天地之间的勃勃生气、将一种精神、将美的“感动”转为形式，从画面效果、构成角度以及形式表现落笔，以赞美的情调，着眼于黑白组成、方圆关系、疏密结构等，强化了艺术形象和视觉之感等因素。先生的鸟精神饱满，或群鸟竞飞，或啄寒戏水，即使是栖息的鸟儿，也具有节奏美的动感。小鸟生动、可爱，从容自得，笔底流露出一种生命律动，具有现代人的开放情怀和现代构成趣味的艺术之美（图 30）。

虚实与黑白　万象互依存

先生在运笔构图时，十分强调各笔墨结构因素之间的大对比关系，这是他中国画的一大特色。通过结构、明暗、色彩对比和重构，丰富了中国花鸟画的表现形式，扩展了视觉的效果，增添了新的艺术感染力。如多与少的对比，先生在色彩运用的比例上，常对比悬殊，形成或聚合浓烈或散落无边的艺术效果。此种对比法在先生的作品构图中随处可见。

先生画作中常见的对比关系有黑白对比、线群对比和线面对比。最为常见的是黑白大对比，常以大块墨色作题材的支撑主干，以突出现实作品的思想。墨色或深重或轻浅，作品中所展现的事物不再具有物象特征，由点到面，由具体到抽象，由观画者自行参悟。黑白对比亦可称为虚实对比，在《陶舍秋风》（图 31）等作品中，虚实黑白彼此之间的对比依存转换关系十分微妙，恰当协调。

如线群结构对比，在先生的画作《郁金香》（图 32）中可明确感受到线条有粗有细有

① 张洁. 赵梅生中国画作品内容之“新”初探. 太原：山西大学，2015.

黑有白有浓有淡，各种线条在画面中构成了“浓妆淡抹总相宜”的样态，体现出郁金香的生命力。如线面的悬殊对比，在《逐浪图》（图 33）中，两只并排嬉戏欢游的鱼儿衬着占大半幅画面的蓝色书面剪影，形成了大对比。在此画作中，先生巧用影子来设计画面，生动展现了所画之物的具象，新颖构图使主题得以凸显。

在创作中，先生有个避之则万事大吉的方法，即人取我弃、人弃我取，构图不搞花枝招展，亦不画传统题材中的折枝花等，如此使先生的画作显示出新奇灵动的风格特点。

妙笔融多元　造型生韵律

造型元素在先生作品中常常重复出现，这就产生了韵律，形成了和谐、富于节奏感的视觉效果。先生说他不画花的各种姿态使其惟妙惟肖，而是将主观形作为基本形元素反复出现，目的在于强调主题再现。

如画玉兰，一个基本形重复运用使主题突出，玉兰花用白粉罩后与花蒂重复出现的聚散走势布阵，如涌动的春潮（图 34）。几朵娇人的玉兰花簇拥着绽放，生命中的纯净与淡然扑面而来。先生用高度概括的中国画笔墨，传达出深远浓郁的艺术效果。

先生在笔墨的锤炼上进入了非常高的境界，一个特点是追求笔墨的雄健，所以画面上无论是画的山石，还是绘的花鸟，特别是花卉的表达上，他特别注重笔线的力度。在画面的结构、线条的组织方面都显示出一种刚健有力、雄浑大度的气势，这是先生绘画上非常突出的特点。

大胆巧用色　纸上绘乾坤

先生由于涉足西画，对色彩研究是下过一番功夫的，在 20 世纪 70 年代时，他已近 50 岁，还每天背着小画箱挤时间画水粉写生。因此，自然会将西画的色调运用于中国花鸟画。在苍劲老辣或润含春雨的黑色笔墨关系中，色彩艳而不火，淡而不薄，具有温厚、丰富、雅致的特点，形成一种娇而不媚、艳而不俗的风格。他的作品色调明确，色彩丰富协调。在以墨为肌、以线为理的中国画中，色彩以补色、间色、对比色等对比关系应用于画中，表现出画面的主色调。在先生的作品中，色彩依然是他中国画构成中的一个元素，目的在于丰富中国画的表现力，但中国画的基调绝没有变味。如他在画西画时善用土黄色，在中国画中使用也很微妙。先生将白色运用于大写意中，与黑墨色形成了强烈的大对比，凸显白荷、白菊、白玉兰等纯真、高洁的品质，形成白色花的特有风格。

安格尔认为，艺术的生命就是深刻的思维和崇高的激情。先生热爱生活，他的作品是其个性的显现，是其自由情感的表达。先生正气一身，阳光朗逸，率真善良，温暖中又有着孩童般的纯真，也正因如此，其作品中既没有古人怀才不遇而出世的冷意，又没有今人入世过深的世俗媚态，这是真正的道法自然的体现，是上善若水的自然表现。先生的智慧和精力全都用在艺术上，他用激情画画，画面却可以从容不迫。他有一种积极向上的无为心态，恰恰这种无为心态成就了他，使他有一颗纯真的心，有乐观、健康的阳光心态。他的画通达开阔、笔墨雄健、淋漓酣畅、清新自然，充满向上的生命力。他画的不是自然写实的阳光，而是阳光心态的意象表达，这正是他画作的意境美。这种心态使他无论在什么情况下，都能踏实坦然地研究画艺。

《生机》（图 35）画的是两棵白菜抽芽开花。在阳春三月日渐暖时，先生走进厨房，看到了白菜不失时机地又抽新芽，开了花，感受到春天之气息和生命力之顽强，不由落笔，画纸上洋溢着童稚之心和纯美之情。先生时时处处都在体察生活中的美，北方过冬最为常见的大白菜，也能成为画中主角，枯叶中长出花茎，开出嫩黄色的小花，于萧瑟中生出盎然生机。不起眼的越冬白菜，也能具有独特的美感，给观者带来希望，酷似千百年来沉默却奋力向上的布衣凡人。

先生的画高洁简约，他在生活中也是这样，思维单纯，时间安排得好，干事速度快，应酬少，没有什么过分的欲望。先生曾讲过，画画不能只用手画，要动脑子，用心画；要集中精力坚持如一，勤动脑子，要有思想。这也许是先生对花鸟画有所悟性的一个原因。

先生对形式关系构成的理解和运用，使他的画题材丰富，构图变化多端，情思涌动，乘兴而作，随意挥洒，率意而为，自然成章，形成一种我行我素画花鸟的自由状态。[①]看他画画是一种精神享受，如观黄山挑夫，虽挑得很重，却灵活而轻松自如。这种轻松状态亦如他生活中的状态一样。先生的作品兼具深厚的笔墨功力、涌动的艺术激情和丰富的精神内涵。他的作品，使人体味到其人格精神、性格品质和蓬勃向上的时代气息。

先生的花鸟画还融入现代构成因素，将花鸟画的形式意趣这一特性进一步发扬，表达了他对美好事物的热爱，画出了富有时代特色、高品质的中国花鸟画。先生不但敏于感受，而且善用不同的绘画语言表现相异的审美感受。

《紫浪泛春》虽以紫藤花为题材，却没有去描绘它那一串串、一朵朵的自然形貌，而是将其组织成一整块，宛如一片紫霞，顿时，盎然的春意和涌动的春潮跃然纸上（图 36）。

在《纸墨瓷趣》系列作品中，先生利用墨色与宣纸的黑白对比衬托出瓷器的轮廓，然

① 刘曦林 . 意新花自奇：赵梅生艺术评析（三）. 山西日报，2008-01-30（6）.

后以生机盎然的写意花鸟点缀其中，仿佛鱼儿在盘中游，花儿在瓶中飘，虽然作品的尺寸不大，却颇具审美趣味（图 37）。①

先生的花鸟画创作最集中体现于他画梅、品梅、懂梅。梅花是“四君子”之首，凌寒吐艳、铮铮傲骨，与先生的个人经历和品性相契合。先生采用不对称的构图，以大片墨或色衬托背景，衬映花鸟清雅的风采和神韵，墨与色对比形成的力量，赋予画面气势，并使画面整体上达到一种平衡与和谐。

梅花的基本形态是一个个梅点，点梅不是画梅的花相，而是无数梅点重复勾勒点染，是在画疏密。在雄健的梅花枝干的映衬下，画出别致的朵朵梅花，重整体节奏与关系。如画叶，在大笔小笔排列布阵后，叶脉的勾勒根据画面效果处理，是着眼于画面整体动势的笔墨关系，而不仅仅是画叶的自然生态结构等。韵律美的构成，使先生的画作充满生机。先生的梅花图，已经融入了他自身的情感与寄托，是其人生境界与艺术追求的笔墨升华。

先生的画作题材广泛，他不仅仅以新颖的构成方式描绘出梅兰竹菊的个性，但凡自然界中的花，只要让他感动，被他发现形式美，都会抒发心扉，意味深长地展现在宣纸上，形成独特的造型风格。在画作《满堂红》（图 38）里，先生写道：“随心挥墨寒梅语，恣意泼彩红满堂。”又记曰：“忆往昔，寒梅伴我度日爽神，今兴致操笔与梅对语，友梅也。”先生把梅花当作朋友，与朋友对话，共诉衷肠，梅的品格刻进了他的骨髓，他在赞颂顶风冒雪的梅花，也在讴歌坚强不屈的品格。以梅的品格做人做事，这才是他爱梅、羡梅的原因所在。

节四　至法无法，古韵尽展先贤风尚

孔子曰：“志于道，据于德，依于仁，游于艺。”“游于艺”即指向艺术的自由性。作品表达了先生追求并享受的艺术自由性，寄情于江河山林、花鸟世界，亦骋怀于先贤明哲、古代文物，将所感所想呈现于作品，构成其艺术形态的自由和丰富性。法无定法，正是先生敢于我行我素、另辟新径、走独创之路并取得卓越成就的重要原因。②

① 张青 . 法古融今，独创风格：赵梅生艺术初识 . 美术教育研究，2014（16）.
② 邵大箴 . 我行我素 独创风格 . 美术报，2012-11-24（66）.

摹经典之物　汲雕塑风骨

先生深爱着中原故土，尤其晋地所传承的华夏文明和艺术，无数的古建筑、文物古迹，如太原天龙山石窟、平遥双林寺明代雕塑等，无不成为他艺术创作的灵感来源。[①]他善于“临写”古雕塑艺术形式，以滋养中国画创作。画作辅以题跋，点明其艺术特色，如对霍去病墓石刻题曰：“此是浮雕与线刻相组合的手法。造型古劲朴拙，风格沉着浑厚，尤其是象征手法的运用极具艺术魅力。”可见古代雕塑对先生艺术气质的影响。

先生擅长将不同时空的文物意象相结合，如将山东青州北齐石雕菩萨头像与头部残缺的西安菩萨立像身躯左右并置，将静态的长沙隋代持杖老人俑与动态的陕西礼泉唐代猎骑胡俑形成对照。[②]先生将文物同构在一个画面上，以表达自己的思索，引发观者的思考。古代造像自身的美再加上先生的再创造，综合了其水墨、雕塑、漫画和古今中外文化学养而具有独立的艺术品位（图 39）。

《鸟尊》（山西博物院藏）用笔虽粗放简括，不拘泥于对细节的描绘，但对禽鸟形象的把握恰到好处（图 40）。先生深谙禽鸟的形象和生态，且摸索出独特的造型方法和笔墨程式。他笔下的禽鸟都是动态的，少有静止的，重于对神韵的捕捉。

借贤者之姿　展高古风貌

先生画人，不同于其他画家，先为脸部着色，再用墨去勾勒轮廓，形成“以墨破色”效果。衣纹线条具有流动韵律，体现了典型的中国画中一波三折的线条魅力。画面中配套的物品，也与人物塑造的需要相吻合，为体现这种高古的精神而服务。先生以独到的笔墨见解，传达出他对中国画的一种理解：在创作中要逐渐揣摩古人，而非再现古人画法，要反复锤炼自己，在自我的心灵中传承中国画境界。

先生将漫画笔触融入中国传统人物绘画，以粗犷线条向世人展现不一样的关公形象，秉烛读书，而非戎马飞扬，别有意趣。关羽在历史上被尊为义薄云天的象征，其代表的忠义精神是中华民族的精魂，其高尚的品德和非凡的忠诚精神深深印入中华民族共同记忆中，画家借由作品抒发对人性价值的体悟。先生对绘画主题的选取，也体现了艺术家对传承中国历史和文化的使命感。经由先生的传神之笔，关公的传奇故事和形象作为中国古代文化的代表，以更生动的方式影响着每一位在中华民族情感世界中生活着的人（图 41）。

先生以写意水墨描绘傅山神韵，作画时不容迟疑，一气呵成，气势贯通。人物以大块

① 赵梅生，张焕君，李星元，等 . 梅骨多清峻 大气自纵横：赵梅生先生访谈录 . 山西档案，2012（5）.

② 张青 . 法古融今，独创风格：赵梅生艺术初识 . 美术教育研究，2014（16）.

墨色和飘逸线描为主，用笔简练，造型端庄，呈现出垂目思考的傅山形象。傅山是明末清初山西一位伟大的道家思想文化大家，被人誉为“学海”，对哲学、医学、内丹、儒学、佛学、诗歌、书法、绘画、金石、武术、考据等众多领域无所不通。为了恢复明室，他甚至研习武术，力争做到文武双全，拒绝接受清廷官禄而隐居山林精验医学，其忠烈气节也为世人赞颂。从先生画作题记可见他对傅山的艺术造诣和气节的认可（图 42）。

托建筑之形　呈历史魅力

山西古建寺院多依山而建，就地取材，凌云悬空，让人叹为观止。建筑多深宅大院，集合民间建筑艺术精华，体现高门似海的气韵。先生对山西的建筑深有感触，笔下多有体现。

先生的《北岳悬空》体现了西方风景画和中国山水画之间的妙契，融合了浓郁的视觉形式和淡然的文人诗意，在强烈落差中实现平衡。悬空寺选址险要，建筑雄奇，镶嵌在万仞峭壁间，是一座奇观建筑。先生在这幅画中采用了平面化的结构和鲜艳的装饰性色彩，粗放、直率的笔法涂抹、覆盖，为山体塑造出厚实的体积感和起伏变化的肌理效果。少许的黄色是大面积黑色调中的点缀，对建筑结构进行了一些粗略的勾画，没有局限于物象的固有特征，强调色彩和材料本身的表现力，营造出疏密有致的整体意境（图 43）。

《晋商宅院》系列画作中，层层叠叠的屋檐体现山西民居的建筑特征，形成紧凑错落的节奏感，黄色的灯光在青色建筑群中尤为亮眼，在色彩和构图上，都达到了巧妙的平衡。先生根据意境需要将不同时空的人文景观，在对比中有意味地移接在一起重构，让深宅大院产生新的意境（图 44）。

节五　巡游异域，借笔墨铺陈人世间

在先生的众多作品中，有一组用中国水墨的笔法创作的“西欧写意”系列画，以水墨语言尝试融合中西创作方式，表达对中外文化的思考。先生于 2000 年出访法国、意大利、梵蒂冈和西班牙，以艺术家的热爱和敏锐参观博物馆、美术馆，将参观感受记录于笔端，构图、用色、造型等方面都有独到的创新之处，激情洋溢，佳作频出。这些作品异于众人又高于众人，将异域游历的生动观察与新鲜情感，以真实又抽象的方式记录下来，文化的交融与自信在这些作品中得到最好的印证。

除了创作方面探讨中国画如何面对世界画坛，先生更亲自践行着中国画的世界交流。在“西欧写意”系列 40 幅作品（山西博物院藏）中可见其代表性的块面对比，增加画面的整体性、力度、张力，皆为极富特色的处理方式。先生的画作在平面空间中，力求突破，不局限于三维自然空间限制，而在多维角度虚实结合，不拘泥于形式的桎梏，将中西的绘画特点巧妙铺陈于纸上。先生将自己胸中的艺术灵感，化作笔墨和色彩，神采奕奕地将所描绘的物象升华，成为经典。

赏异域雅韵　揽无边风月

先生在游览中，博物馆、美术馆是必去之地，其观展感受也使用画笔来表达。行程记录的创作特点需要他用简练的笔墨线条来形成具有抒情意味的作品，来传达自身的感受。先生将观众带进了西欧古今文化的世界，描绘了维纳斯、胜利女神等一系列经典形象（图 45）。注重整体性是先生构图的一大特色，即在大对比的构成中，有意强调整体关系，简约而丰富，力求精到讲究。通过画面主体雕塑的凸显和周围环境的空间感对比，特意将罗丹的《思想者》置于令人眩晕的穹顶之下，仿佛与之共同思考，使画面结构严谨、紧凑、主题鲜明，提高视觉冲击力（图 46）。

西行寻古迹　他乡绽新韵

古代的深厚气息与今日的游人观览、写实的建筑细节与抽象的空间排布、暗色墨块与跳跃色块在错位、叠合中获得统一，呈现出崭新的韵味（图 47）。先生大胆使用朱红、湖蓝、柠黄等鲜明而强烈的色彩，与墨色相得益彰，现成视觉对比又不显突兀。让西方古典建筑拥有了流动节奏感和历史讲述感，敏锐地表达了画家走进西欧的人文感受，抒写了对文化并置和互渗的胸怀（图 48）。

触摸慢生活　阅风土人情

先生注意将画面排列组合形成整体空间感，看似被大块色团和错落有致的线条割裂的画面，呈现出异域风光，展示出独特意象。马德里是西班牙重要城市，在先生笔下黄色的色团依托大片墨色，恰如其分地展现了夜幕景致。《西欧市场夜幕》中扑面而来的灼热感，也是以黄色色块来体现的（图 49）;《马德里的八月》中蓝、橙色所展示的纪念碑将空气中的热浪展现得淋漓尽致（图 50）。先生是一位只观摩而不临摹的画家，扎实的绘画功力让他在具有异域风格的创作中，体现了独特的艺术自信和敏锐的艺术感知。东方具象与意象兼具的笔墨和西方建筑线条流畅的外观，将西方现代图景与中国传统画艺融合，中西方的叙事在此处有了现代性结合。“异域西游”这一系列作品也体现出先生一直以来对普罗大众生活的关注，表现对各国文化的深厚敬意和独到见解。

体味先生的创作之路，画家们可尝试做以下思考：画家如何形成自己的美学特色？如何在中西文化对比中坚持美学特色？对外来艺术的扬弃该怎样进行？在表现异域风情的画作中，先生的画材是传统画材，运笔时必然要受水墨和宣纸的物料特性的制约，要将异域风情表现得无堆砌之弊，难度可想而知。先生在画面布局、运笔构图上大胆摒弃传统画的某些画法，积极借鉴西方水彩构图特点，不落俗套，跳出窠臼，将水彩与水墨的技法巧然融合。

节六　金石文章，隐逸沉静走笔如烟

先生的书法和篆刻古拙老到，方寸间可见天地，得益于多年在漫画创作中积累的经验。有其人必有其画，有其人也必有其书。先生的书法、篆刻与其绘画同出一理，互为补充，相得益彰。

书法熔画艺　古朴藏怪拙

先生的书法可谓“师颜宗柳，熔古铸今”，他曾在作品的落款中写道：“书法者，则有法，法自传今，习之，善然墨守，久而不成，成其朴耳。故君当熔古而创今。”从单个字看，先生的书法给人以“拙”“朴”“怪”“真”的感觉，这种“古朴”与“怪拙”正是其独创笔体的魅力所在。这种“字如画般”的原始意境，将在绘画艺术中修炼而成的独特审美与书法创作有机结合，观者妙然契会。

先生斗方作品《翰墨千秋》，抖笔运行疏密合宜，虚实中黑白布局相得益彰，线条走笔注重空、漏、透，将笔意的落实和虚点在画面中自由穿插，字形的变异和破坏超乎想象，却极具辨识度。题款与钤印也在巧妙的布局中找到位置。每一笔似随意，实则赋予千万匠心，在肆意无为中一气呵成，展现了生命的张力和创作的豪气。虽为书法作品，运笔中却巧带绘画的意味。虽以文字为先，但纸上构图极具画面感，点线面的结合体现出意在言外的巧思，体现出翰墨线条可展千秋功力（图 51）。

篆刻有增损　方寸显疏密

先生不仅对书法充满激情，痴迷创作，平日还喜欢研究治印，其篆刻艺术颇具风格。先生延续画作中对中国写意美学的极高悟性，将我行我素、天真质朴的风格也运用于篆刻艺术，创作出与画作风格搭配、严谨又浪漫的印章，前后治印两百余方。2014 年《中国艺术家》杂志编辑出版《老梅凿石》一书，集载先生印章，引起篆刻界关注（图 52）。

先生曾为中国书法家协会会员赵国柱专门刻制《国柱书艺》方印，印上的字呈现多种字体风格，又错落有致互相融合，大篆为“国”，小篆为“柱”，草书为“书”，篆隶为“艺”。[①] 目前制印者多从实用考量，凸显印章效果和朱砂红分量，对流派或者刀法多加以关注。而先生的印章设计更偏好于趣味，巧思多用于章法布局，体现原创，不盲从流派，将其纯然质朴、浪漫童真、求新求巧的个性，通过一方印章淋漓尽显。

先生的艺术创作，随着新中国的发展历程而日渐深厚，可用五字凝练概括先生艺术创作之核心，即“真、天、意、墨、笔”。“真”指的是艺术创作所成就的自我之真，是“天真”也是“真淳”，艺术家与其作品合而为一；“天”字含妙得天籁，与天同契之意，也指天资、天色、天理、天趣；“意”指大写意构建的意象、意念、意义、意趣；“墨”指墨气、墨韵、墨趣；“笔”指笔法、笔力、笔意、笔趣。[②] 从革命年代的宣传画、连环画、漫画，到和平年代的中国花鸟画、山水画等主题性创作，以及在素描、水粉、油画、书法、篆刻等绘画领域的学习和钻研，逐渐形成了独树一帜的“赵氏风格”。

附录　赵梅生先生艺术阶段概览

先生画作立足中国，放眼世界，凝真显神，画技之精湛、笔墨之浩然，形成了自己独

① 赵国柱 . 分朱布白从印来：我与梅生老先生的一印之缘 . 太原晚报，2022-04-11（18）.
② 冯远 . 悟对艺境 . 美术报，2012-11-24（68）.

特的极富时代特征的艺术特色，展现出对生活、历史和国家的满腔热情。作为当代中国大写意花鸟画创作的泰斗人物，他追求传承与创新的艺术之魂，将中国传统文化与西方现代艺术融合，展现了多样的艺术形式。他的很多作品在海外展出，被多国知名人士誉为“中国传统艺术大使”和“中国人民的骄傲”。本附录综合现有资料，梳理先生各个阶段的艺术创作，以臻读者鉴赏。

20 世纪 40 年代

1942 年，从山西迁入陕北宜川县秋林镇，在山西省第三儿童教养院担任图画教员，带领学生绘制抗日墙报。1943 年，为山西大学文学报社《笔垒》文艺副刊绘制插图、报头。1949 年 7 月，担任中共宝鸡县委宣传部干部；在陕西宝鸡虢镇城门楼上，爬上 10 多米高的梯子书写“毛主席万岁”“中国共产党万岁”等大型标语，为迎接新中国成立做了大量革命工作。

20 世纪 50 年代

1950 年 1 月，任太行军区和太岳军区干部子弟学校合并而成的山西省干部子弟学校美术教师。1951 年，创作宣传画《抗美援朝 保家卫国》。1952 年，宣传画《准备着：为建设祖国的事业，为实现毛主席的伟大理想而奋斗》发表在《山西日报》。（图 53）1955 年，应河北人民美术出版社邀请，绘制《亲女薄情》《马前泼水》《借罗衣》等连环画。1956 年，受邀为《山西教育》创刊号封面创作油画《葵花献给党》。1957 年，漫画作品《虚心接受》参加“第一届全国青年美展”。1958 年，漫画作品《异口同声》（图 54）发表在《人民日报》；漫画作品《水兆丰年》《突变》《虚心接受》入选人民美术出版社出版的《大跃进漫画参考资料》；作品《上山就上山吧》参加“全国漫画展”。1959 年，为庆祝新中国成立 10 周年，受邀为太原市五一广场主席台绘制巨幅毛主席油画像。

20 世纪 60 年代

1962 年，创作中国画《横眉冷对千夫指　俯首甘为孺子牛》。1964 年，创作宣传画《鸡儿满院，天天下蛋》。1965 年，创作年画《毛主席和劳动模范在一起》、《五福临门》（图 55）。1966 年，创作年画《白求恩》。1968 年，创作粉画《太原湖滨会堂》《迎泽公园藏经楼》。

20 世纪 70 年代

1971 年，中国画《军马场之歌》参加太原市美术作品展（图 56），入选《太原市美术作品选集》。1972 年，受太原市教育局委托办师范美术班。1974 年，新作《大寨虎头红旗颂》发表在《山西日报》。1978 年，作品《缅怀周总理》被山西博物院收藏。1979 年，作品《放眼世界》发表在《山西日报》。

20 世纪 80 年代

1980 年，受邀参加山西省文学艺术工作者第四次代表大会；作品《长征路上比比看》发表在《山西日报》（图 57）。1982 年，编著学校校本美术教材《中国水墨简笔画》，后选入教育部规划教材《中等师范学校美术教科书》，并由人民美术出版社出版。1984 年，漫画《气功》参加“第六届全国美术作品展”。1987 年，中国画《孔雀图》参加“第二届全国花鸟画邀请展”。

20 世纪 90 年代

1992 年，作品《鹰击长空》参加“全国首届中国花鸟画展”。1994 年，在中国美术馆举办个人画展。1996 年，作品《中华五千年》参加“第十一届全国当代中国花鸟画邀请展”。1997 年，作品参加文化部主办的“迎香港回归——中国书画大奖赛”，在中国美术馆展出，荣获成就奖。1999 年，作品《纯洁无瑕》入选“第二届全国中国花鸟画展览”，并荣获优秀奖。

21 世纪第一个十年

2006 年，第二次在中国美术馆举办个展——“赵梅生新写意中国画展”；获太原市“特殊贡献艺术家”称号。2008 年，北京奥运会期间，国际奥委会、文化部和北京奥组委特邀作品参展，出席“中国画家彩绘联合国画展”和“奥林匹克美术大会”，并获赠第 20 届冬奥会火炬。2009 年，庆祝新中国成立 60 周年创作的中国画《暗香盈袖》、《海域天涯度春时》（图 58）等 11 幅作品，入编人民美术出版社出版的《中国当代美术家迎建国 60 周年作品集》。2010 年，青海玉树地震后，响应中国美术家协会赈灾号召，创作并捐赠中国画《玉树常青　举国同助　山河动容》（图 59），后入编由中国美术家协会主编、中国文联出版社出版的《情系玉树·大爱无疆》作品集。

21 世纪第二个十年

2011 年，为庆祝建党 90 周年，在山西博物院举办“赵梅生画展”，并捐赠作品。2012 年，第三次在中国美术馆举办个人展览“雪海流香——赵梅生画展”。2015 年，为庆祝抗日战争胜利 70 周年，在中国国家博物馆举办“雪海流香——赵梅生 90 艺术回顾展”；中央美术学院特邀赵梅生先生在中国画学院和师生交流、示范中国画《铁骨英姿》。2017 年，受北京市人民政府天安门地区管理委员会邀请，为天安门城楼创作中国画《铁骨英姿》、四条屏《梅兰竹菊》。2018 年，为庆祝改革开放 40 周年，在赵梅生美术馆举办“雪海流香——华夏文化人物赵梅生艺术人生印迹展”；被华夏文化促进会授予“华夏文化人物”荣誉称号。此阶段的先生，日子如他画笔下的糖葫芦一样红红火火（图 60）。

2019 年，创作中国画《祖国万岁》，发表于《红旗文摘》杂志；在赵梅生美术馆举办“我和我的祖国——赵梅生从艺从教 70 年中国画展”；在中国国家画院美术馆举办“向祖国汇报 向祖国献礼——赵梅生从艺从教 70 年回顾展”；在太原美术馆举办“走向高峰——赵梅生新写意中国画展”；中共山西省委宣传部、山西省人民政府新闻办公室在官方澎湃号发布“一起听 95 岁艺术泰斗赵梅生讲《国画艺术与人生》——山西国学大讲堂己亥年名家公益讲座第六讲”通知；受延安学习书院邀请，创作四幅习近平总书记语录作品并被收藏陈列。

21 世纪 20 年代

2020 年，新冠疫情期间，挥笔创作中国画《全民战疫》；参加“礼赞新时代——最可爱的人书画展”，并向中共中央组织部交纳特殊党费 100 万元；中国画《战地黄花分外香》受邀参加“纪念中国人民志愿军抗美援朝出国作战 70 周年画展”。2021 年，创作中国画《百年大党万年青》《三牛精神》；在赵梅生美术馆举办“百年大党万年青——庆祝中国共产党成立 100 周年赵梅生馆藏捐赠作品展”。2022 年，中国画《百年大党风华正茂》参加由山西省人大常委会办公厅主办的“喜迎二十大　奋进新时代——书画作品邀请展”；参加“迎六一跟着大师研习艺术联欢会”，为孩子们题写了“礼义廉耻”四个大字；《红梅赞——庆建党百年》受邀参加“2022 姹紫嫣红　时代意象——中国国家画院花鸟主题创作学术邀请展”在广州画院展出；举办“喜迎二十大　丹心永向党　雪海流香——赵梅生从教从艺 80 年书画展”“薪火相传——赵梅生门生赵同泽‘两弹一星’先进群体立体肖像版画展”；中国画《太原的今天——日新月异》《太原的昨天——50 年代—70 年代太原城市组画》参加山西省人民政府参事室（文史馆）、太原市总工会主办，太原工人文化宫（太原市职工活动中心）承办的“喜迎二十大 奋进新征程——省文史馆员‘追梦之路’诗书画印作品展”。

帧四
醉墨淋漓品梅生——评价篇

赵梅生先生，当代著名的书画家、美术教育家，人生经历丰富，美术教育成就非凡。八十载艺术创作和美术教育生涯，沉淀出他对艺术、对教育、对祖国的拳拳之爱。他是新中国成立以来山西省最具有代表性的画坛大家，是 20 世纪后半叶中国花鸟画创作的代表人物，也是当代中国绘画艺术走向高峰的代表人物。

先生心系山西：奠定了山西在国画领域，尤其是花鸟画在全国的地位，是山西美术界的领军人物。先生立足中国：在中国画领域形成了自己独特的极富时代特征的梅生艺术，是中国当代大写意花鸟画创作的代表性人物。先生放眼世界：追求传承与创新的艺术之魂，将中国传统文化与西方现代艺术相融合，展现了多样的艺术形式。先生的作品屡次在海外展出，先生本人被多国知名人士誉为“中国人民的骄傲”“中国传统艺术大使”。

节一　辞暮尔尔，从此后山河念故人

西风伤怀，草木含悲！2022 年 10 月 20 日注定是个悲伤的日子，中国共产党的优秀党员、人民教师、人民艺术家、山西省文史研究馆馆员、太原学院终身教授、太原画院名誉院长赵梅生同志，因病医治无效，于太原逝世，享年 98 岁。

虽然先生已经永远地离开了我们，但他对国家、对党和教育事业的真挚情感，对艺术的不懈追求，对生活的执着信念，与天地永恒，与枝叶长青。

先生生前从教从艺、德艺双馨、桃李满天，为中国美术教育和美术事业做出了卓越贡献。先生真诚朴实、淡泊名利的人格魅力，纯粹执着、求精创新的艺术追求，坚守初心、与时代同行的家国情怀，都为后人留下了宝贵的精神财富。先生的一生就是“翰墨写风骨，笔意画青山，艺术为人民”的一生。

斯人已逝　同念云外山河

先生逝世后，中国多家权威组织、专业团体、美术大家和各界知名人士对他一生的艺术成就给予了高度评价。

中国美术家协会在唁电中这样写道：

> 赵梅生先生是中国当代大写意花鸟画创作的代表性人物，其创作葆有旺盛的生命活力，作品个性鲜明，风格独树一帜，笔墨遒劲、清新脱俗，呈现了浓厚的时代气息与创新精神，展现了中国气派和中国精神。从革命年代的宣传画、连环画、漫画创作，到和平年代的花鸟画、主题性创作，赵梅生先生的作品都融入了他爱国、爱党的浓厚情怀。他一生紧跟党的步伐，不断开拓创新，用画笔记录时代的变迁，记录人民的生活，创作出了一系列体现时代性和人民性、饱含温度的精品力作，荣获中国文联“从事新中国文艺工作 60 年”奖章。
>
> 赵梅生先生不仅是一位德艺双馨的美术家，也是一位桃李满天下的美术教育家，

为党和国家培养了大批人才，先后被评为“山西省特级教师”“全国教育系统劳动模范”，并荣获“人民教师”奖章。此外，赵梅生先生从教从艺八十年，始终秉承“学到老、画到老、捐到老”的信念，把大批书画作品捐赠给国家和省市各级博物馆、美术馆，为国家、为人民留下了宝贵的精神财富。赵梅生先生作为一名优秀的共产党员，为中国美术教育和美术事业做出了卓越贡献。

中国画学会的唁电饱含着对这位老艺术家离世的悲痛与不舍，以及对他艺术成就的肯定：

赵梅生先生是德艺双馨的美术家、教育家，当代大写意花鸟画代表性人物。赵梅生先生毕其一生，以真挚的情感，积极讴歌时代、讴歌人民，始终笔耕不辍，孜孜以求，创作出大量的精品力作。他精研传统，发扬创新精神，不为既有的成就所囿，锐意进取，在笔墨中立定精神，不断提升中国画的艺术境界，是无愧于时代的艺术工作者。

赵梅生先生从事美育工作八十载，桃李满天下。赵先生以他丰富的人生经历、深厚的艺术修养和博大的人文关怀为中国美术事业的繁荣发展培养了大批栋梁之材。

赵梅生先生的逝世，是中国美术界的重大损失！

中国美术馆吴为山馆长除了对先生的一生给予高度评价外，还表达了对先生最诚挚的谢意：“先生曾多次在中国美术馆举办个人作品展，1994 年以来将数件中国画代表作捐赠给我馆，先生之高风亮节，将永远铭记于中国美术史册。”

当代著名人物画家史国良先生听闻先生离世的消息，沉痛地说道：“山西再无赵梅生，中国再无赵梅生。”

中国著名书画家刘治平获悉先生逝世后，在 2022 年 10 月 25 日晚写下《悼念赵梅生》：

一世名誉长，千秋得赞赏。
魂魄随鹤去，梅生胜胡杨。

韶华陨落 同道人诉离殇

先生逝世后，艺术界人士纷纷敬献花圈和挽联寄托哀思。

论书画自足千秋，争赞人缘梅品。
距期颐尚差两岁，允留惠泽德田。

——九九老朽赵云峰敬挽

（原中国国学研究会名誉会长，山西省楹联艺术家协会名誉主席）

梅韵虹披生铁骨，墨光霞染见风情。
先生千古精神在，辉映新猷自冠缨。

——郭齐文敬挽

（中国书法家协会会员，原晋中地区史志研究院副院长）

寿近百年，越白石山翁又四。
画成万卷，有红梅玉轴超千。

——赵望进、枫涛敬挽

（赵望进：原中共太原市委宣传部副部长，山西省书法家协会名誉主席）

近百年亮节如梅墨迹常新，三晋文朋思益友。
八十载高风似水丹青不朽，满园桃李哭恩师。

——裴希敏敬挽

（山西省晋剧院国家一级美术师，玉泉山书画院副院长）

梅老新花著风骨
生寄百年留芳魂
梅生先生千古！

——董智敏敬挽

（中国美术家协会会员，国家一级美术师，太原画院院长）

先生的朋友、学生们也以各种形式表达了对他的敬意与不舍。

在李刚（笔名顽石，原太原市文物局局长、一代大师董寿平弟子）的眼中，先生“爱党，爱国，爱人民。严于律己，宽以待人，不断开拓创新，用画笔记录了时代的变迁，歌颂了祖国的昌盛、人民的生活。活到老，画到老，捐到老，为国家、为人民留下了宝贵的精神财富”。

民进太原市委会社会服务部部长王战追忆赵老：“先生出自晋南农村，近一个世纪的刻苦自学砥砺前行终成大家。……先生爱党爱国，常把祖国比母亲，永远怀着一颗赤子之心，永远怀着一片家国情怀。……斯人已去，精神永存，每每想起，怎不让人萦怀感动！……先生期颐之年，还能用手中画笔描绘心声为党献礼，生命不息奋斗不止，深深教育、感动了我，为先生骄傲！……往事如昨，回想到这里，怎能不叫我热泪夺眶，滂沱纵横！先生期颐仙逝，本不该伤感如斯，可先生的拳拳爱国之心、殷殷教诲之语，听不够念不完，又怎舍他老人家西去！”

先生的学生、中国美术家协会会员张连瑞写道：“教书育人诲人不倦，恩泽润桃李；艺术创新时代明德，梅香海内外。”在他的心中，先生有着真诚、朴实、淡泊名利的人格魅力，坚守初心，为时代画像、为时代立传、为时代明德，为社会留下了宝贵的精神财富。

原清徐县文联主席、政协常委，诗人啜希忱（东湖居士）惊闻先生病逝，伤心之余写道：

“人民艺术家、人民教育家赵梅生先生是我最崇敬的长者。他长我三十一岁，却能忘年下交，且亦师亦友三十余载。有幸能亲看先生作画，聆听先生言教，见证先生为人处世。尚其志，羡其学，慕其艺，学其人，自谓一段殊胜因缘。幸甚！幸甚！

“先生作画：骨法用笔，气韵生动，脱略溪径，发于天然。……常能迁想妙得，出新意于法度之中，寄妙理于豪放之外，创作了一大批传世的经典力作，在古今画坛，独树一帜。

“先生从教：八十年如一日，以美化德，循循善诱，因材施教，育人无数。……桃李不言，下自成蹊。

鲐背之年画恒山，
仙风道骨若童颜。
花鸟丛中寻童趣，
笔上风云七十年。
难忘太师夜晓园，
天才多是勤为先。
程门立雪忆当年，
而今已是百岁仙。

“今日，惊闻赵梅生先生仙逝，享年九十八岁。忽忆三十七年前，余在师范读书时，赵先生一笔一墨讲风华，一朝一夕言做人，言犹在耳。痛悼之，痛哭之。先生之画，童趣纵横；先生之风，山高水长。先生教诲，终生难忘。”

先生的学生吴俊青发文追忆老师：“我的恩师，享誉全国的著名国画家、美术教育家赵梅生先生2022年10月20日作古了，在先生离开我们一个多月的这段时间里，每当我回忆起与老师生前近四十年师生之情的音容笑貌、交往之谊的言谈举止，总是难以忘怀，感慨万千……感念先生的师德人品画艺，感念先生对全省中师美术教育的倾心贡献，感念先生对我们这批人的成长、成才的鼎力相助……”

《非遗之美》总编、评论家姚泽民2022年10月24日在公众号发文，写下“三晋大地，雪海流香。一生君子，万古长存”这样的文字来缅怀先生。

同一天，公众号“艺术观察”也用以下这段文字追思先生：

“八十载创作人生，梅生老师兢兢业业、孜孜以求，一切奉献国家，一切奉献人民，一切奉献艺术。先生的作品气象万千、通畅玲珑，其创作灵感皆缘于人民。他常说：‘创作无常心。要以人民之心为心，以时代之心为心，以中国之心为心。’

“高雅、清新、自如，仿佛是大暑中沁人心脾的一阵清风、涤污濯垢的一场透雨。赵梅生先生的绘画乃晋文化之新，亦为中国花鸟画一缕新的霞光。晋地有人，赵梅生即是当今大家。”

正如先生的学生素一所言：“先生的人品与艺德就像他笔下的梅花，清峻高洁，不染纤尘！”

故园枝旁　缓嗅一剪梅香

先生离世，故乡闻喜县的乡亲闻讯，难掩悲伤与惋惜之情，纷纷撰文寄托哀思。

“人民艺术家”赵梅生先生千古

自桐乡发轫，挺峨眉之秀，钟涑水其灵，乱世立身，教育励行，文史寄怀，强实践，铭宗旨，德奉五千年厚重，纵横处，孤诣尤能登大道。

从漫画领衔，于国展脱颖，伴人生出彩，毫端凝韵，痴情入墨，高风伫馆，舒民意，颂党恩，艺裁九万里宏图，来去时，此心原只为梅花。

——中共闻喜县委、闻喜县人民政府敬挽，何沁学执笔

风雪映丹心，赢得人品比梅品；云霞凝彩笔，留取才情伴鹤情。

——闻　喜　党晓明

功莫大焉，种李种桃，不负百年留广荫。

艺堪精矣，画梅画鸟，终为三晋驻清流。

曾记得，那年故里访亲，乡音浓郁，脚步轻盈，始信期颐可奉，谁知噩耗传三晋，驾鹤化仙成永别。

漫相寻，此地大师遗迹，一馆画图，百幅宝藏，却嗟容貌多萦，只觉凄怀恸九秋，抚梅涕泪寄悲思。

——闻　喜　谭淑珍

画坛倾大纛，仰宗师亮节，堪映汗青，墨冷并州谁播火？

书海失高标，教后学伤心，犹思绛帐，梅融雪色总生香。

——闻　喜　闫涛亮

思九秩襟怀，闻训声在耳，笑貌犹存，三千桃李争春吐。
挽一篇诗墨，惜画卷长留，梅花永忆，百尺香魂共雪生。

——闻　喜　朱素琴

八十春艺苑擎旗，奋一枝秃笔，写华丽文章，今日痛别，懿范美德长在。
九万里灵光载梦，别满室亲人，游神仙世界，他年缅忆，音容笑貌永垂。

——闻　喜　张时精

梅开百载香犹在，画展九州誉永存。

——闻　喜　史彩莲

雪海流香，八秩培桃育李，心系画坛情系党。
霜风垂泪，万千诗悼联哀，他怀艺德我怀君。

——闻　喜　冯卫民

才高，艺高，名高，德高，功高，寿高，高如华岳。
老哭，少哭，男哭，女哭，山哭，水哭，哭失大师！

——闻　喜　解　稳

千山齐挽，犹见龙蛇笺上跃。
三晋俱伤，惊闻禽鸟画中飞。

——闻　喜　傅福来

山哀水泣画神去，鸟悼花躬梅品长。

——闻　喜　王静澜

大师搁笔静心，驾鹤游天阙。晚辈铺宣蘸墨，赋诗书挽歌。
画坛无栋梁，灿灿梅花抛热泪。龙乡失俊彦，凄凄鸟语放悲声。

——闻　喜　王醒民

画坛折柱，艺界折肱，大师驾鹤云天泣。
桃李满园，经纶满腹，众口矗碑世代扬。

——闻　喜　王天玉

艺术为人民，美餐道道飨黎众。
大师誉华夏，懿范常常催后生。

——闻　喜　杜云合

梅凋花落九旬去，人走画留千古传。

——闻　喜　冯夺魁

风寒露冷蜡梅谢，人去画留姓字香。
八十年，呕心沥血育桃李，师恩千古。
一支笔，泼彩点石绘赤诚，绩业永存。

——闻　喜　田金山

满身正气，人品如梅品。
百岁差一，才华遍中华。

——闻　喜　潘开基

天沉风泣，秋雨无声花落去。望重德高，星空添彩誉归来。
神似梅花挺傲骨，笔蘸七彩壮河山。

——闻　喜　王秉伟

梅生花朵香千里，人去画名馨百年。

——闻　喜　薛珮温

五十年执教，桃李三千，字画并新称泰斗。赵公骤去，亲痛朋悲难挽驾。
一腔爱做人，真诚无价，品格永在励吾侪。大德不孤，桐乡山右俱伤心。

——闻　喜　廉　廷

九秩情怀，梅芳大地。
一帧锦卷，画润民心。

——闻　喜　杨风鸣

一世如梅灿，九州以画名。

——中国楹联文化村　寺底村

梅花谢世香犹在，生命留根艺永存。先生的一生是不平凡的一生，犹如傲骨寒梅，不惧寒冬，傲雪凌霜，红花俏意满枝头！

节二　浅予深深，岂可表其心中风月

“美的追求与苦的奋斗是对孪生兄弟”，这是先生对自己艺术人生的自述。虽然都是浅予深深，但仍然难以勾勒出先生似梅般的人格魅力和艺术人生。

他自学成才，艺术追求之路充满艰辛与坎坷。“我从小念书少，没有受过正规的美术训练，但是我又想做一个好老师，没有别的办法，就是两个字，学习，学习，学习！从十几岁开始，几十年如一日，每天至少画三幅画，四处写生，揣摩名家的画法，抓紧每一点零碎时间画画。我就像一个农民，种了两亩自留地，每天只要有空就去拾掇两下。”他用“学而时习之”的勤奋，走出了一条丰富且不易的艺术创作之路，他的艺术成就，就是他数十载一寸光阴一寸金不断积累的人生价值。

他无师自通，绘画技艺之道求新不止，不落窠臼。他出笔迅速，泼洒豪放。他的作品不但技巧娴熟，独具神韵，而且紧扣时代脉搏，洋溢清新气息，具有鲜明的思想性、创新性和时代性，在当代中国画坛独树一帜。正如中华儒学会执行会长柳红军先生所言：“先生的画，造型灵动，形神兼具，笔墨娴熟，技法精湛，内涵富，趣味丰，意深远，境幽高。先生作品，独具匠心与个性，不离传统亦不囿于传统，时有开新却又不刻意逐新。他创作的动力和激情，来自对生活的挚爱和‘日日新、苟日新’的人生探寻与感悟。先生极具家国情怀和奉献精神，虽逾鲐背之年，仍然健笔不息，创作激情不减。”

先生对艺术的精湛把握和不懈追求，以及他用妙笔描绘的至真、至纯、至美的艺术境界，令学界折服，也让晚生后辈受益匪浅。

不落窠臼　蹊径独辟

先生一生以“宁探索失败，不守旧成功”和“笔墨当随时代，不食古人残羹”为座右铭，坚持“不重复历史，不重复别人，不重复我自己，在新的世界，画出新的品种来，画人们喜欢的画、老百姓喜欢的画”，一次次实现艺术的突破，一次次攀上新的艺术高峰。

中国美术馆研究员刘曦林曾说：“赵梅生的艺术思维是创造性思维，这种思维里有师古不泥古、始终与别人保持距离的个性化思维，有保持天然的童真思维，有西方美学和中国艺术相互依赖的思维，堪称‘别有用心’。”

全国政协委员、中国美术家协会名誉主席冯远认为：“无论哪种题材，赵梅生都能画出自家的感受，画出有别于时流的全新面貌。在相习成风、趋利取巧流行的当今画坛，赵先生的艺术追求可以说是有别于世风的一种表率。而作为一代老画家，赵梅生的画作可以说有‘老境’而无‘老态’。‘人画俱老’，体现着赵梅生的一生修为，而全无老态，则表明他的艺术生机焕发、神采奕奕。这是老一辈艺术家一生追求所至，同时，他也为后人指明了通往艺术殿堂的路径：有生命的艺术，是聪慧的思维和高尚的激情所赐予的回报。这是艺术家的终生追求，否则何谈创新。”

中国美协中国画艺委员会秘书长孙克这样评价先生：“他不是一个完全按照传统路子画画的人，他的画里面有新的东西，这些从生活实践中自然汲取来、自然融汇在他的艺术当中，他不会把西方的东西拿来就用，而是要经过潜心研究仔细琢磨后完美地融合到自己的画作里面去，这一点非常不简单。”

中央美术学院教授、美术史论家邵大箴用“三新”来评价先生的艺术创作风格：“赵梅生立志‘要画别人不画的东西’‘要画前任忌画的程式’‘不画在花鸟中常例的构图’‘不画画面中的大杂烩’。上面这两个‘要’和两个‘不画’，充分说明他的创新价值取向：题材新，构图新，笔墨语言新，画面单纯、整体。”

太原画院名誉院长王步超也用“新”字来总结先生的创作特点：“赵梅生整体风格的形成，是汲取了多种养分的结果，总结一个字，就是‘新’，他从不嚼别人嚼过的馍，不走别人走过的路，他敢于破前人的陈式，创造新的章法，敢于开拓和引领一种新的审美风格。”

中央美术学院教授、博士生导师郭怡孮眼中的先生是“中国花鸟画界的一棵劲松”，他说：“赵梅生对创新中国画的心永远是那么强烈，在他身上有一种责任感。他心中和笔下的草木虫鸟，始终充满着热烈的生活情趣和生命精神，这是一位花鸟画家所需传达的正能量。赵梅生对笔墨、造型、意境的不断探索追求创造了属于他自己的笔路、造型和风貌，且他还在不懈的追求中，这是极为不容易的，花鸟画界的同行们都应为他骄傲。我重画品，更重人品，先生的画是上品，人品亦高，熟人皆知。”

天津人民美术出版社原副编审刘荫祥说，他从先生身上学到了很多东西。他觉得，有的艺术家随着年龄增长画也变得陈旧了，可是先生的画中，不但图式是新的，而且还不飘，雄浑大气。他认为先生的画有很强的时代感，一位九十有余的老人仍然能够画出这样的画，实在是太不简单了，足以说明先生有着很深的生活基础与笔墨驾驭能力。他还深情地追忆道："赵老经常说：'我宁做探索的失败者，绝不做保守的成功者。'这句话太深刻了，现在保守的'成功者'太多了，都是重复别人，可是赵老有独特的个人面貌，他确实在花鸟画探索上做出了很大贡献。"

中国艺术研究院研究员郎绍君认为："任何艺术品都有作者赋予的'魂'，赵梅生先生作品的魂，就是他在中国画创作中一直追求的'笔墨的变化当与时代同步'。"先生曾说："历史上所留下的画家的作品，都是独树一帜的，前人走了一步，后步我们来走，我们应该紧跟时代，各方面都要有创新的路子。这个创新，难度太大了。"但是，明知难度很大，先生却依然坚持用笔用墨突出一个"新"字。他深知，文艺是时代的一个风向标，一位画家的画作总能反映他所生活的时代和地域的特征，从时代变化上把握笔墨的变异，去表现生活、反映时代精神，"笔墨"才具有价值和意义。

《艺术收藏》周刊主编、山西省工笔画协会副主席、山西省书画家协会常务理事艺兴认为，先生创作从不重复前人，甚至不临摹一张前人作品，他学习传统都是通过反复观摩来达到与作者对话，吸收其精髓。他更不重复自己，以"画不惊人死不休"的勇气与自觉，努力画自己，坚持走自己的路。正是这种对笔墨尊严的坚守，才使他能够从始至终保持坚定，不迷失，不迷茫，闯出一条路来，成就了今天的自信与夺目。

坚持"每天从零开始"，先生以"哪怕终生只迈出了半步"来激励自己。宁肯探索失败，不愿守旧成功，其倔强与偏执，其独立思考、大胆创新的艺术魄力，正是其画坛争春的成功所在。

博采众家　中西融合

《中国妇女报》记者姜军旗曾多次采访先生，他认为："低调严谨、勤于学习、勇于创新，是赵梅生先生为人处世的原则，也是他艺术创作的风格。"先生不但善于学习、勤于思考，而且从不囿于一家一派，勇于创新，他的艺术作品往往能够广纳博采，融汇中西而又自成一家。

美术理论家、湖北省中国花鸟画研究会原副主席鲁慕迅说："梅生人老画不老、身健笔更健。说他大器晚成一点都不错，但是大器晚成的这个'成'，却经过了千辛万苦、千锤百炼。他融会百家，又自成一家，很有自己的风格。……梅生的画发自内心，出于真诚，是用他自己的语言说出自己的感受，所以是值得人们以同样的真诚去领略去品赏的。"

当代著名画家、美术教育家，清华大学教授吴冠中说："看赵梅生的画，像一股春风扑面而来，有意境、有美感、有生活、有创新、有生命、有使命，可谓人品画品都好。让我想到梅生是自学成才的画家，没受学院派科班的训练与约束，故而作品与众不同，个性突出，画面冲击力强，给人以精神享受。他的作品体裁多样、雅俗共赏、人老画新，这是他坚持创新、敢于探索、大胆用墨个性的体现。如果仔细观看，会发觉梅生的西画基本功很好，是下过苦功夫的真正艺术家。”

《美术》杂志执行主编、中国美术家协会美术理论委员会主任尚辉在评价先生的作品时这样说道：“在当代中国画大写意精神衰落的情况下，赵梅生先生能够很好地把视觉形式的追求和笔墨逸韵完美结合在一起，不失中国画气象和品格，在这一点上，我觉得当代大写意花鸟画做到这种程度的非常少见。赵梅生先生修养全面，画题广阔。他的创作主要以花鸟为主，花鸟中以梅花为主，广泛涉猎于山水。若干年前他曾奔赴欧洲用自己的画笔描绘欧洲风景，这些欧洲风景被巧妙转化为中国绘画的山水和境界。他的山水强调简约，用笔粗放，非常简练凝重。……在花鸟画创作中能够出新确实是很难的，他画的梅花作品巨大，树干像太湖石一样，具有穿插、玲珑剔透的骨架感觉，具有形式的美感。他的写意精神更多来自用笔的力量。赵梅生吸收了海派凝重圆润的风格，又增加了方笔用笔的趣味，在用笔方面形成了自己的特色。在用色方面，红花墨叶，尤其画梅花的这种红不是薄透的夕阳红，有粉的成分，很巧妙地和用笔结合在一起。”

《美术观察》副主编、中国美术家协会会员赵权利认为，先生是一个“博采众家、融合中西的画家”。他说：“赵梅生的作品主要是以势取胜，雄强内敛、生生不息。……也许因为先生年轻时主要从事漫画和其他画种的一些创作的缘故，先生的作品似乎没有具体的师承关系。而且，先生也曾经对西画进行过钻研，因此他的画作能够博采众长、融合中西。”

画奇意新　大气纵横

作为一位充满创新精神的画家，先生的作品还以意境新奇、气势磅礴、别具一格而为人称颂。

中国美术馆研究员刘曦林曾撰文《意新花自奇》来评价先生的艺术创作风格，他认为赵梅生艺术的特殊性在于三奇——立意新奇、章法新奇、语汇新奇，“照澈着写意精神的中国简笔花鸟画在文人画为画坛主流的时代已有高度成就，近代吴昌硕、齐白石诸前辈又创立了新的峰头。当代画家欲在此途有新的升华绝非易事。赵梅生深知其难却知难而进，有此新的立意、新的章法、新的语汇诚为可贺。其内在的驱动力在于他对艺术时代感的把握，以及他所说的‘避之大吉’，即‘躲避’惯习陈套、‘人取我弃’‘人弃我取’的思想方法，还有他原本聪敏的素质”。

“大笔墨、大气象、大胸襟”是美术史论家、中国美术学院薛永年教授对先生的评价。

他说："赵梅生的大写意花鸟画，用大笔墨描绘着大气象、大胸襟。……他的画表现了两种精神，一种是对人格的追求、对祖国的历史文化的赞颂，还有一种是对旺盛生命活力的讴歌。赵梅生人物、花鸟都画，我更喜欢花鸟，花鸟里最喜欢梅花。他的梅花基本上不画枝，花直接长在太湖石上，他把太湖石中那种历经沧桑的独特美感与梅花枝干结合在一起，非常大气，极具生命力。赵梅生的画面还为观者提供了极大的想象空间，在准确把握对象特点的基础上，大胆突破陈规，常有一些大家想不出来的构思。山水不一定是赵梅生最倾心的画，但是画了不少，用泼墨的方式让山水充满动态。赵梅生的花鸟画还把黑陶、灰陶、青铜器作为静物，扩大了花鸟画的范围，但更多地是从中吸收了文化气息，用到了花鸟画里面。所以他的花鸟画虽然很简，但文化积淀厚，笔墨也很厚重。"

中央民族大学李魁正教授认为，先生的花鸟画是"现代简笔大写意重要代表之一"，原因有四：第一，他的花鸟画笔宏墨润，精神质朴，不拘成法，自然天成，因此气象壮美。第二，个性鲜明，笔墨结构清晰，凸显了一种笔墨形式美。重要的是，他以实树同体的墨块和色块作为衬景和大面积铺衬来衬托前面的枝干和主体，因此有一种新的形式美。第三，简括了大手笔，体现了笔简形真，笔虽然方但很丰厚，笔力中见行楷之真性，让人感受到朴厚平实的笔墨精神。第四，他有传承，从他的梅花里头，可以看到元人王冕的春梅的感觉，以及任伯年藤萝的笔墨精神。他对于传统笔墨精神理解很到位，但是更重要的是他并不沉浸在传统笔墨精神中。

中国版画家协会理事李允经则用"四老"来评价先生的创作风格："赵梅生的小品进入了朴拙壮美的境界，好像庄子的浩瀚博大、雄浑磅礴的壮美境界，壮美应该是美术界评价不低的概念。赵梅生画画老练、老辣、老到、老拙。他的思想非常睿智，他给中国画，尤其是中国花鸟画提供了一条别开生面的道路。"

"生气、清气、灵气与才气"是太原理工大学艺术学院陆贤能教授对先生艺术风格的总结。他认为先生的艺术有" 四美"："第一，生气之美，在赵梅生笔下，没有衰败萎弱的东西，他表现最多的就是生命旺盛之象，即使也有枯木残花入画，但表现的仍是不朽的生命力；第二，清气之美，画面流溢着养目怡心的气息，给人以深刻的美感享受；第三，灵气之美，悟性极高的艺术家，总有独创的艺术呈现，赵梅生作画最突出的特点就是聪明加情趣，会让人感到意外的惊喜；第四，才气之美，老人胸怀豁达、心地善良、思想开放、观念很新，是当代中国画家的典型，有着高度的民族自豪感与自信心，同时又不失谦逊自省。他面对古今中外、面对发展变化，能出入自如、进退随心，他还特别注重学习，而且是越来越爱学、会学，中西无忌、变异构成、光影色彩、文理书印多方面融会贯通，最终成就了自己的原创风格，形成了独特的梅生艺术——一种极富时代特征的新写意中国花鸟画。"

在《美术》杂志原主编、美术理论家夏硕琦，美术史论家刘龙庭和西安中国画院副院长江文湛眼中，先生画作最宝贵的风格是清新。

夏硕琦认为："清新的品格是花鸟画精神很重要的方面。……对清新的追求是现代人最强烈的心理欲求，但是清新是很不容易做到的。而赵梅生先生虽然年事已高，但是他的花鸟画里头，却能体现出一种清新的境界。"他说："赵梅生的心非常宁静，心不静则不清，很浮躁的话，作品也是浮躁的，不可能清。再就是陈腐不去不能新，如果不摆脱陈腐气，那也不可能出现清新的记忆。"

刘龙庭说："赵梅生先生的画'清新'，比一些中青年画家的画还让人感到新颖。这个新是不容易的，体现了修养、造诣，最大的特点是与时俱进。赵梅生不受传统的束缚，老梅花，老梅树，喜逢盛世开新花！"

江文湛认为先生的画作充满活力、清新生动。他说："当我第一次见到赵老的作品时，我以为是一位涉世不深的年轻人的画，一点儿不受传统经典的约束，充满鲜活的、不拘一格的气息。画家都有一个困惑，既要反映时代的声音，又不能脱离几千年传统文化的影响，出路何在？赵梅生就走出了一条成功之路—— 始终单纯、随心。"

法古融今　用墨酣畅

先生经常说："创新，不是一两天想出来的，是一辈子的事情。"他一生都在不断开拓创新、超越自我。

中国美术馆研究员刘曦林和原中央美术学院院长、中国美术家协会主席范迪安认为，"继承传统，开拓创新"是先生创作的原动力。

刘曦林曾说："纵观赵梅生的作品，大都重内涵、富新意，造型生动、笔墨娴熟、技法全面，有自己独特的面貌和个性，不离传统而又不囿于传统，时有变法却又不是为新而新。他创新的内核和动力来自对生活的新鲜感受。迈向人生高龄的同时，依然保持着对生活的敏锐感受力，这令他的画总有一种清新的气息和生命的活力。赵梅生始终把一种阳光的、积极的情绪很自然地融会于笔墨之中，使画面自然而然散发出一种热爱生活、激情创造的张力。"

范迪安认为："赵梅生先生在中国画的探索上、中国花鸟画的探索上，可以说既坚持传统，保留了中国花鸟画表现自然生机的风格，又开拓创新，画出了反映新时代的花鸟画，体现了改革开放以来中国画创作上所追求的时代精神。笔墨的锤炼上进入了非常高的境界，他的一个特点是非常具有北方画家的某种性格，追求笔墨的雄健，画面上无论是画的山石，还是塑造的花鸟，特别是花卉的表达上，他都特别注重笔线的力度，在画面的结构、线条的组织方面都显示出一种刚健有力、雄浑大度的气势，所以在花鸟画上画出了气势，这是赵先生绘画上非常突出的特点。他尤其以画红梅著称，在梅花这个题材上他注入了一种主题的情怀，以梅花象征人格、象征生命、象征自然蓬勃的生机。他在梅花的形象塑造上超越了一般的写生造型，真正把梅花当作精神符号、文化符号和自己的理想符号来刻画，画面充满巧思，使得这一传统象征物具有了新时代的特点。他善于体悟人生、体悟自然、体悟艺术，因此他的作品都是有内容的。”

首都师范大学美术学院张青用“法古融今，独创风格”八个字总结先生作品的创作风格。他说：“先生在充分汲取古人营养、掌握传统笔墨功夫的基础上，结合个人生活实际，法古融今，独辟蹊径。这也是他作画学于传统却不囿于传统，勤于思考、勇于探索的真实写照。……他的创新不仅体现在题材、构图与形式中，而且突出表现在立意与笔墨语言上。这种创新不是为新而新，而是基于他几十年来的丰富阅历，是他坚韧品格和豁达胸襟的自然流露。”

中国版画家协会原名誉主席、著名画家力群用“一气呵成而富有气势”来评价先生的作品。他认为：“赵老的作品内容广泛，有技法娴熟的梅花、牡丹，笔墨简洁的鸟禽，还有笔豪墨放、富有朝气的花卉，独具特色的塞北风土与南国景物，以及甚难入画的异国现代建筑。他画风泼辣、构图新颖，用笔挥洒自如，用墨酣畅淋漓，总的来说，他作品最大的特色就是一气呵成而富有气势，这是一种可贵的风格。”

铁骨梅韵　玉壶冰心

先生一生热爱生活，热爱教育事业，坚持为人民创作，他忠实践行着自己的追求。他的人格魅力与他的艺术创作一样精彩。

中央美术学院教授、美术史论家邵大箴这样评价先生的一生：“毫不夸大地说，赵梅生的一生是探索的一生，是追求创新的一生。贫困、灾难、崎岖坎坷的生活之路，是对人的折磨，也是一种严峻的考验。大难不死的人，必须要有坚强的意志，才可能有‘后福’。出生在20世纪20年代的赵梅生，经历了我们这个多灾多难民族近一百年来遭遇的种种屈辱与痛苦。他顽强地挺过来了，他把亲历的这些苦难化成激发自己奋发图强的力量。”

中国美术家协会理事、人民美术出版社原总编辑程大利这样评价先生：“赵梅生一生坎坷，历经艰险，但是百折不挠，体现极高的人格！我看赵梅生画展时不由自主地想起了康有为曾经说过，中国书画的最高境界一是真，二是朴，三是简。中国画讲究内美，内修身，外于世，度己度人，自己有了境界然后传达给别人。他很谦虚，说整个学习阶段就记住四个字‘礼、义、廉、耻’，这很深刻，是儒家思想的核心，中国画中中正之气实际上就是‘礼、义、廉、耻’。赵梅生的笔墨见功力，见力度，见骨法，描写对象淡如轻云、重若风雷、润如春雨、苍若丘山，笔墨中深含灵秀，点破中国画用笔最深层次的东西，做到了无一笔浮华。”

张彦远解释古法用笔时讲到，“刚正为之骨”，赵梅生把用笔和做人联系在一起，用笔人格化是其中国画最大特点，“赵梅生近 90 年的经历与他 70 多年的艺术实践，就践行了这句话，用笔如做人，往这个境界奔走”。

天津美术学院终身教授孙其峰认为先生有梅一样的铮铮傲骨和无私品格。他说：“赵梅生的花鸟画创作独运心源，自成格调，特别是他画梅、品梅、懂梅，并以梅的精神激励自己，养成梅一样的铮铮傲骨和无私品格，其代表作《雪海流香》就充分体现了这一点。他虽历经人生的坎坷与磨难，却能潜心静气去品味生活，以敦厚豁达的性情、热情而真诚的体悟，给笔下作品一种雄浑大气、灵动率真的魅力。尤其可贵的是，他始终不渝的创新精神与开拓思维，使他的作品洋溢出厚重、鲜润、欢快、生动的艺术活力，这种活力既是时代气息的鲜明写照，也是赵梅生自己笔墨尊严的个性符号。”

浦树柔、石瑾在《新写意画家赵梅生》一文中提及：“赵梅生先生非常谦虚，他认为，人与人的智慧差距并不大，有时成功并不是谁比谁更高明，而在于谁比谁更勤于思索。他常挂在嘴边的话就是：‘人生不要高攀，只要 1 厘米。成功很多时候离你只有 1 厘米——朱建华跳高拿冠军，靠的就是 1 厘米的高度。’‘我画得不一定比别人好，但我一直在思考，构图、布局、整体感，怎样才能画出心中所想。’”

在《无限高度，赵梅生》一文中，武少宁指出：“相对于很多将自己标榜成中国大艺术家的人而言，赵梅生的艺术成就大有‘会当凌绝顶、一览众山小’的内在气势，可他却仍然忐忑而虚心地将自己摆在了学术的相对低位，任由世间风华散尽，却依旧坚守着不辍的攀爬并实现着自我超越。无论他的成就多么骄人和令人仰慕，他从不自得，从不张扬，他总是用笔墨化义为梅生现象，他总是一次一次地从零到无限。”

陈雨光在《零点的起步 无限的追求——为艺术而哲学的赵梅生》一文中谈到了他最敬佩的就是先生的品性：“先生的品性亦让我最为感叹：他不计较收获，只问耕耘，以积极入世的态度来唱颂和叹咏，即使人生最坎坷之时，先生的作品仍在唱、在歌、在乐天地高扬。应该说这是先生大写意的人文观照与传统大写意的文人悲怀最大的不同。”

中国艺术研究院研究员陈绶祥认为先生是一位“当之无愧的艺术家”。他说：

“几十年来他的心境、心态都没有变。我始终感觉他心里面特别宁静。有一次他跟我聊个人的经历，十几岁被抓去当壮丁，村里去的人都死了，就他一个人逃回来了。他很平静地阐述了这件事情，他说那是一个时代的苦难。后来又被错划为右派。现在我们从他的脸上、相貌上丝毫感觉不到这样的沧桑。他是一个当之无愧的艺术家，所以我觉得他的心是真正的宁静。他是一个永远往前思考而不是不思考的艺术家，我觉得这一点最值得我学习。

“赵梅生等于是在全废墟的基础上，用自己的努力，从民间绘画、西方的绘画中学习，我觉得这种学习真正得到了很多时代的东西。他画面所显示的时代不是我们学院派的西方教科书上的东西，而是我们民族这个时代需要得到的东西。可以给他归纳为构成、题材、创新，可以总结出很多很多，但是我觉得他所有的作品就是他本身生命的繁衍。生命的‘生’字就是赵梅生的‘生’，他就是梅生，因梅花而生，而且他出生的地方闻喜，就是一个佛心，总是欢喜的。我看了展览以后特别感动，我觉得他给年轻一代很多启示，直接把生命表现出来就能表现我们这个时代。我给他写了四句诗：‘无怨无悔独且成，画到老时更天真。雪海流香新意匠，生生不息始传神。’”

先生在谈起自己的艺术创作生涯时曾经说道：“画家，仅是个名词而已。每个人都想成功，但是必须认定自己的路，并且坚定地走下去。我已经走了几十年的爬坡路，但目前还不想停下来。”他说：“哪怕有一天我一贫如洗，我还拥有‘艰苦、坎坷、拼搏’这六个字，这是我作为一个艺术家最宝贵的财富。”先生正是靠着这样一种不畏艰辛、勇于拼搏创新的精神，才创造出了属于自己的独特的艺术世界。（图 61）

画坛巨匠　杏林流香

先生逝世后，2022 年 11 月 30 日的《山西晚报》用 5 个版面做了题为“赵梅生：著名画家、美术教育家”的纪念专题，2022 年 10 月 31 日的《中国美术报》“时代人物”专栏用 8 个版面做了题为“赵梅生：为梅而生雪海流香”的纪念专题，2023 年 3 月，《中华英才》用两个版面做了题为“‘梅’园弟子缅怀国画大师赵梅生”的专题报道。此外，《中国妇女报》《非遗之美》等传统媒体与新媒体，纷纷用不同的形式报道和纪念这位在中国画坛和美术教育界有着极高地位和影响力的艺术家，各界人士也借助这些媒体表达了他们对先生的尊敬。

原中国国家博物馆副馆长、中国国家画院院长刘万鸣认为：“赵梅生是中国当代最有影响力的花鸟画家之一。……赵梅生的花鸟画在当代花鸟画创作中是独树一帜的，并且形成了自己强烈的艺术风格，他用笔擅用长锋求圆融，用墨清透显空灵，用色沉稳自然交融，用‘水’恰到好处，使色、粉、墨相得益彰。……赵梅生的作品就是源于传统而不拘泥于传统。他擅长写生，更擅长观察。在观察和写生中，他把中国画的笔精墨妙，包括中国画中‘中得心源’‘目识心记’的写生手法牢牢掌握了，所以他的作品非常概括和极具取舍，真正做到了去其粗、取其精。……他的画中始终洋溢着一种昂扬向上、欣欣向荣的景象，更重要的是他保持着乐观的心态，有一颗善良的心，他画的禽鸟、花卉等都是清新的。”

全国政协委员、中国美术家协会分党组书记徐里用“孜孜以求、德艺双馨”八个字总结先生的一生：“赵梅生从艺八十年，真可谓孜孜以求、德艺双馨。一方面，以其精湛的艺术功底，培养造就了一批批绘画人才，为美术教育做出了重要贡献；另一方面，他始终秉持‘学到老、画到老、捐到老’的理念，将自己的大量作品捐赠给国家和社会机构，展示了心系祖国、回报社会的赤子情怀。赵梅生用深厚精湛的艺术功力、谦虚真诚的朴实为人、自然风趣的言传身教，展示了一个国画大家的艺术力量和人格魅力。赵梅生以大写意花鸟最为擅长，其笔墨浑厚而富于变化，语言写意而恣意豪放，是美术界中思想解放、敢于探索创新的代表性画家之一。他的人生和艺术恰似他笔下的梅花，历经岁月沧桑的老梅干上，总是开满艳丽的新花。”

原中国国家画院院长卢禹舜认为：“作为一位德艺双馨的美术家、教育家，赵梅生为中国美术教育和美术事业做出了卓越贡献。多年来，赵梅生潜心丹青作画，在中国画的笔墨意境中注入了史诗般的情怀，定格大事件，礼赞新时代，以有筋骨、有道德、有温度的心血之作，抒发了一名共产党员的爱党爱国情怀。……他的创作始终坚持与时代同步伐，坚持以明德引领时代风尚，彰显了信仰之美、崇高之美。在他的作品里，我们不仅看到了一个日新月异、生机勃勃的美丽世界，同时也见证了生生不息的中华文脉和永葆艺术初心的赤子情怀。活到老、画到老，赵梅生做到了不负时代、不负人民，值得我辈学习。”

山西大众书画院常务副院长兼秘书长、山西省书法家协会顾问李顺通认为：“赵梅生先生是一位德艺双馨的大艺术家。他的书画艺术对于我国的美术事业产生了深远的影响。他始终热爱党、热爱人民。他的作品体现了积极乐观的人生态度，为讴歌新时代、讴歌党和人民取得的辉煌成就具有重要的意义。八十载教书育人，八十余年不懈创作，他的作品形成了‘重内涵、富新意’的独特个性。……赵梅生作品接地气、鼓士气，深受人民喜爱，在当代中国画坛独树一帜。”

原山西省史志研究院副院长、党组副书记张铁锁认为：“赵老师是一位令我十分敬重的德艺双馨的美术教育家。他从一位普普通通的绘画教师一路走来，数十年如一日，矢志不渝、求索奋斗，作品精进，声名日隆……在绘画艺术上更是博采众长，独树一帜，创作出了大量富有鲜明时代特色、深受广大人民群众喜爱和社会认可的精品力作。他为人谦和、低调，工作勤勉、认真，艺术风格沉稳、清新。赵老师走了，这无疑是山西和中国美术界的一大损失。他无愧于平生、有功于党的教育事业。他是一位真正的德艺双馨的教育家、美术家，是我永远尊敬的前辈和学习的榜样。”

教育部国家督学郭振有用“杏坛巨烛，艺苑新天”来总结先生在教育和艺术方面的成就。他说：“赵梅生先生是一位大师级的画坛巨匠，先后被国家授予‘优秀人民艺术家’‘特殊贡献艺术家’等称号。这样一个人生的殊荣，对他来说当然是非常重要的。但是，先生更为珍重的，是他的另一个职务和称号——人民教师。他被授予‘山西省特级教师’称号，被教育部评为全国教育系统劳动模范并获得‘人民教师’奖章。这是人民教师的最高荣誉。‘杏坛巨烛，艺苑新天’，这是今年 8 月纪念赵梅生先生从教从艺 80 年时我写下的两句话。我觉得，他在中国美术界得到的荣誉和赞誉，同时也是中国教育和中国教师的光荣。”

文化和旅游部艺术发展中心副主任乔宜男对先生的评价如下：“赵梅生先生是我国当代大写意画创作的代表性画家。……他的作品纯真浪漫，得中国画笔墨之真趣，既传承了传统中国画的审美精神，又极具个性与现代意义。……他一生紧跟党的步伐，按照党的文艺政策为人民而创作，他的作品既传承了优秀的中华传统文化，又弘扬了革命文化，并积极为社会主义先进文化的建设而努力。与此同时，赵老还为国家培养了众多优秀美术人才……为中国的美术事业及教育事业做出了卓越贡献。”

原山西省政府办公厅机关党委副书记兼纪委书记王安禄对先生的一生给予了高度评价：

“纵观赵梅生老师一生的学习、教学、工作、绘画及生活，就是践行‘三牛’精神的一生。他忠诚于党，热爱教育事业，勤勤恳恳、任劳任怨，乐善好施、服务人民；他忠实于绘画艺术专业，深入生活，一门心思勤学苦练、守正创新、持之以恒，勇立时代潮头，为人民画像，为时代立传，年近百岁，耕耘不辍。

“赵老一向笃志好学，淡泊名利，勤勉进取，矢志不渝。以教立业，以画立本，以德立身，倾其一生心血，投身教育事业，编写国家师范学校美术教科书，言传身教培养优秀美术人才，就其成就是名副其实的人民教师、美术教育家。毕其一生之力耕耘于中国书画田野，不断攀登艺术高峰，探索开创了书画交融、极具时代感的赵氏风格，就其影响是当之无愧的当代中国书画界独树一帜的大家。……赵老根发于家国情怀，倾注智慧、学养、技艺、心血于一体，精耕细作精品力作参加活动，并慷慨捐赠。为传播和展示中国书画文化的多姿多彩、讲好中国故事、提升中国在全球的影响力做出了贡献，被各国外交使节和知名人士誉为‘中国传统艺术大使’，这是中国人民的骄傲，也为山西增了光添了彩。”

原山西省美术家协会副主席董智敏这样说道：“论及新中国成立以来的山西美术事业，赵梅生当是绕不过去的大家之一。……其一，以他对自己一贯的评价来看，他认为自己首先是教师，一生教书育人，培养成就着几代美术人才。其二，作为画家，其在广博涉猎中西绘画的基础上，将多种绘画形式语言与技法规律的表现力、丰富性融为己用、化为心法而从心所欲，进而能以‘无所不能入画、无画不具独创’的丰富取象，以‘画古人没画过的、画同行没画过的’的美学意识、审美慎思，创一路特立独行、自有我法的彩墨形式与构成的图式表现，具有独成一派、融古纳新的精神气质与个人品格面貌。其三，他作为太原画院的名誉院长，对画院创建做出了贡献，对画院乃至对太原、山西美术事业的发展、创作及学术精神产生了影响和引领作用。”

《山西日报》2021 年 7 月 1 日第 3 版刊登了孙毅《赵梅生的赤子情怀》一文，文中这样写道：“赵梅生每一历史时期都有佳作呈现，表现时代旋律，抒发爱党、爱国、爱人民的赤子情怀。近年来，年近百岁的赵梅生创作了一系列与时代同呼吸共命运的作品，在其走向人生高寿的同时，也在走向时代高峰，走向艺术高峰。赵梅生在传统中国画的笔墨意境中注入史诗般的情怀，把承载着中华民族精神的文化意象，熔铸在充满爱国主义信念的绘画语言中，定格大事件，礼赞新时代，以有筋骨、有道德、有温度的心血之作，抒发了一名老共产党员的爱党爱国情怀。他将崇高的信念与绘画艺术实现了完美的统一，折射出意境不凡的时代美学，彰显了信仰之美、崇高之美，实现了艺术的时代升华。赵梅生先生习古开新、与时俱进，谦虚谨慎、见素抱朴，辛勤耕耘，有容乃大，生命不息，创新不止。‘雪海流香，铁骨英姿’就是赵老艺术人生的最好写照。”

在赵梅生美术馆内，我们可以看到来自中共山西省委宣传部、中共太原市委、太原市人民政府对这位老艺术家的极高评价：

“赵梅生先生是当代中国画坛一位具有影响力的艺术家，虽然已近百岁高龄，但仍然具有旺盛的创作活力和敏锐的创新思维，健笔凌云，耕作不止。

“他从事美术教育 70 余年，先后在陕西、山西等地任教，培养了无以计数的学子和人才，教学之余，他把全部精力用在艺术创作之中。从幼年临摹古典人物绣像，到绘制宣传抗日的墙报、报头，再到描绘祖国的美好河山。从油画、年画、漫画，到最见其艺术成就的国画，他孜孜以求，心无旁骛。其作品个性鲜明，题材广泛，风格独树一帜。既体现了深厚的传统功力，又具有开拓创新思维，受到各方面广泛欢迎和喜爱。多次在中国美术馆、中国国家博物馆、中国国家画院举办画展，多次在国内各地以及海外一些国家举办交流展览，作品被诸多单位和专业机构收藏。赵梅生先生淡泊名利，德艺双馨。他从旧社会走来，历经磨难，造就了他不屈的个性。新中国成立以来，他始终感恩祖国、听党话、跟党走、情系人民，他热心公益多次捐赠，先后捐出作品千余幅。”

这就是赵梅生，一位矢志不渝、爱党爱国的优秀党员，一位历尽苦难、痴心不改的画坛巨匠，一位学高为师、身正为范的美术教育家。（图 62）

节三　画卷漫漫，梅生暗香依然如故

世间每一朵花，都有其生命周期。当花落枯萎、生命终结时，种子将成为它生命的延续，继续在这个世界上栉风沐雨，面对另一个轮回。

先生人如其名，生如梅花，清风挂雪，流香溢彩，凌寒怒放，绚烂多姿。而今，虽然他的生命已如梅花般零落成泥，但是他对党对国家的忠诚、对教育事业的热爱、对艺术的执着追求精神，已若种子般生根发芽，在后来者那里开出绚烂的花来，依旧香如故！

先生在幼年时曾就读闻喜实验一小，教室黑板上方写着“礼义廉耻”四个大字。而在私塾，他又学到五个字“学而时习之”。他说：“我一辈子就学了这九个字。”中国传统文化是他一生的指导。作为当代屈指可数的优秀人民艺术家，先生在从事美术教育和艺术创作几十年的时光中，将三尺讲台演绎成了教化心灵的殿堂，将绘画语言拓展到了哲学层面，将艺术的感官美提升至触及灵魂的深刻认识。他的名字总是与“教育思想”“美学精神”“求新求变”等词语如影随形、紧密相连，他的艺术成就正气而昂扬地引领了社会的审美。

在被问及“怎样才能成为一位好画家”时，先生回答道：“就我个人而言，不外乎三点：首先是心中有敬仰，听党的话、对党忠诚，以发自内心的热爱去赞美祖国、描绘时代、刻画生活；再者是做个好人，以德为先、不怕吃亏，先做人、后做事，这样才能有更好的平台、更高的发展；最后还要不停地画，画古人没有画过的、画同行没有画过的，紧跟时代、不断出新，这样你就有可能成为一位好画家。”

虽然先生已与我们永远作别，可是在后人和学生心中，他又似乎未曾走远，芳香如故，精神仍在！（图 63）

父爱沉沉　请自隗始

先生不但在艺术和教育上成就斐然，而且也给自己的儿女和孙辈树立了良好的榜样，正是由于他的言传身教，孩子们在耳濡目染中养成了良好的品格、高尚的情操，成为祖国的栋梁之材。

在先生的长子赵紫峰老师的心目中，他的父亲是一位坚韧、勇敢、有本领、有担当、有责任感、热爱教育事业的人。他未因生命中的苦难而自甘沉沦，反而让生命呈现出怒放的灿烂。他于三尺讲台育桃李无数，杏林因他而硕果累累。他丹心一片，感念党恩，挥毫泼墨，只为新中国铺陈画卷。他的一言一行如春雨般潜移默化地滋润着孩子们的心灵（图 64）。

赵紫峰老师说："父亲从小就教导我们要懂得感恩，永远不能忘记党和祖国，不管从事哪个行业都要为党和国家贡献自己的力量。""在我们兄妹六人眼里，赵梅生是父亲，更是先生。他慈祥和蔼、幽默风趣，在日常生活上他无微不至地关心我们，在艺术创作上他非常严格地要求我们。多年来，我一直与父亲生活在一起，他教会了我做人、做事、做学问。他心怀感恩、勤奋努力、生活简朴、吃苦耐劳、创新探索、无私奉献、一心为民的精神，时刻激励我们、鞭策我们勇毅前行。"

先生的女儿赵南南老师在 2022 年 11 月 23 日的《山西日报》上发表了《怀念父亲赵梅生》一文，在文中，她这样描述自己的父亲：

"父亲是一个勤劳的人，他是一个画家，更像一个农民，从早到晚一辈子不辞辛劳地经营着他的艺术天地。从春到夏，从夏到秋，从秋到冬，从不怠慢。他又是那么从容，朝五晚九地生活着，觉得一切都是那么轻松那么自然而然地生发着、成长着、壮大着，直至绿树成荫，庄稼丰盈。在秋的季节，果实累累地奉献给大地，奉献给自然。……

"父亲是一个真诚的、朴实的、实实在在的人。他性格直爽、豪放、热情，真诚面对艺术，没有利益之心。他忠实于朋友、忠实于艺术、忠实于他的教育事业，辛辛苦苦、兢兢业业地当了一辈子教师，把艺术创新研究和教学、把艺术与现实生活、把艺术与国家发展紧密地结合在一起，有感而发，使他的工作做得有声有色。他无论走到哪里，无论在哪里教学，无论在哪个学校，都是诚诚恳恳、尽心尽责做一名人民教师。他在几十年的教学中，由于对专业、对教学工作的认真，不仅培养了大量的学生及优秀学者，而且成就了自己的专业，成就了自己的艺术道路，完善了自己的艺术人格。他是一位地地道道的在学中干、干中学的人，是实践教学相长的典范。对艺术的探索和追求，使他成为一位优秀的人民教师，同时也是一位优秀的人民艺术家。

"父亲是一个快乐的人。……他的乐观使他的作品风格单纯新颖、积极向上，充满阳光正气。……在艰难中去体会艺术，在生活中去感受艺术，认认真真地工作，快快乐乐地工作，在工作中享受艺术，去创造艺术。因此，他的作品也是他人生的写照。他高高兴兴、快快乐乐地走向了人生的顶端。他的一生是平凡的、是充实的、是艺术的、是幸福的、是快乐的。

"如同他的画作一样，父亲是傲骨的梅花、是洁白的玉兰、是知春的迎春花、是娇艳盛开的牡丹，父亲是一尊傲立的青松、是一根青竹向天，父亲是一把利剑！他用画笔站在了时代和社会发展的前沿，去表达自己的满腔热忱和主见；他用画笔支持国家的发展，拥护歌颂祖国的繁荣富强；他忠诚地为党工作一生，为人民服务，将一切献给人民。他去而无憾！"

在先生的孙子赵彦看来，爷爷是他“心中最美的梅花”。在悼词中，他这样评价自己的爷爷：“在我心里，从梅娃到梅生再到老梅，爷爷九十八载的人生旅程，坎坷、丰富、精彩。……说您平凡，是因作为一个儿子、丈夫、父亲、爷爷、姥爷，也有嬉笑怒骂、酸甜苦辣、柴米油盐与悲欢离合。说不平凡，是因您在教育事业和艺术追求上取得的杰出造诣，德艺双馨，真水无香。……您用一生做好一件事的承诺报答了父母、培养了子女、服务了人民、回馈了社会、报效了祖国，而这些朴实的话语和感人的瞬间是爷爷留给我们晚辈最为宝贵的精神财富。铁骨英姿，雪海流香，爷爷，您永远是我们心中那朵最美的梅花！”

教书育人　躬行践履

先生经常说：“这一辈子，我最骄傲的就是当了老师，其次就是做了个业余画家！我只知道，当一天农民犁一天地，当一天美术老师站一天讲台，提高自己。”他多年如一日将满腔赤子之情倾注于三尺讲台上，以画法传承文明，以智慧启迪人生。许多学生在他的教育感召下，也走上了艺术创作或教书育人之路。

先生 50 年代时的学生王迎春现已八十高龄，她在先生的影响下走上了艺术创作之路并成为著名的人物画家。她认为先生成功的法宝是天分、毅力与豁达。

她说：“赵老是我初中二年级时的美术老师，老师对花鸟画所做的贡献，让我十分敬佩。……他的绘画艺术能在全国造成这样的影响，是很不容易的。地方性的画家很难走出地方来辐射全国，但是赵老做到了。这首先得益于他的天分……赵老在自学的基础上，能取得这样的艺术成就，能保持如此旺盛的艺术活力，没有天分是不行的。当然，在天分之外，赵老超人的毅力与胆略，那种艰难困苦中磨砺出的坚韧与豁达，更为他的艺术增添了一份魅力。老师的画是极有个性的……他自身的天性在作品中有着淋漓尽致的展现，这是与同行都不一样的。”

在《我所认识的赵梅生老师》一文中，教育家陈茂林（原山西省教育学院院长）用“师德的楷模，艺术的高峰”来评价赵梅生老师。

他在文中写道：“我很敬重他，不仅因为他比我长一轮……而且因为他钟爱艺术教育的‘钉子’精神和以身示范的师德榜样。……八十年来，赵梅生老师用自己的人品诠释着一个老师应该具有的职业道德，那就是和祖国休戚与共的爱国精神、托起一代新人的奉献精神、尊重客观规律的科学精神。国家把‘人民教师’的金质奖章颁发给他，他实至名归。他为广大教师树立了一个榜样——用师德的光辉照亮学生成长的行程。……作为一个画家、美术教育家，赵梅生老师用人品与画品传播真、善、美，并且引领学生去追求真、善、美。……他一生践行人品与画品的统一，用大写的人，画最美的画。……他的为人处世不伪装、不敷衍、不欺骗，平淡中有真诚，幽默里藏智慧，细微处显大气。……在他平和的个性里又饱含着激情，这种激情的源头是他对祖国的热爱、对工作的钟情、对学生的关心……

“八十年的艺术教育生涯，没有甘守寂寞的潜心治学精神，没有淡泊名利的克己奉献思想，是断然坚持不下来的。无论多么坎坷、多么艰难、多么委屈，都不能变更他一生从教的初心。是什么让他如此坚韧不屈、初心不改？是师德光辉的文化素养。……赵梅生老师用他的工作实践与画作演绎着文化的本质与内涵，并且潜移默化地影响着学生们。……他在赞颂顶风冒雪的梅花，也在讴歌坚强不屈的品格。以梅的品格做人做事，这才是他爱梅、羡梅的原因所在。

“不说大话、低调做事、勤于学习、勇于创新，是赵梅生老师为人处世的风格和工作实践原则。这些品格渗透在他八十年的教育艺术活动中，同样也体现在他的画作里……

“赵梅生老师是师德的楷模，是艺术的高峰。”

太原市美协会员、迎泽区作协副主席邢卯川和同为先生学生的张志永（山西省作协会员、太原市迎泽区作协主席）共同撰文《我的师父赵梅生》，他们用“梅骨、梅气、梅风”总结先生的一生。文中他们满含感激仰慕之情回忆与先生的点滴往事：

“师父教学有其独特的教学语言和技巧。他平易近人、和蔼可亲、风趣幽默、简单明了。听他讲课，常常会觉得如父亲在教导自己的孩子如何做人、如何作画……师父践行‘活到老，学到老，画到老，捐到老’的自我格言……师父还反复强调要‘我行我素，独创风格’……师父用最简朴的语言给予我们最真、最朴的教导！

“师父的画立意深远，画意明确，画风高雅，构图奇特。在不断的磨砺中，师父的艺术经历也在不断地提高和升华，表达方式和意韵也在不断地变化，但他的精神艺术原则不变：我行我素，独创风格。……师父的艺术灵魂，正是他对梅的精神、梅的品格、梅的神韵和梅骨、梅气、梅风的不断理解与品悟。

“……他的一生、他的品格、他的作品、他的艺术生涯也如他画的梅一样，简单，有骨气，有傲气。清风、高雅、苍劲、浓烈、奔放，艳而不俗，傲而不骄，不拘泥于常规画法和构图。他把梅的精神、风骨、品格、气韵尽释其中。

“师父之性，如其笔下之梅，有傲骨而不傲气。……画如人，人如画；不俗、不凡；破常规、破自我。”

太原理工大学艺术学院教师霍德华 1972 年经由初中班主任引荐拜先生为师，他认为先生就是他“心中的大旗，学习的楷模”。

回忆起自己的老师，他仍非常激动，他说：“先生光明磊落，为人爽直，实事求是，孜孜不倦地教书育人勤奋创作，一生如一日。先生的作品在我的眼里总是简约饱满、平实隽永、亲切率真，充满时代的韵味与艺术的浪漫。……先生在我心中是一杆大旗，给了我无限的冲动和力量，给了我特别的温暖和幸福。”

山西省教育科学研究院美术教研员、中国教育学会美术教育专业委员会理事、山西省教育学会美术教育专业委员会秘书长孙潇巍用“宝剑锋从磨砺出，梅花香自苦寒来”来总结先生的一生。她曾撰文追忆自己的恩师：

“恩师的一生跌宕起伏，但是他广博的胸襟、包容的格局，如同冬日里煦暖的太阳照亮了身边每一个人。恩师认为想要作好画，必先作好人……

“恩师的艺术天赋自然不容忽视，但他今天所取得的艺术成就，完全来自他的勤奋。……恩师始终保持着旺盛的艺术活力，即使年近百岁，只要身体允许，依然坚持创作。因此恩师的画作技法娴熟、寓意深远，有‘老境’而无‘老态’，洋溢着清新的气息与生命的活力。

“更令我崇敬和怀念的，是恩师厚积薄发、不断突破自我的精神。恩师善于思考，他的作品既坚持传统又不断开拓创新，有着极强的时代性和人民性。恩师的作品早已得到业界和社会的广泛赞誉，但他还在执着探索、不断创新。……他的求精创新、与时代同行的精神，激励着广大绘画者勇毅前行。”

2022 年 12 月 12 日，《科学导报》发表了由原太原师范学校学生、今太原市晋源区第十二小学校长张建勇写的文章《雪海流香　铁骨英姿——纪念赵梅生先生》。在文中，他回忆起 2021 年中秋去拜谒先生时的事情：“老人用带有闻喜口音的普通话殷殷嘱托：‘学校教育，要将礼义廉耻放在首位，礼义廉耻，国之四维，四维不正，国必灭亡。礼是规矩的态度，义是正当的行为，廉是清白的辨别，耻是彻底的觉悟。’”

2019 年 1 月，太原学院美术系师生代表拜访了先生。教师李毅华在拜访之后感慨万千，激动地写下《谒见赵老梅生先生受教记》。他说：

“谒见赵老梅生先生，受益匪浅。教导主旨略记如下：艺术要表现当代而不是泥古，此其一；大胆去创造，此其二；随时随地去绘画，不拘一格，此其三；写意才是中国画，勾勾描描非大道，此其四。”

先生的一生与绘画艺术相伴，与国家命运相连，与祖国发展相继。他“以济世为乾，以艺术为坤，以时代为经，以创意为纬”，志高昂，沐风霜，育桃育李树栋梁，书画怡人染墨香。他兢兢业业、孜孜以求，一生奉献国家，一心奉献人民，一切奉献艺术。我们应秉其志，寻其迹，继往开来，守正创新，继续前行！

Frame One
Meisheng's Life

"He faced the hardships of childhood with defiance, blossoming bravely in the cold;

He devoted his life to the lectern, watching his students flourishing with a smile;

He always carried gratitude in his heart, playing a final ode to the era."

This is how Mr. Zhao Meisheng's son, Zhao Zifeng, views his father's life.

Section One Ordeal Childhood

A Talented Kid

In the twelfth month of the lunar calendar in the Year of the Ox (Yichou), snow covered the sky in the county of Wenxi, Shanxi Province. Every plum tree in the area blossomed gracefully, embracing the cold winter. At the hour of the Tiger (3–5 am), within Xujia Lane, a humble household surnamed Zhao, suddenly resonated with the cry of a newborn. A baby was born, announcing its arrival into the world. This child is the protagonist of this book—the distinguished art educator and people's artist, Mr. Zhao Meisheng. From then on, amid the cold plum blossoms and their subtle fragrance, the world was fortunate to have Zhao Meisheng.

Mr. Zhao Meisheng was born among blooming plum blossoms in the twelfth lunar month, also known as the Plum Month, hence his father, Zhao Baochen, aptly named him Meisheng, with the childhood name "Mei Wa". This romantically inspired name foreshadowed a life bond with plum blossoms, born for the plum.

Although Mr. Zhao's ancestors were distinguished, his father's generation began to experience decline. His father was a well-known local folk painter, proficient in calligraphy and ink painting, especially skilled in drawing flowers and birds. His mother Yang Qiuju was diligent and kind, with nimble hands and a skilled mastery of needlework. She excelled at embroidery and possessed the traditional artistry of paper cutting, passed down through generations. Influenced by his parents, Mr. Zhao developed a passion for painting from a young age. At seven, he showed exceptional talent, amusing his mother and sister, Zhao Yulian, with his drawings and paper-cut silhouettes performed on the windows. Mr. Zhao's son, Zhao Zifeng, recalls, "My father often reminisced about his childhood, drawing scenes like Jiang Taigong fishing or Guan Yu wielding a broadsword, using stones and red bricks on the walls and ground of the courtyard. The chickens in the yard and the old houses and archways in the streets frequently appeared in his drawings."[①] In his childhood, Zhao Meisheng painted with ease and leisure, finding poetry and distant dreams

① Zhao Zifeng, "The Filial Piety of Father Zhao Meisheng", *Shanxi Education (Administration)*, 5 (2023): 41–44.

in his casual sketches.

Tracing Mr. Zhao's early footsteps, we can see his childhood marked by poverty yet filled with tenderness. This nurtured a spirit that, despite life's challenges and experiences, remained sunny and undaunted by life's hardships.

A Passion for Art

Mr. Zhao faced a difficult childhood, yet he thrived in the cold, growing stronger with each setback, never indulging in self-pity or giving up. In 1928, when his father passed away, Mr. Zhao was only four years old. From then on, he and his mother depended on each other for survival. To make a living, they endured a life of constant upheaval, moving multiple times, and experiencing all the hardships that life had offered, with his mother even being falsely accused and imprisoned. When it was time to go to school, Mr. Zhao attended the Wenxi County Experimental Primary School, where he met his life-changing mentors—Guo Yongquan and the underground party member of CPC Mr. Zhang Xuexia, learning painting and calligraphy from them. With the rare sense of contentment and tranquility in his life, as a young boy, he found joy and fulfillment in the Spring Festival's couplet competition, the tiger-shaped patterns made with realgar during the Dragon Boat Festival, and the posting of auspicious characters during the Grain Rain. Mr. Zhang Xuexia had a lifelong influence on Mr. Zhao, serving both as his artistic mentor and his guide in lifelong beliefs. As a youth, Mr. Zhao was seen as the "Magic Brush Ma Liang" of his village, though just stepping into the world of painting, already possessed an innate talent in this skill, inseparable from his being.

In 1937, during the national crisis, the Japanese army invaded China, advanced all the way south and captured Taiyuan. Mr. Zhao, forced to seek refuge, had to discontinue his studies and fled with his mother to the countryside, seeking safety from the war in Beiyuanli Village. Living amidst the devastation, their days were marked by hardship and poverty, but the mother and son found some comfort in each other's company. To plan for the future and ensure a stable life, his mother hoped that Mr. Zhao would grow up to be an accountant, capable of supporting the family. Thus, she made inquiries and arranged for someone to teach Mr. Zhao the abacus. Later, they learned about the private school called "Biyundong" from the villagers, and Mr. Zhao was sent to this sole private school in the village. There, he was fortunate to meet his mentor, Zhao Yaoqing. Apart from studying traditional cultural texts (Figure 1), Zhao Yaoqing also guided him in copying illustrations from classical books and drawing flowers, birds, insects, and animals, thereby laying the foundation for his lifelong pursuit in art. Thus, he spent his summers and autumns gathering firewood, and his springs and winters in studying, with ancient books by his side and his drawing skills improved under the lamplight. With his mother's devoted companionship, their days passed in relative peace and stability.

At this point in the narrative, one cannot help admiring Mr. Zhao's mother. In those turbulent times, her silent teachings sowed the seeds of kindness, respect, humility, simplicity, diligence, and self-restraint in the young Mr. Zhao's heart. These virtues guided him throughout his journey of teaching and pursuing art in later years, making him always maintain a sense of calm and unburdened ease.

Noble Spirit with Integrity

Unfortunately, the peaceful times did not last long. In May 1941, when the Japanese forces raided Beiyuanli Village to conscript laborers, Mr. Zhao, due to his frail health, was expelled and fortunately escaped the danger. However, he had to discontinue his studies once again. His mother, concerned about the turbulent and perilous situation, feared that he would be captured by the Japanese army again. To survive, she pleaded with neighbors to help him flee his hometown. On that day, he knelt before his mother and kowtowed three times as a gesture of respect. Then, hastily bidding farewell, he embarked on his journey, sobbing loudly along the way. Through the night, he escaped to Xinjiang County, starting a life of displacement and hardship, far away from his hometown. Initially, Mr. Zhao worked as a child laborer in a silk factory in Xianyang, Shaanxi, but due to his frailty, he suffered greatly during that year and was forced to flee again. Fortunately, a fellow villager from Wenxi, aware of his talent in painting, introduced him to work as a painting instructor at the Shanxi Third Refugee Children School in Qiulin Town, Yichuan County, Shaanxi. Under the guidance of Communist Party member Liu Zhengyan, he engaged in creating anti-Japanese wall posters, marking the second time he was aided by Communist Party members.

On June 19, 1946, devastating news arrived like a bolt from the blue. Mr. Zhao's mother, Yang Qiuju, and the chairman of the Farmers' Association, Wang Tianjue, were shot dead in the late-night by the "Huanxiangtuan" (a local militia group) of the Kuomintang (Chinese Nationalist Party) for their involvement in Communist Party activities. Their bodies lay in the streets, unattended, decaying, and presenting a horrific sight too unbearable to behold. Mr. Zhao's second elder sister, Yulian, narrowly escaped and rushed to Hancheng to inform him. Upon hearing the tragic news, Mr. Zhao was overwhelmed with grief and powerlessness, vowing to acquire skills to avenge his mother. In 1950, in a state of anger and sorrow, Mr. Zhao returned to Wenxi and appealed to the Wenxi County government, demanding the arrest and punishment of the murderers. Within a week, the county government apprehended the murderers and carried out their execution. A memorial was erected in the Martyrs' Cemetery, where his mother's remains were reburied with honor. This act of justice by the government left an indelible mark on Mr.

Zhao's life. He often expressed his gratitude to the Communist Party for avenging his deep-seated hatred, considering the Party his great benefactor. Mr. Zhao was grateful and remained steadfast in his beliefs, never forgetting the Party's kindness. He believed it was the Party that avenged his family and national grievances, giving him a new life.

At midnight, haunted by dreams, Mr. Zhao would recall his mother's love, lying wakeful all night. In 2010, despite being 86 years old, he resolutely returned to his long-estranged hometown. Traveling day and night, as soon as he set foot on his native soil, he hurried to the Martyr's Cemetery. Standing before the grave, he gazed deeply, his eyes brimming with tears, unable to restrain his emotions for a long time. (Figure 2) Mr. Zhao murmured to himself, "Mother, your son comes back to see you..." The solemn atmosphere moved all who witnessed it. After leaving the cemetery, Mr. Zhao visited Beiyuanli Village, where he had grown up. The villagers, having heard of his return, had been waiting at the entrance of the village. Upon his arrival, his childhood classmates and friends who gathered firewood with him eagerly grasped his hands, overwhelming with emotion. Those once young and green companions were now aged, their shared glances conveying unspoken memories. Mr. Zhao visited the cave he once lived in and the places where he studied. The moisture in his eyes and his radiant smile seemed to transport him back to his childhood. The cave was overgrown with weeds and in disrepair, but Mr. Zhao insisted on approaching it, peering through the broken window, as if in the dilapidated cave, his mother, Yang Qiuju, still awaited his return. Mr. Zhao told the people around him that when he was 16, to avoid being captured by Japanese soldiers, his mother had him flee their home overnight. As he stepped out of the courtyard, realizing they might never meet again, he returned to his mother. She seemed unable to support herself, leaning against the wall, her head buried in her arms, her back turned to him. She waved her hand and said, "Go! Go! Flee for your life..." Mr. Zhao knelt to bid farewell to his mother and left the house, looking back three times with each step. Little did he know, that departure would be their final goodbye... (Figure 3)

Mr. Zhao's artwork *Autumn Chrysanthemums* (Figure 4) was created in memory of his mother. Each word and phrase in the painting interprets Mr. Zhao's profound sorrow for his filial piety and deep longing for his mother. His far-reaching gaze represents the tender yearning and reluctant parting for his mother's deep love; his distant eyes reflect the intense regret and reminiscence of being unable to fulfill his filial duties after her sacrifice, as if she were still alive in his thoughts, accompanying him throughout his life.

Inscription by Mr. Zhao:

> "My dear mother, named Yang Qiuju, was born in 1900. I, Meisheng, was called 'Mei Wa' by my mother. From a young age, we endured hardships, a widow and her son. My mother struggled to make a living, weaving intricate designs on a loom, enduring countless hardships to raise me with proper values. Despite facing hunger and

adversity, she still sent me to private school to seek education, hoping to nurture me into adulthood. Life's misfortunes did not come singly; at fifteen, I faced the calamity of being conscripted by Japanese soldiers but fortunately escaped. With no other choice, I knelt before my mother and tearfully bid farewell.

From then on, we were worlds apart, unable to fulfill my filial piety. This heartache has accompanied me throughout my life. The longing for my mother keeps me awake at night. The old saying goes, 'Thread in the hands of a loving mother turns to clothes on the traveling son', but we were separated by fate. I have lived in vain for ninety years, missing my mother to this day. Her great kindness and virtue can only be honored by my brush in this portrait of *Autumn Chrysanthemums*, to console my unfilial heart. I can only kneel and respectfully offer this painting, bowing deeply in her honor."

Dated December 2014, by the unfilial son, Meisheng.

Mr. Zhao, influenced by his parents, planted the seeds of art deep in his heart. As Liu Xilin, a researcher at the National Art Museum of China and an editorial committee member of *Art* magazine, said, his parents passed on to him excellent painting genes, the traditional culture and folk arts provided a rich soil for his artistic creation, while the chaos of war honed the young Meisheng's resilient and indomitable character, reminiscent of the plum blossoms thriving in the snow.

Throughout his life, Mr. Zhao had a profound love for painting. In the face of life's difficulties, it was painting that brought him some joy. If childhood drawing was the solace of a growing child, then later, drawing became a lifelong passion, a radiant brush dedicated to serving the country, the Party, and the people. Mr. Zhao held deep reverence and loyalty to the Party, using his brush to depict the era and portray life, expressing his heartfelt love and admiration for his motherland.

Section Two Facing Challenges in Hardships

"In my life, I have done two things: teaching and learning, learning and teaching. I say I am a teacher first, and then a painter. The words 'To acquire knowledge and practice it into practice' have encouraged me throughout my life. I have no opportunities, only a lifetime of learning, learning, learning..."

—Zhao Meisheng

True Grit under Pressure

As a lifelong professor at Taiyuan University, Mr. Zhao is one of the representative painters of Shanxi Province since the founding of People's Republic of China. With 80 years of teaching and artistic practice, he has been honored as a "National Model Worker in the Education System," "People's Teacher," and "Outstanding People's Artist." Mr. Zhao's eldest son, Zhao Zifeng, mentions that Mr. Zhao's proudest achievement in life was becoming a teacher. He was particularly grateful to the Party for providing him with such a position, allowing him to set sail in adversity, nurture students far and wide, and realize his dreams.

Since 1942, when he began to work as a painting instructor at the Shanxi Third Refugee Children School in Qiulin Town, Yichuan County, Shaanxi, Mr. Zhao embarked on his beloved lifelong teaching career. The refugee children school was located in Huxiao Gully, with over a hundred earthen cave dwellings on both sides of the gully. The refugee children school and the Shanxi Science Museum occupied more than twenty caves, with the rest being used by Shanxi University. After repairs and arrangements, they were used as school buildings, which facilitated frequent contacts between Mr. Zhao and the teachers and students of Shanxi University. In 1943, in the spare time of teaching, Mr. Zhao was invited to draw illustrations and create the headers for the *Bi Lei's* (Fortress of Pens) literary supplement of Shanxi University's Literature Press. (Figure 5) The central image of the header was a pen tip, with a halo emanating from it, symbolizing the use of the pen as a weapon, awakening the public with the power of words, persisting in the resistance, and bravely fighting the enemy.

That same year, the "Zhao Wangyun Painting Exhibition" was held at the Xi'an Big Wild Goose Pagoda. Mr. Zhao Wangyun, a renowned figure, was the chairman of the Xi'an branch of the National Artists Association and one of the founders of the Chang'an School of Painting. Mr. Zhao was thrilled and went to observe. From that moment, a new realm of painting unfolded before him, transforming his naive passion for art into a lifelong dream to be pursued. He worked tirelessly, often sacrificing sleep, constantly studying Zhao Wangyun's paintings, and through this, he set his own artistic aspirations. In 1945, with the victory of Chinese People's War of Resistance Against Japanese Aggression and under the guidance of Liu Zhengyan, an underground Party member of CPC, Mr. Zhao led his students to conduct a wall painting competition of Chinese People's War of Resistance Against Japanese Aggression.

From January 1949, Mr. Zhao actively engaged in revolutionary activities, assisting underground Party of CPC leaders like Jiao Shixiong in engraving wax plates and writing slogans. In July, when Baoji County in Shaanxi was liberated, the Deputy Secretary of the Baoji County Party Committee, Jiao Shixiong, reassigned Mr. Zhao to work as a cadre in the Publicity Department. Tireless in performing in rural areas and land reform promotion, Mr. Zhao found joy in his efforts. On the gate tower of Guozhen Town in Baoji, Shaanxi, he climbed a ladder over ten meters high, regardless of his own safety, to write large slogans like "Long Live Chairman Mao" and "Long Live the Communist Party of China". (Figure 6) He devoted his fervent passion to the nation and government reborn from the ravages of war and carried out extensive revolutionary promotion work in preparation for the founding of the People's Republic of China.

In 1950, Mr. Zhao took leave to return to Wenxi to "file a complaint," urging the Wenxi County People's Government to severely punish his mother's murderers. In Taiyuan, he encountered his enlightening mentor and veteran member of Communist Party of China, Zhang Xuexia, then the Deputy Director of the Provincial Finance Department. After learning about his experience, Zhang Xuexia hoped Mr. Zhao would stay in Taiyuan to be an art teacher and the head of the art teaching and research group at the newly established Shanxi Provincial Cadre School for Children. Deeply passionate about teaching, Mr. Zhao gladly accepted the invitation, once again becoming a teacher to cultivate talents for the People's Republic of China, which is a pursuit he followed for the rest of his life.

"Being a good teacher and a good painter" was the tireless drive that propelled Mr. Zhao forward. Starting at the age of 16 as a teacher in the Third Refugee Children School in Shaanxi, he taught in primary schools, middle schools, and normal schools, dedicating himself to the field of education. Recognizing the need to enhance his painting skills, Mr. Zhao began to focus on basic exercises and study the techniques of still life oil painting. He spent his spare time sketching in gardens and copying fresh flowers. Although his cartoons were already featured in newspapers like the *People's Daily*, and he was well-known, he aspired to improve his artistry. At 29, he got admitted to the Northwest People's Art Institute. However, the leaders of the Taiyuan Education Commission, valuing his talent, persuaded him to stay on the grounds of "shortage of art teachers and work needs." Although aware of the rarity of this opportunity, Mr. Zhao, understanding the importance of teaching, decided to give up the chance to study. Thus, his highest educational qualification remained at the primary school level. Despite his unfulfilled dream of attending university, he believed that practice makes perfect, constantly striving to surpass himself and reach new heights in his middle age.[①]

Mr. Zhao's works were published in various national newspapers and magazines, increasing his fame and leading to numerous invitations. Hebei Fine Arts Publishing House invited him to draw a comic book every six months; *Shanxi Education* magazine asked him to design its cover; Shanxi provincial government requested him to paint a huge promotional painting for a model worker conference... All these provided fresh material for his teaching.

However, as Mr. Zhao was immersed in his dreams of teaching and improving his artistry, he

① Zheng Zeyong, "Constantly Surpassing Oneself: A Portrait of Zhao Meisheng, an Art Education Pioneer", *Shanxi Education (Administration),* 10 (2020): 36–39.

overlooked the larger political environment, and his previously smooth path of life unexpectedly plunged into a trough.

In August 1958, after returning from sketching in Jinci, without attending staff and faculty assembly, Mr. Zhao was implicated due to the political climate at the time. His teaching was halted, and he was continuously criticized. The qualification as an "active Party applicant" was revoked, and the qualification to join the China Artists Association was also revoked. This also affected his family, as his wife, Ji Yaqiao, was forced to resign. Eventually, Mr. Zhao was sent to Dongshan coal mine for reformation, plunging into another dark abyss in his life, separated from the beloved field of education with his wife.

In adversity, Mr. Zhao remained steadfast and true to his heart, persevering through hardships. In 1959, coinciding with the tenth anniversary of the founding of the People's Republic of China, the provincial committee and government held a celebration, requiring a huge portrait of Chairman Mao in Taiyuan's Wuyi Square. However, when the provincial committee secretary, Tao Lujia, viewed the portrait, he was furious at the incorrect colors. With only two days left before National Day and facing a daunting task, Tao Lujia thought of Mr. Zhao, who was undergoing reformation at the time. Tao Lujia resisted the pressure and had Mr. Su Guang, the then chairman of the Provincial Artists Association, urgently summon him back to paint the portrait.① Mr. Zhao did not disappoint, completing the task splendidly in two days with his solid painting skills. Afterwards, Mr. Zhao was seconded to the provincial military district for the tenth-anniversary achievement exhibition. His artistic talent ensured the successful completion of these political tasks and also led to his return to his beloved field of education, where he was subsequently assigned to teach art at Continuing Education Department of Taiyuan Normal College and Taiyuan No. 6 Middle School. Treasuring this hard-won opportunity, Mr. Zhao devoted himself to sketching and painting various promotion works for his workplace, with his works being published from time to time.

However, life was full of hardships and challenges, and Mr. Zhao's unyielding nature and determined character led him into difficulties once again. In 1966, while working as an art teacher at Taiyuan No. 22 Middle School, Mr. Zhao found himself in a dire situation as he was sent to a "cowshed", where he had to engage in simple and monotonous physical labor. But as the saying goes, "Misfortune may be a blessing in disguise." Mr. Zhao did not want to waste his time, so he took a copy of the *Zhang Qian Stele* under the pretext of transcribing Chairman Mao's works. He managed to find time in the basement. There, he used discarded sun-dried drawing paper, transcribing Chairman Mao's works while simultaneously immersing himself in the study of calligraphy. This laid the foundation for his calligraphy skills, adding another artistic skill to

① Zheng Zeyong, "Constantly Surpassing Oneself: A Portrait of Zhao Meisheng, an Art Education Pioneer", *Shanxi Education (Administration),* 10 (2020): 36–39.

his repertoire alongside painting. The optimistic and resilient spirit, as well as his continuous pursuit of improvement in the face of adversity, allowed him to face the hardships of life with equanimity. It also allowed his artistic skills to constantly progress and refine.

Looking back on that period of his life, Mr. Zhao remarked, "The most turbulent decade was my golden decade, the ten years that laid the foundation for my art. Without those ten years, it's hard to say what my freehand brushwork would look like now." Extraordinary pursuits shaped an extraordinary life. His early experiences of hardship enabled him to approach life with a calm heart, embodying the sentiment of "A simple raincoat, a carefree life" and the state of "Looking back, the place has always been desolated; returning, there is neither wind nor rain, nor clear skies." In adversity, Mr. Zhao's initial aspiration remained unchanged, and throughout his journey in the field of education, despite facing many challenges, he learned the importance of perseverance and continued to move forward.

In 2012, the editors of *Shanxi Archives* were struck by the fact that despite the trials and tribulations Mr. Zhao had endured over the course of 20 years, there was no trace of bitterness or resentment in his character or his work. In the noisy and bustling world of today, his serene and tranquil mindset might seem affected or artificially profound. However, if we can sit quietly and sincerely listen to the life lessons and insights he gained from his teaching and artistic career, we will realize that he was indeed such a person—pure and transparent, without a hint of scheming. Even in the face of oppression and hardship, he remained calm and pure, like an innocent child.[①] An artist can only achieve a state where they forget gains and losses, remain untroubled by favor or disgrace, and let go of the intricacies of various techniques by purifying their heart, washing away the worldly complexities. Only then can they truly create with natural vitality and boundless inspiration, as if the eyes do not see the silk and ink, the hand does not know the brush and ink, and the brush moves naturally as if it were right in front of their eyes. This "like taking shadows from a lamp" state can only be attained in art through bold and uninhibited strokes. Truly, these are words of wisdom!

Eight Decades of Teaching

In the 1970s, there was a significant shortage of art teachers in primary and secondary schools in Taiyuan. In 1972, Mr. Zhao was employed by the Taiyuan Education Bureau to establish the "Taiyuan Normal Art Class" at Taiyuan No. 22 Middle School. Through rigorous

① Zhao Meisheng, Zhang Huanjun, Li Xingyuan, Wang Qi, "The Graceful and Bold-Interview Record of Mr. Zhao Meisheng", *Shanxi Archives*, 5(2012):5–14.

examinations, 42 students were enrolled. However, despite having students, there was a lack of art textbooks. Mr. Zhao took the initiative to compile textbooks for normal art education in subjects like *Colo*r, *Sketching*, and *Human Anatomy*. These books were printed by using wax plates and served as the only learning material for art teacher trainees in Taiyuan at that time. After graduation, these students became the backbone of art teachers in Taiyuan's middle schools. It's hard to imagine that this "primary school graduate" managed to compile such professional textbooks. His time was almost entirely occupied with lesson preparation, teaching, individual tutoring, demonstration painting, and personal practice, aside from the essential activities of eating and a few hours of sleep.①

Simultaneously, Mr. Zhao made significant contributions to grassroots art education, particularly in enhancing the teaching capabilities of art teachers in Taiyuan. In the 1970s and 1980s, 14 secondary normal schools and 4 kindergarten teacher training schools in Shanxi Province sprung up like mushrooms after rain. The students enrolled by these schools were the best among the middle school graduates. However, a considerable proportion of art teachers in these schools were those who had graduated from secondary normal schools after 1976, with a weak foundation in art. Improving the level of art education and teaching quality in the province's secondary normal schools became an urgent matter. Aware of these realities and deeply knowledgeable in education and teaching methods, Mr. Zhao, who had devoted his life to art education, felt an urgency in his heart. Therefore, he suggested to the provincial education committee, agreed upon, and led the establishment of the "Shanxi Provincial Secondary Normal School Art Teaching Research Association" (abbreviated as "Provincial Secondary Normal School Art Teaching Research Association").

In the summer vacation of 1984, the Shanxi Provincial Secondary Normal School Art Teaching Research Association was established, and its first annual meeting was held at the Taigu Normal School. The main topics and activities were:

1. Announcement of the establishment of the research association, election, and formation of the organizational structure, with Zhao Meisheng (Taiyuan Normal School) as president, and Wang Bangti (Changzhi Normal), Zhao Wenli (Yuncheng Normal), and Zhang Xinmin (Hunyuan Normal) as vice presidents. Fourteen secondary normal schools and four kindergarten teacher training schools were the member units;

2. Sharing of the current state of art education in various secondary normal schools and kindergarten teacher training schools, including the composition of the teaching staff and the usage of textbooks;

① Zhao Meisheng, Zhang Huanjun, Li Xingyuan, Wang Qi, "The Graceful and Bold-Interview Record of Mr. Zhao Meisheng", *Shanxi Archives*, 5(2012):5–14.

3. Holding the first provincial art exhibition for students and teachers of secondary normal schools;

4. Observing and inspecting art teaching, research, and equipment at Taigu Normal School;

5. Hosting seminars where attending teachers exchanged calligraphy and painting works.

It was unforgettable that during this conference, many teachers proposed to Mr. Zhao that he should request the provincial education committee to allow young art teachers who graduated and stayed at normal schools to take leave for further study and systematic training in art knowledge and skills. This was to address the shortage and the weak teaching ability of art teachers in the secondary normal schools across Shanxi Province.

Mr. Zhao strongly agreed with these suggestions and empathized with their urgency. He stated at the meeting that he would submit a formal request to the Provincial Education Committee after the annual meeting to initiate a provincial project to enhance the teaching capabilities of art teachers in secondary normal schools. Mr. Zhao identified Taiyuan University of Technology's College of Textile Engineering and Fine Arts as a potential training ground, staffed by respected and capable teachers like Tan Xingqu, Wu Dewen, and Lu Xianneng, graduates of Sichuan Fine Arts Institute. However, this college was under the jurisdiction of the Provincial Industrial Department, making it challenging for the Provincial Education Committee to assign tasks. Additionally, a single training session would not solve the problem, and continuous sessions would require a large amount of funds, presenting another challenge for the Provincial Education Committee. Undeterred and leveraging his role as a consultant to the provincial government, Mr. Zhao personally wrote a report to the Provincial Government Office, detailing the current state of teacher quality in provincial secondary normal schools, the necessity of organizing training to enhance professional skills, and the significant future impact on the training of art talents in kindergarten, primary, and secondary schools across the province.

Thanks to Mr. Zhao's passionate advocacy, the Shanxi Provincial Government eventually authorized the Provincial Education Committee and Taiyuan University of Technology's College of Textile Engineering and Fine Arts to start recruiting students in the autumn of 1986, jointly hosting art teacher training classes for provincial secondary normal schools and middle schools.

Mr. Zhao served as the president of the Provincial Secondary Normal School Art Teaching Research Association, with different normal schools hosting it in turn for over a decade. This association was one of the most active of its time, significantly improving the art teaching quality and enhancing the teaching capabilities of art teachers in the province's secondary normal schools.

In the early 1980s, the Ministry of Education's Department of Teacher Education organized the compilation of art textbooks for secondary normal schools and specially invited Mr. Zhao to participate in the writing because he was a frontline secondary normal school teacher and one of the highest-level art teachers.

As a teacher, Mr. Zhao's every action and word not only influenced his students but also subtly nurtured his own children. Mr. Zhao's son, Zhao Zifeng, not only inherits his father's mantle but also continues his father's simple and unadorned character. As a member of the China Artists Association, a top-level teacher in Shanxi Province, one of the first senior teachers in Shanxi's middle schools, an art education expert in the Ministry of Education's "National Training Program", an expert in the compilation of national "Middle School Art" textbooks, and a visiting professor in the Art Design Department of Taiyuan University, Mr. Zhao Zifeng has also achieved remarkable success. This father-son duo, as top-level teachers, have garnered great admiration for their art education philosophy. Art is not about rigid teaching but about revealing the beauty of everything; it is not about dogmatic doctrines but about reflecting humanistic literacy, where everything in life can be incorporated into art.

To quieten talkative students in class, Mr. Zhao would turn to the blackboard and draw a portrait of a student talking loudly, instantly silencing the classroom noise. He never criticized students but was tolerant, patient, and polite. He didn't scold but used the power of art to influence students silently. This influence was subtle yet profound and directly touched their hearts.

"A hundred-year plan, education is the foundation. The grand plan of education, teachers are the foundation." On the 39th Teacher's Day, General Secretary Xi Jinping sent a letter to representatives of outstanding national teachers, introducing and deeply explaining the spirit of educators for the first time. He pointed out, "Many educators and outstanding teachers have emerged from teachers across the country. They cherish ideals and convictions of bearing the collective in mind and serving the country with absolute sincerity. They have moral sentiment with what they say as guides for learners and what they do as examples of the times. They have the wisdom of enlightening those they teach and teaching students in accordance with their aptitudes, and professional attitude of being hard-working and seeking truth and innovation. They have benevolence that makes them love their job and those they teach, and willing to devote themselves to what they do. They have a global vision to develop virtues for a better world. All these demonstrate the spirit of educators with distinctive Chinese characteristics." Mr. Zhao's tireless efforts in training art teachers in Shanxi and across the country excellently embody General Secretary Xi Jinping's earnest expectations for teachers.

For 80 years on the lectern, Mr. Zhao embodied these principles. Without a spirit of dedicated study and a philosophy of modesty and selfless dedication, a 80-year career in art education is impossible. Mr. Zhao adhered to these principles, unwavering in his initial teaching commitment despite challenges. For 80 years, he exemplified the professional ethics a teacher should possess. He set an example for teachers, illuminating the journey of students' growth with the light of moral integrity. As an art educator, Mr. Zhao used his character and art to spread the true, the good, and the beautiful, leading students to pursue these virtues. He practiced the unity of character and art throughout his life, painting the most beautiful pictures with a noble character.

Mr. Zhao had many opportunities to take up official positions but declined them all, choosing to focus on teaching and creating. “The humble folk support the mighty ones, they are base on which the highest rest.” Adhering to this principle, he willingly remained an ordinary people’s teacher, a grassroots master. He believed that only by rooting himself among the people, immersing himself among students, and cultivating on the lectern could he, like the plum blossom, use his deep roots to make his life and art bloom with limitless vitality and charm.

In daily life, Mr. Zhao always mingled with ordinary people from all walks of life, regardless of their status. His students were not only from his school but, after retirement, increasingly from all sectors of society. Mr. Zhao taught without distinction. It was precisely because he was rooted in the fertile soil of the people that he could create waves with his brush, painting the immortal character of the plum blossom. Because he was with the people, his heart was filled with rich local sentiment, and he blossomed into a unique essence of spirit. He became a monument, admired, remembered, and revered by many.

For 80 years, Mr. Zhao taught with the same dedication, beautifying virtues, guiding students kindly, and teaching according to their abilities, educating countless individuals... “Painting, as an art form, serves as a means of education, contributing to human ethics and societal harmony. It explores the mysterious into the subtle, reflecting the divine transformations. It aligns with the six classical arts in terms of its efficacy and significance. Painting harmonizes with the four seasons and draws inspiration from nature, manifesting originality rather than mere imitation or narration.” The peach and plum trees do not speak, but a path forms beneath them.

Section Three
Painting Picturesque Motherland Patriotically

Mr. Zhao Meisheng’s interpretation of a good painter was a matter of perspective. However, personally, he believed it boiled down to three points: First, there must be reverence in one’s heart. This included listening to the Party, being loyal to the Party, and using genuine passion to praise the motherland, depict the era, and portray life. Second, one must be a good person, prioritizing virtue and not fearing disadvantage. Be a person first, then do things… This approach provided a better platform and higher development. Lastly, continuous painting was essential.

Painting what the ancients or others had not painted, keeping up with the times, and continually innovating, were the ways to potentially become a good painter.

Innovating and Far-reaching Brush

Mr. Zhao was a self-taught painter and also a painter with a background as a teacher. It was through teaching that he continually motivated himself to improve and perfect his painting skills. He held himself accountable, devoted himself to teaching, and realized the complementary and mutually beneficial relationship between teaching and painting: regarding teaching as a profession and painting as a specialty; being a teacher as a primary job and a painter as a secondary pursuit. In his position within the modern Western painting system-oriented art education, Mr. Zhao deeply felt the regret of not knowing Western painting. Thus, since 1952, he had self-taught himself Western sketching, drawing, watercolor, and oil painting. By understanding Western painting, he recognized its importance for Chinese painting creation and enriched the content of Chinese painting by drawing parallels from the aesthetics of Western art. This approach led him to establish his unique style in painting. Mr. Zhao's transition from Western painting and comics to Chinese painting in 1960 represented the germination of the artistic life seeded by his mentor and the charm of traditional art, as well as a rainbow after hardships. He deeply felt that "hardship and struggle are the most precious treasures of an artist," and that "the pursuit of beauty and the struggle of hardship are like twin brothers."[①] These were the internal force behind his strong artistic personality and the inexhaustible motive force for years of diligent art accumulation entering a stage of sublimation.

Entering the new era of reform and opening up in 1979, Mr. Zhao did not retreat from the world despite past adversities. Instead, he continued self-improvement, keeping his work up to date with the times and continually breaking new ground. Consequently, Mr. Zhao entered a period of creative zenith which benefited greatly from his early exposure to a wide range of Western art forms, including systematic self-study of sketching, oil painting, and design; meanwhile, the publication of hundreds of comics and graphic novels, his persistent efforts over decades in painting at least three pieces daily and constantly studying in the field and learning from other artists, as well as his extensive artistic literacy which provided rich nutrients for the creation of his Chinese paintings.

His experience in creating comics, with the emphasis on "significant intent" and "simplicity", profoundly influenced his creative approach. The success of a comic largely depended on the

① Shanxi Museum, "Selected New Freehand Brushwork Works by Zhao Meisheng", *Cultural Relics Publishing House*, 2011, p. 435.

concept formed before the first stroke, requiring unexpectedness, novelty in plainness, and complexity in simplicity. The comic creation mindset of thinking through every piece had become his habit of always contemplating and never repeating himself in his artistic creations. Additionally, the exaggerated and transformative techniques in comics, used to express satire, warning, and humor, subtly influenced his later flower-and-bird paintings. He used these comic techniques to create an aesthetic appeal distinct from others in his compositions. His flower-and-bird paintings radiated a visually compelling and lively style and engaged the viewer in a profound and enduring artistic world, representing a new exploration of "expressiveness" in Chinese painting.[①] As Mr. Zhao once said, "In the 1950s, when I was engaged in comic creation, I had to think repeatedly about how to use exaggeration to make the picture expressive and meaningful. This artistic creation experience led me to habitually create several plans during the conceptual stage of my Chinese flower-and-bird paintings and incorporate exaggeration techniques to achieve visual effects different from others' works."

Mr. Zhao Meisheng skillfully incorporated the precise and accurate modeling techniques of Western painting into his brushwork. By combining the "composition theory" from design studies with the "management of space" in Chinese painting, he injected a new "connotation" into the composition of Chinese paintings. Importantly, he steadfastly adhered to the ink charm and freehand spirit of Chinese painting.

The challenge of Chinese flower-and-bird painting lies in using objects to express emotions, creating a sense of the times, and portraying the spirit of flowers and birds. Compared with figure painting and landscape painting, it is particularly true for expressive flower-and-bird painting. It's not easy to endow flower-and-bird paintings with individuality, a sense of the times, and a blend of the ancient and modern.

Today, there are "three major mountains" on the road forward for flower-and-bird painting: the expansion of subject matter, innovation in composition, and the integration of heavy color, i.e., combining rich colors with ink to resolve their inherent contradiction. If a flower-and-bird painter can make a contribution in any of these areas, he will earn a place in art history. Mr. Zhao successfully explored all three aspects. His motto, "Better to explore and fail than to succeed in stagnation" and "The brush and ink should keep up with the times, not feed on the leftovers of the ancients." reflected his synchronization with the times and constant pursuit of innovation, offering new perspectives for future creators.

Mr. Zhao uniquely expanded the subject matter of his paintings, taking the themes that had never been depicted or rarely depicted before and many unnamed wild flowers and plants as the objects of depicting, infusing them with rich humanistic spirit and cultural connotations.

In expressive flower-and-bird paintings, the focus isn't solely on likeness but also on

① Gao Yamei, and Zhang Yixing, "Staying True to Oneself and Seeking Innovation and Change–The Artistic Life of Zhao Meisheng, a Master of New Literati Flower and Bird Painting," *Journal of Tianjin Academy of Fine Arts*, 1(2019): 41–52.

capturing the essence or "spiritual resemblance" while retaining some degree of physical likeness. The key in creating expressive flower-and-bird paintings lies in combining the intended emotions and specific imagery. Opening the art albums of Xu Wei, Zhu Da, Wu Changshuo, and Qi Baishi, one encounters highly concise brushwork and images which are both realistic and ethereal. These images evoke strong emotions and provide a sense of enchantment, as if entering a realm of marvelous dreams. Their paintings reflect their character, integrity, and personal values, characterized by distinct individual traits. Traditional Chinese literati paintings often focus on the "Four Gentlemen" (plum, orchid, bamboo and chrysanthemum), embodying tranquility, elegance, refinement, purity and spirituality, or include rocks to create a sense of desolation and vastness. However, Mr. Zhao believed that "for contemporary Chinese flower-and-bird painters, the greatest taboo is to dwell on the stale remnants of ancestral work. They should break free from old artistic valleys, reflecting on, pondering, and exploring the temporality of art. 'Temporality' didn't mean sticking rigidly to traditional forms. It required courage to cross established barriers, boldly breaking free from traditional concepts and historical mental frameworks, injecting new blood into the form and style of traditional Chinese flower-and-bird painting, infusing it with contemporary perceptions and thoughts, carving out one's own niche, blending ancient Chinese civilization with the sentiments of the times, and allowing the art of Chinese flower-and-bird painting to flourish with limitless vitality."

Traditional Chinese flower-and-bird paintings often seem inaccessible, like a well-protected lady unknown to the outside world, creating a sense of distance for the viewer. In contrast, Mr. Zhao's flower-and-bird paintings are "worldly", modern, stylish, and colorful. He is passionate about using flowers to decorate modern life, bringing bflower-and-bird paintings as close as possible to our daily existence. Spontaneously inspired, in works like *Drunken Spring* (Figure 7), a Western liquor bottle replaces the traditional vase, accompanied by symbolic wild yellow flowers and a toppled wine glass. This painting combines the charm of ancient poetry with the essence of modern poetry, imparting a sense of freshness and vitality.

In terms of color application, Mr. Zhao believed that while Western painting emphasized color, traditional Chinese painting had always been about ink. If the beauty of color was applied to Chinese painting, incorporating complementary, intermediate, and contrasting colors into it, not only could the basic tone of Chinese painting be retained, but a new style could also be formed. For example, using white in bold freehand brushwork could create a strong visual contrast with ink, further highlighting the characteristics of Chinese painting. Mr. Zhao was not only an expert in using "white" but also a master in using "black". Vivid colors, adjusted through ink surfaces, ink lines, and ink dots, made the composition simple yet profound, colorful without being vulgar. The color processing in Mr. Zhao's works broke the traditional Chinese painting rule of "coloring according to category", making it more free and flexible. Additionally, Mr. Zhao freely chose colors based on impressions, associations, metaphors, emotions, and the needs of the painting, creating a canvas with strong color contrasts, brilliant and elegant, and highly contemporary. Furthermore, Mr. Zhao paid great attention to formal beauty. He was adept at abstracting specific images to endow them with the aesthetic of visual art. This was a process of simplifying and focusing, achieved through minimalism, variation, exaggeration, and high refinement, enhancing the visual beauty of the artistic image. After many years of exploration, Mr. Zhao had developed his own style, but he insisted on continuously surpassing himself, never plagiarizing his own work, aiming to be "different from his predecessors, and distinct from himself".

High-skilled and Prolific Strokes

Mr. Zhao is an artist who has a special fondness for plum blossoms. He loves and enjoys plums, and he is particularly skilled in painting them. Whenever he discusses plum blossom creation, he instructs his family to set up the materials and demonstrates the techniques and process with enthusiasm. One can see Mr. Zhao's focused and composed demeanor as he lifts his brush and applies ink. His calligraphy strokes are magnificent, employing techniques such as "Ti" (highlighting), "An" (pressing), "Xing" (stroking), "Dun" (pausing), "Zhuan" (turning), as well as "Liu Bai" (leaving white space) and "Bu Dian" (dotting), and "Nong Dan Gan Shi" (varying ink intensity). His brushwork is steady and far-reaching, creating a harmonious and accomplished depiction of plum branches and blossoms. The painting flows with a sense of power and grace, like a crouching tiger and a winding dragon, seamlessly moving back and forth like flowing clouds and water. The plum branches and flowers are portrayed with conciseness, precision, and a striking balance of form and spirit. With a change of brush and a dip into crimson ink, Mr. Zhao effortlessly paints the flower petals. The arrangement of the flowers follows a certain order, with a combination of sparse and dense areas, creating a sense of rhythm and charm. With the brush dipped in ink once again, he dots the calyx, highlights the stamen, and adds his seal and signature. In no time, a perfectly pure, simple, and genuine plum blossom artwork is completed, embodying a sense of wonder and enchantment. It truly exemplifies the marvels of artistic expression.[①] When observing Mr. Zhao's plum blossom paintings, one can discern that he goes beyond the conventional representation of plum blossoms commonly seen in daily life. Building upon the traditional essence of plum blossom painting, Mr. Zhao boldly transcends by omitting intricate details of the branches, allowing the ancient gnarled branches to freely extend, while the fiery red plum blossoms bloom in clusters. Through his unique approach, he captures

① Wang Anlu, "Observations Inspired by the Elegant and Unrestrained Life of Zhao Meisheng", *Monthly Journal of Culture and History,* 9 (2022): 25–30.

the essence of the plum's tenacity, resilience, freedom, optimism, as well as its struggles and vastness. Mr. Zhao's basic form of painting plum blossoms consists of countless circles, repeatedly delineated and colored. His intention is not to depict the structural appearance of the plum, but rather to create an intriguing interplay of sparse and dense areas, dotting the stamen amidst the vigorous plum branches. The overall rhythm and relationships are reorganized. "The plum blossom, not a bird can talk, still conveys messages in the human realm." Mr. Zhao's plum blossom paintings possess a rugged and expansive beauty, embodying a sense of desolation and grandeur. They integrate his personal emotions and aspirations, representing the crystallization and sublimation of his pursuit of life and artistic endeavors. Furthermore, the deep longing for his mother, who sacrificed her life for the noble cause of the nation, is interwoven with Mr. Zhao's emotions. After losing his mother's love, he perpetually cherishes her memory. The delicate petals of the plum blossoms and the intertwining branches and stamens seem to respond to his mother's deep affectionate call. The elusive figure, the beautiful and fragrant countenance, and the heroic spirit of his mother are all hidden within the flower clusters. What is even more uplifting is that he further elevates his love for his mother into a fervent love for his motherland, fusing his mother's spirit of sacrifice, devotion, and patriotism with the integrity and character of the Chinese nation. This amalgamation has created his distinct artistic temperament and charm.

What's valuable is that, with the evolution of the times, Mr. Zhao also explored new spaces in modern urban themes. In 2000, nearing his senior years, Mr. Zhao traveled to Western Europe with a Chinese art delegation. This trip not only expanded his visual world and deepened his cultural thoughts but also integrated the freehand spirit of Chinese painting with modernist artistic thinking, opening up a new space for Chinese painting to portray modern urban themes. In *Starting on a Journey*, Mr. Zhao used an Eastern perspective and a 21st-century vision, employing traditional Chinese painting techniques freely. In this painting, a "boldly drawn" airplane occupies half of the canvas, creating an immediate impact. A set of typical Western buildings are placed in the lower left corner, and a few ink strokes resembling clouds and mist break the monotony of the canvas. The painting closely adheres to the theme of "flying" to Western Europe, using simplicity to control complexity, highlighting the theme, and expressing the artist's excitement and anticipation with ease. These works prioritize artistic intention, capturing the typical characteristics of foreign lands like architecture, environment, scenes, flora, and fauna, organizing the canvas through rational displacement and bold choices, harmoniously blending different "highlights" into one. This freedom to choose and combine elements beyond objective reality is the subtlety of Chinese painting techniques and the necessity for the lyrical and expressive nature of Chinese paintings.

In 2004, Mr. Zhao visited Canada and during his two-month journey in North America, he created over 50 paintings. This was another focused depiction of the Western world following his series on Western Europe. His works from this period show refined thoughts and skilled technique, covering a wide range of subjects, often presenting new ideas within traditional rules, and conveying ingenious thoughts beyond bold expressions.

Moreover, Mr. Zhao's exploration of themes and his design of compositions carry profound significance. He has developed his own unique method of portrayal and brushwork formula through his insight into the habits and characteristics of birds and animals. His brushwork is bold and succinct, capturing the essence of the subjects perfectly. For instance, in his Chinese Zodiac Paintings, Mr. Zhao has painted the ox, tiger, rabbit, horse, sheep, monkey, rooster, and pig. In each painting, he does not limit himself to meticulous detailing of the animals but focuses on capturing their spirit. His representations are mostly dynamic, rarely static, imbued with a humanized sublimation and an appropriate grace and charm. Thus, his zodiac paintings are always different from others, distinct both from ancient and contemporary artists. His unique approach is intriguing and thought-provoking, and his zodiac representations reflect Mr. Zhao's lively, elegant, and wonderfully interesting style in painting, avoiding clichés (Figure 8).

Mr. Zhao has always naturally infused his paintings with a passion for life and creative energy, incorporating a positive and sunny demeanor into his ink and brushwork. This sunny disposition in his artistic expression signifies a robust creativity in the art world and a healthy, uplifting spirit in public aesthetics. His paintings, whether they feature a single plant or a lush cluster, whether they are simple and tranquil or vividly colorful, exude a peaceful and serene atmosphere, free from ostentation and restlessness, bringing pleasure, satisfaction, and tranquility to viewers. Mr. Zhao's paintings also reflect his state of mind—serene yet intense. Chinese painting emphasizes inner beauty, self-cultivation, and social interaction, requiring the artist first to reach a certain level of personal development before conveying it to others. As Cheng Dali said, Mr. Zhao is very modest, remembering only four words throughout his learning phase: courtesy, righteousness, integrity, and shame. These are the cores of Confucian thought, and the uprightness in Chinese painting is actually about courtesy, righteousness, integrity, and shame. Mr. Zhao's brushwork demonstrates his skill and structure, depicting subjects as soft as light clouds or as heavy as spring thunder, as moist as spring rain, or as vast as mountains, containing a deep elegance. He captures the deepest aspects of Chinese painting's brushwork, achieving a style devoid of any superfluity. At the same time, his state of mind is passionate, and his painting style is bold and enthusiastic. He constantly explores and pursues brushwork, form, and artistic conception, ultimately conveying his inner spirit through his paintings with force and clarity.

Dong Zhimin, a staff member of the Literature and History Museum of People's Government of Shanxi Province, believes that Mr. Zhao's artistic achievements and contributions can be highlighted and corroborated in two aspects: Firstly, Mr. Zhao always considered himself a people's teacher before being an artist, regardless of the occasion. Teaching and educating was his lifelong career, from primary and secondary schools to secondary vocational schools and normal schools, standing firmly at the lectern as if rooted in place. He silently dedicated himself, selflessly nurturing several generations of art talents, tirelessly teaching, and thus his students are numerous. From sketching, comics to oil painting and ink painting, his agile brush touched upon one new field after another, creating masterpieces. Secondly, as a painter, he was self-taught, well-read, staying true to tradition yet not confined by it, innovative without being novel for novelty's sake. His approach of "everything can be painted, and no painting lacks originality", his broad themes, and diverse content showed his refusal to follow ancient paths. With an aesthetic consciousness of "painting what the ancients and others have not painted", he carefully considered his aesthetic approach, creating without fixed methods, following his heart, and meticulously constructing his works. Mr. Zhao found new ideas within rules and conveyed profound thoughts beyond free brushwork, infusing his creations with a strong character and capturing true spirit, producing numerous timeless works that stand out in the history of painting.

Throughout his lifelong career in art education, Mr. Zhao has always adhered to the beliefs of "putting virtue first and not fearing disadvantages", "being a good person before doing things", and "burning oneself to illuminate others". He remains loyal to the Party's educational cause, always treating teaching and educating as a platform for contributing to society and as the foundation of his character. He is dedicated and professional, serving without complaint or regret. Ultimately, not only does he earn praise from his peers, but he also gains recognition and respect from the society.

In his artistic pursuit and exploration, Mr. Zhao consistently upholds the principles of "revering and loving life" and "portraying the times, chronicling the era, and illuminating the virtues of the times". He regards the needs of reality and "depicting life" as the driving forces, responsibilities, and necessary paths to his artistic ideals. His journey of creativity, marked by diversity and versatility, and his unwavering dedication leads to his ultimate success. In his contribution to the field of social art, he takes on responsibilities, donating funds and artwork, and continues to work tirelessly, earning the admiration of his contemporaries.

Ardent Loyalty and Utter Devotion

Mr. Zhao's life is not without its challenges, but he always remembers his gratitude to the Party, often mentioning that it is the Party that avenged his national and personal grievances, fulfilling his long-cherished wish. It is the Party that gave him the opportunity to teach and educate, allowing him to realize his life's value. Moreover, it is the Party that provided him with the eternal drive to pursue art. He never forgets his initial commitment, remaining unwavering in his desire to be a loyal member of the Communist Party, expressing his gratitude to the Party through his paintings, and dedicating his artistic achievements to the great Communist Party of China.

As a responsible, committed, and thoughtful artist, Mr. Zhao's works are imbued with a strong sense of the times and innovative spirit, showcasing Chinese style and spirit, and erecting monuments in the path of art. In every historical period, his works have been outstanding, reflecting the melody of the times and expressing his deep love for the country, the Party, and the people. His artistic vitality and creative abundance are awe-inspiring; even after reaching the age of 90, he not only remains undiminished in his passion for creation but continues to produce new works, constantly surpassing himself and creating a series of warm and exquisite masterpieces. As he approaches a venerable age in life, he also reaches the peak of his artistic career and the pinnacle of the era.[①]

In his traditional Chinese paintings, Mr. Zhao infuses a sense of epic emotion, casting cultural images that carry the spirit of the Chinese nation into a painting language filled with patriotic beliefs. He immortalizes major events and praises the new era with works that are strong in structure, morality, and emotional warmth, expressing the heartfelt feelings of a veteran Communist Party member. He combines lofty beliefs with the art of painting, achieving a perfect unity that reflects an extraordinary aesthetic of the times, highlighting the light of faith and sublime beauty, and achieving a temporal elevation in art.

Mr. Zhao's works profoundly reflect the historical changes of the times, depicting the spiritual map of the era, portraying the times, chronicling the era, and illuminating the virtues of the times. His artistic career has experienced several social upheavals, and now he is in the new era he loves. His works display vigorous and abundant creativity, an inspiring artistic impact, and a sense of the times, embodying a strong cultural awareness and confidence.

Faced with Mr. Zhao's vibrant works, one can't help but admire his unique understanding and precise grasp of art. He closely follows the Party's steps, continually innovates, and uses his brush to record the changes of the times and the lives of the people. Through his magnificent works, we see not only a rapidly changing and vibrant world but also an enduring Chinese cultural vein and a heartfelt dedication to artistic originality.

Since solemnly swearing allegiance to the Party in April 1985, Mr. Zhao has been supported by his firm beliefs, motivating himself to keep advancing, and continuously singing praises of the country and the people with his brush and passion. The National Art Museum of China is a sacred temple of art for contemporary Chinese painters and calligraphers. Holding a personal

① Zhao Mo, "The Evergreen Hundred-Year Party", *China Art News*, March 15, 2021.

exhibition there not only requires high artistic attainments and widespread social recognition but also immense courage to be examined by the public.

In October 1994, the National Art Museum of China held the first "Zhao Meisheng Painting Exhibition". In September 2006, another exhibition was held, and the launch ceremony of the People's Fine Arts Publishing House's *Great Red Robe Series Collection of Paintings of Chinese Modern and Contemporary Famous Artists—Zhao Meisheng* took place at the opening of the exhibition, when Mr. Zhao was 81 years old. In the art world, the "Great Red Robe" series collection is a hardcover edition with an all-red cover and the artist's name in gold lettering, signifying the highest level of treatment by the publishing house. The People's Fine Arts Publishing House's "Great Red Robe" series is known for its strict selection criteria, and those who are selected have a place in the history of modern and contemporary Chinese art. The works must be reviewed by authoritative experts in the art world before they can be published. Since the first publication of this series in 1993, famous domestic artists like Zhang Daqian, Qi Baishi, and Xu Beihong have been honored. As the first person from Shanxi selected for the "Great Red Robe" series, Mr. Zhao brings honor to the Shanxi art world.

In December 2012, the National Art Museum of China held the third "Snow Sea Fragrance—Zhao Meisheng Painting Exhibition", making Mr. Zhao the first person who have three solo exhibitions at the museum. His tireless dedication to creativity, his continual innovation, and his spirit of integrating and assimilating both Chinese and Western elements have spread like a fragrant breeze over the vast sea of art. This spirit not only inspires Mr. Zhao himself but also motivates his colleagues in the art world to break through their limits, seek new styles and genres to express themselves, and depict the times. This fragrance of art will continue to move forward with the passage of time, leaving a lingering aroma. At nearly ninety years old, Mr. Zhao surprised us with his newly created "Tea Series", "Porcelain Series", and "Plum Vase Series" works, which are stylistically distinct from his past works. These paintings exhibit "great simplicity" and "great freedom", effortlessly blending nature and humanity, with a sense of transparency that is elusive and boundless.

In addition to *The Collection of Modern and Contemporary Chinese Masters–Zhao Meisheng*, the People's Fine Arts Publishing House, known for its strict style and unique insight, has also published more than 30 specialized collections for Mr. Zhao, including *The Collection of Chinese Artists—Zhao Meisheng*, *The Series of Works by Chinese Artists—Zhao Meisheng*, *Selected Works of Modern and Contemporary Chinese Master Zhao Meisheng*, *Zhao Meisheng's Painting Collection*, *Zhao Meisheng's Ink World*, and *Zhao Meisheng's Sketch Collection*.

In 2019, at the 70th anniversary of the founding of the People's Republic of China, the 95-year-old Mr. Zhao could not contain his excitement and pride. Overflowing with patriotism, he energetically created the Chinese painting *Long Live the Motherland*. The painting is based on red hues, with the main subjects being the Five-star Red Flag and a plant of omoto nipponlily, against the backdrop of the vast Earth, with a flock of doves flying across the sky. The giant national flag symbolizes the great motherland, and the thriving omoto nipponlily signifies the flourishing and evergreen foundation of the nation. Next to it, the four powerful characters "Long Live the Motherland" fully express Mr. Zhao's deep patriotic sentiments.

In 2020, Mr. Zhao, in response to the fierce outbreak of COVID-19, swiftly created the painting *Nationwide Fight Against the Pandemic*. Under the Five-Star Red Flag, an iron fist representing the powerful collective strength of the Chinese people crushes the coronavirus. The composition is clever and the expression powerful, symbolizing the Chinese people's fearless spirit in the face of the pandemic, their united efforts, and their strong collective will to fight the outbreak. This work was exhibited multiple times in various exhibitions dedicated to the fight against the pandemic, inspiring unity and collective resilience to combat the virus.

In 2021, during the 100th anniversary of the Communist Party of China, Mr. Zhao reminisced about the past years, feeling immensely honored and happy for the Party and the government. He joyfully completed the painting *Century-Old Party, Evergreen Spirit*. The artwork is simple yet majestic, with a vibrant red Party flag fluttering in the wind, symbolizing the rising sun and implying that, although the Party has been through a century, it remains vigorous and flourishing. The red boat, from Shanghai's Shikumen to Jiaxing's South Lake, carrying the people's trust and the nation's hope, braves rapids and storms to bring peace and prosperity to the people. Under the Party flag, there is a cluster of luxuriant omoto nipponlily, symbolizing the everlasting and enduring foundation of the great Party. The entire work passionately praises and expresses heartfelt sentiments, deeply conveying the profound respect and good wishes of an elderly party member on the occasion of the centenary of the Party's founding.[①]

Mr. Zhao believed that serving the country should be guided by Confucian and Legalist principles, and painting should be inspired by the philosophies of Laozi and Zhuangzi. He lived by the principle of lifelong learning, painting, and donating. As Mr. Zhao said: "Looking back on my life, I feel both rich and poor. I am rich because, over the decades, I have painted thousands of paintings and written thousands of calligraphies, living a fulfilled and spiritually rich life. I am poor because I have donated almost all my paintings and writings to the nation and the people, leaving me with nothing but a free heart. I continue to paint and write every day, but no matter how much I create, I will keep donating to the nation and society until I can no longer paint or write." This reflects the noble character and artistic integrity of Mr. Zhao.

As early as 2008, Mr. Zhao contributed special party fees to support relief efforts for the

① Zhao Mo, "The Evergreen Hundred-Year Party", *China Art News*, March 15, 2021.

Wenchuan earthquake in Sichuan and subsequently made numerous donations of money and paintings for the country and the people. In 2020, not only did he create the painting *Nationwide Fight Against the Pandemic*, but he also, accompanied by his family, proactively donated 1 million yuan of special party fees to the Taiyuan University Veteran Cadre Office to further support the fight against the pandemic. The Organization Department of the Communist Party of China entrusted provincial and city leaders to visit Mr. Zhao and sent him a letter expressing their condolences and praise. His eldest son, Zhao Zifeng, recalls that his father said with deep emotion, "Everything I have is given by the Party and the country. It is only right for me to donate this money. I must not forget the Party and the motherland." Zhao Zifeng also mentions, "We, his children, fully support the special party fees. Our father has always been grateful to the country and the Party, and he always keeps the national and party flags on his table."

Mr. Zhao carefully selected over 1,000 paintings and calligraphy works and donated them to institutions such as the Palace Museum, the National Museum of China, the National Art Museum of China, Chairman Mao Zedong Memorial Hall, Zhou Enlai Memorial Hall, Liu Shaoqi Memorial Hall, Party School of the Central Committee of CPC, Central Academy of Fine Arts, Tian'anmen City Tower, Peking University, Guan Shanyue Art Museum, Beijing Jingfeng Hotel, Shenzhen Wuzhou Hotel, Shanxi Museum, Jinshang Museum, Taiyuan Art Museum, Jinci Museum, Jinci Hotel, Wenxi County Museum, etc. These actions silently showcase the noble quality and selfless sentiment of a Chinese artist.

Due to his outstanding talent and worldwide reputation, Mr. Zhao had participated in the U.N. Chinese Language Day in 2019, 2021 and 2022. He demonstrated the charm of Chinese painting art and the connotation of traditional Chinese culture to the world with his outstanding artistic style, and was hailed as the "pride of the Chinese people" and "master of traditional Chinese art", making great contributions to the spread of Chinese culture.

Throughout Mr. Zhao's life, he experienced poverty in his childhood, lost his father at 4, and his mother at 22. During the times of national turmoil and foreign invasion, he fled in haste, seeking refuge. When the situation improved, he was ready to devote himself to teaching and painting, and he faced unexpected setbacks but always maintained a childlike innocence. Mr. Zhao was not defeated by hardships; rather, they forged him, allowing him to remain composed. His character of being content with poverty and devoted to the way should be attributed to his mother's teachings, the enlightenment of traditional culture, and his tireless spirit of hard work. It was this spirit that allowed him to copy the *Zhang Qian Stele* during his time in the cowshed, laying the foundation for his calligraphy and enhancing his paintings. This same spirit led him to dedicate his life to teaching, nurturing countless talents. Even in his old age, he continued to aim high and produce new works, becoming a master of his era.

Reflecting on Mr. Zhao's artistic life, he was born into a cultured family and exposed to art from a young age. Despite his education being limited to primary school and lacking formal art school training, he did not hinder his determination to pursue art, guided by the principles of "following the way, grounded in virtue, and relying on benevolence".

In each of his works, Mr. Zhao's signature reads "Meisheng" ("槑生"), where "槑" is a variant character for "梅" (plum). This unique signature holds special meaning for him. His eldest son, Zhao Zifeng, explains it as "living a life of simplicity and purity", reflecting Mr. Zhao's life philosophy and approach to living, similar to Zheng Banqiao's idea of "the virtue of being muddled". Zheng Banqiao once said, "Life is but a blur... it's better to view everything indifferently, without attachment to loss or gain, and thus find peace of mind". Following this, Mr. Zhao's signature represents a unique but equally profound philosophy. Interviews with Mr. Zhao always reveal his calm and compassionate demeanor, speaking about life and art with ease and clarity. Art and living are interconnected. "Without enduring the bitter cold, how can the plum blossom emit its fragrance?" Only with the spirit of "a thousand hammers and chisels from the depths of the mountains, enduring fires as if they were trivial", and the determination "to remain pure and upright in this world, even at the cost of one's life and bones", can one leave behind a noble legacy. Mr. Zhao, with his kind heart and selflessness, seeks neither fame nor fortune, hence his longevity. This is what they call "longevity for the virtuous".

In his calligraphy work *Reflections*, Mr. Zhao wrote, "Throughout history, deeply moving artistic works have always come from the full-hearted devotion of the artist. Successful creators pour their heart and soul into their works, and their genuine and hard-earned feelings are a fusion of tumultuous life and tearful narration, cleansing and elevating the soul of viewers through art, thus becoming immortal masterpieces. Six decades in the realm of literature and art. Meisheng shares these words as mutual encouragement for fellow practitioners."

Discussing art, Mr. Zhao said, "A true artist may lack favor, status, fame, and laurels, but must never lack self-awareness." "Intelligence should come with keen observation, memory, thinking, imagination, and operational skills, but one should be simple and honest towards people and things. It's easy to be smart, but hard to be honest." Great artists with genuine accomplishments are revered for their virtue; they do not resort to crafty schemes or pursue fame and applause. They embody an attitude of non-action, "unmoved by honor or disgrace, watching the flowers bloom and fall in the courtyard; unattached to coming and going, watching the clouds roll and unfold in the sky". Art is truthful and sincere, and the character of the painter is also the meaning and charm of the work. Thus, Mr. Zhao's works "harmonize with the natural world, in perfect accord with the heavens".

Though the master has passed away, his legacy endures! Mr. Zhao, like the plum blossom, braves the cold and blooms amidst the snow, leaving a fragrant legacy. Throughout his lifetime, it seems no one cares whether he possesses extraordinary talent, but his enrichment of life through wisdom, simplicity, and diligence. He deeply loves this land, whether admiring the smoke from his hometown's chimneys or the mountains and fields of other places. Wherever he stands, he always feels the warmth of his country. He experiences tumultuous times, yet remains calm amidst the vicissitudes; achieves fame and success amid the bustling world but maintains inner peace, wishing only for the well-being of his country. Mr. Zhao is romantic, with landscapes in his brows and China in his eyes. He is bold, incorporating China into his paintings, giving mountains their peaks and lakes their shores, leading viewers to happiness in the ordinary. He is also benevolent, painting a future full of spring breezes for his students against the backdrop of the motherland. How fortunate we are to have had Mr. Zhao in this world!

Word List

silhouette 英 [ˌsɪlʊ'et] 美 [ˌsɪlʊ'et]	*n.* 影子；轮廓；侧影 *v.* 使某物呈现暗色轮廓
archway 英 /'ɑːtʃweɪ/ 美 /'ɑːrtʃˌweɪ/	*n.* 拱门；拱道
calligraphy 英 /kə'lɪgrəfi/ 美 /kə'lɪgrəfi/	*n.* 书法，书法艺术
realgar 英 /rɪ'ælgə/ 美 /rɪ'ælgə/	*n.*【矿】雄黄;【化】(二硫化二砷)；鸡冠石
turbulent 英 /'tɜː(r)bjʊlənt/ 美 /'tɜːrbjələnt/	*adj.* 乱的，动乱的;(水)湍急的；骚动的，混乱而难以控制的
reminiscence 英 /ˌremɪ'nɪs(ə)ns/ 美 /ˌremɪ'nɪsəns/	*n.* 忆往事的谈话，回忆录；追忆，怀旧；引起联想的相似事物
indomitable 英 /ɪn'dɒmɪtəb(ə)l/ 美 /ɪn'dɑːmɪtəb(ə)l/	*adj.* 不屈不挠的；不服输的；不气馁的
anatomy 英 /ə'nætəmi/ 美 /ə'nætəmi/	*n.* 解剖学;(动植物的)组成结构，人体；剖析，解析
accurate 英 /'ækʊrət/ 美 /'ækjərət/	*adj.* 准确的，精确的；精密的
canvas 英 /'kænvəs/ 美 /'kænvəs/	*n.* 帆布；画布，油画 *vt.* 用帆布覆盖
crimson 英 /'krɪmzn/ 美 /'krɪmzn/	*adj.* 深红色的；暗红色的 *n.* 深红色 *v.* (尤指因尴尬)脸红；变为深红色
sketch 英 /sketʃ/ 美 /sketʃ/	*n.* 草图；略图；素描 *v.* 画素描、速写或草图；简述，概述
germinate 英 /'dʒɜːmɪneɪt/ 美 /'dʒɜːrmɪneɪt/	*vt.* 使发芽；使生长 *vi.* 发芽；开始生长
luxuriant 英 /lʌg'zjʊərɪənt/ 美 /lʌg'ʒʊrɪənt/	*adj.*(植木、花园等)茂密的；茂盛的；(须发)浓密的；健康的
tumultuous 英 /tjuː'mʌltʃʊəs/ 美 /tu'mʌltʃʊəs/	*adj.* 混乱的；骚乱的；欢腾的；喧哗的

Questions for Thinking:

1. Although Mr. Zhao Meisheng had gone through many twists and turns in his life, he was unwavering in his determination and had made countless excellent works with his deep sincerity to the country and the people. So as college students in the new era, what valuable qualities can you learn from Mr. Zhao?

2. In the most difficult environment, Mr. Zhao still studied hard and improved his skills, transcending traditional limitations and achieving a perfect unity of his lofty beliefs with the art of painting. So how can we improve our professional skills to combine our personal interests with social needs to make more contributions to the society?

Frame Two
Meisheng's Teaching Career

"Throughout his life, he steadfastly clings to the art lectern, like a red candle burning out to spread light. In middle age, he finds inspiration in the essence of flowers and birds, overcoming obstacles to achieve success. With unique vibrant ink, he depicts nature's melodies and scents. In the embrace of age, he gains unyielding strength, traversing the world with vigor. Every landscape of the motherland is captured within the canvas of his journey."

—Zhao Meisheng in the eyes of his son Zhao Zifeng

Eighty years of nurturing talents is like flowers in spring soil, naturally blooming with fragrance. Through the cycle of seasons, Mr. Zhao has ingrained his diligent and meticulous ethos into the annals of education, integrating sincere care into students' lives. Embracing simplicity with a clear purpose, he devotes himself to art education. His teachings, akin to the nourishing spring breeze and profound aphorisms, nurture students as the torch of wisdom passes from one generation to the next. He has made significant contributions to both the Communist Party of China and the nation by developing a wealth of artistry, earning him widespread recognition and numerous accolades, which is a testament to his outstanding contributions to Chinese art education.

Section One Teaching Not for Fame and Glory

"A person who lives in this world is destined to depart from it eventually. At that moment, it's essential to reflect on our life's contributions. I believe it's not about the magnitude of our actions but about making meaningful contributions that positively impact the people. In essence, this embodies the spirit of serving the people."

—Zhao Meisheng

"At my home, flowers by the ink-wash pond bloom with subtle ink stains. No need for praise, their pure aura fills the world" (by Wang Mian in Yuan Dynasty). Mr. Zhao steadfastly adheres to his original ideals, eschews fame and wealth, and embodies a patriotic spirit in tune with the era. His pursuit in art is marked by hard work, persistence, selfless dedication, and no desire for recognition. Demonstrating an exemplary dedication through his diligent, tireless teaching and nurturing influence, he serves as a paragon for successors, leaving behind a treasure trove of spiritual wealth. Like the timeless beauty of plum blossoms, his legacy richly adorns the cultural landscape.

Mr. Zhao's lifelong belief is his devotion to education, unwavering loyalty to the Communist Party of China, and indifference to fame and fortune. Although he is considered a "Patriotic Artist" alongside famous traditional Chinese artists like Qi Baishi, Zhang Daqian, and others, he refuses to accept interviews or allow publicity about himself. Committed to the front lines of teaching, his original intention never falters. He educates students without discrimination and seeks no rewards; personally makes sure to pay his Party dues and in times of national difficulty or natural disasters, he volunteers to pay special Party dues; he is keen on public welfare, and donates countless paintings and calligraphic works.

Throughout his life, Mr. Zhao never loses sight of his initial dedication, firmly following the Party with unwavering resolve. He is always an exceedingly loyal member of the Communist Party of China, gladly devoting his entire life to the Party, the motherland, and the people. He uses his brush to inspire students with gratitude towards the Party and leads them to deepen their believes with his prolific works. The Organization Department of the Central Committee of the CPC highly commends Mr. Zhao for his "absolute loyalty to the Party". This steadfast dedication stems from his deep love for China and the Communist Party. The Deputy Editor-in-Chief of *People's Daily* Fang Jiangshan remarked after visiting the Zhao Meisheng Art Gallery: "The spirit of Meisheng represents the spirit of China".

Selfless Spirit Leads to Infinity

A selfless person often goes beyond personal interests to focus on the needs of others. Mr. Zhao, with his expansive and inclusive perspective, not only pursues his own aspirations but also empowers others to achieve theirs. His life, dedicated to art, is equally marked by the spread of kindness.

Mr. Zhao consistently interacts with individuals from all walks of life, regardless of their social status, and is always willing to offer guidance. His students includes workers, farmers, students from various educational levels, medical professionals, military officers, entrepreneurs, journalists and government officials, forming a rich and diverse circle around him. Several rural friends, treated as family for decades, freely enter and exit his home as if their own.

In a conversation with teachers of Taiyuan University, Mr. Zhao Zifeng said: "Everyone feels Mr. Zhao is very approachable. Why? Because he teaches people from everywhere, all on a voluntary basis, without charging any fees". Mr. Zhao believed: "Every person is my teacher, and those who come to learn painting are all my friends, without any hierarchy of teacher and student. We are learning from each other on an equally basis". Influenced by him, Mr. Zhao Zifeng continues his educational approach and philosophy, with students from all walks of life. He offers painting lessons free of charge and treats his students as friends. During the conversation, he stated: "Among us are ten people, and I shall also teach you all to paint for free. If you fail to learn, the responsibility lies with me. I'll adapt my teaching to your personalities". When speaking of these words, he was determined and proud.

Mr. Zhao not only focuses on his students' progress but also on the growth of those around him. When he and his wife grew aging, their children hired a nanny to take care of their daily lives. Mr. Zhao suggested that she should learn practical skills during her free time and paid for her to attend a framing course in Nangong, Taiyuan city, after discussing with her. His support and her dedication turned her into a renowned framer in Shanxi Province. In the 1990s, computers were a rarity and operating computer was seen as a special skill. At that time, it was believed essential for job seekers to master skills like driving, speaking English, and operating computers. Recognizing the importance of mastering computer operations, Mr. Zhao encouraged the other nanny to further her education in this field and funded her studies, during that time, Mr. Zhao hired another nanny. To allow her to concentrate on studies, his wife took on the task of cooking nutritious meals for her, enabling her to eventually get into university and secure a better future. When Hu Fuguo, the Secretary of Shanxi Provincial Party Committee at the time, heard about these deeds during a visit, he was touched and gave the nanny an inscription themed "Contentment Brings Happiness" for encouragement. Mr. Zhao, with his rigorous and pragmatic attitude, consistently provided opportunities for professional development, offering steadfast support and encouragement to everyone around him, aiding their personal excellence and growth.

Mr. Zhao has nurtured countless individuals but never run any commercial art training classes, choosing not to profit from his students. By offering extra learning opportunities, personalized teaching and fostering students' interest and habits in art, these classes have provided a valuable learning environment and development opportunities for them. For those families with limited financial resources, this represents an invaluable and lifelong educational resource. Mr. Zhao seeks neither wealth nor status and eschews comparison and vanity. He is dedicated to giving without expecting anything in return, tirelessly cultivating artistic talent for the Communist Party of China and the nation in his humble capacity.

At the 90th anniversary of Shanxi University in 1992, the university earnestly invited Mr. Zhao to a calligraphy and painting exhibition. Famous calligrapher Zhang Tiesuo, who organized the exhibition, recalled Mr. Zhao's high level of professionalism and dedication throughout the exhibition. He engaged in painting for hours from morning to afternoon, producing several pieces, and only paused briefly for a simple lunch, without taking any breaks. He neither charged any fees for his contributions nor accepted any gifts or souvenirs.

Mr. Zhao adheres to the philosophy that "Spring is not marked by a single flower blooming, but by the garden bursting into a myriad of colors". Devoted to public welfare, he donates thousands of his artworks, wishing to leave a legacy for future generations. In 2008, when the Jinci Museum offered to buy his artworks for a high price, he declined: "I won't sell; I donate." During the donation ceremony at the Jinci Hotel, he gifted twelve of his carefully crafted paintings, valued at over 3.9 million yuan, to the Jinci Museum for permanent collection, showcasing his noble character and deep love for art, alongside his selfless dedication to society. Li Caiwang, then Chairman of the Shanxi Federation of Literary and Artistic Circles, remarked, "Zhao Meisheng's donation exemplifies his virtuous and artistic excellence. We urge Shanxi's artists to emulate him, to flourish our literary and artistic endeavors together". Mr. Zhao's works are now treasured in prestigious collections across China, including the National Art Museum of China, the National Museum of China, the Palace Museum, the Central Academy of Fine Arts, the Shanxi Museum, and the Jinci Museum, embodying a priceless spiritual wealth for the people.

Mr. Zhao places great importance on donations to art galleries and museums, believing that exhibitions and educational activities are crucial for cultivating the public's aesthetic awareness and enhancing their artistic literacy. For young people, art museums serve as vital centers for aesthetic and moral education, aiding in the establishment of correct values and worldviews.

To better showcase and preserve artworks, the Zhao Meisheng Art Gallery within the Wenxi County Museum was established in Mr. Zhao's hometown of Wenxi and inaugurated on April 14, 2005, with a grand opening ceremony and a donation event. The museum featured seventy-six of Mr. Zhao's finest works since the 1980s, including poetry, calligraphy, paintings, and seals, covering landscapes, as well as birds and flowers, all of significant artistic and aesthetic value. On September 26, 2016, the Zhao Meisheng Art Gallery officially commenced operations on the shores of South Lake in Jinci Park, Taiyuan. The "Pure Spirit Flows Like Fragrance of Plum" exhibition of Zhao Meisheng's calligraphy and paintings became the most splendid and rich essence of this new building. "Fragrance" here symbolizes Mr. Zhao's intention to spread the best of his works like the scent of winter plums, reaching out in all directions. Audiences gathered in large numbers to witness this artistic celebration and immerse themselves in its unique artistic charm. Mr. Zhao remarked: "The art museum serves as a carrier, better presenting our collections to society; it is a platform for cultural heritage and public service. For me, the museum is also an encouragement, motivating me to continue my creation and donations as long as I live". Mr. Zhao considered his donations not just a habit but a deeply held belief, impacting people's views on life and values through his deeds.

Virtuous Behavior Benefits Future Generations

In Mr. Zhao's eyes, education is more than a profession; it is a passion and delight. He dedicates himself to self-improvement, self-realization and self-transcendence, taking joy in these endeavors. His career is founded on a commitment to diligence and a deep care for his students. A patriot and loyal Party member, he conducts himself with integrity, selflessness, humility, and enthusiasm, aspiring to lead by example and inspire his students to become society's pillars. This dedication is not just a personal goal but the embodiment of his lofty spirit committed to the educational cause. Throughout his life, Mr. Zhao is devoted to art teaching, benefiting many people with his sincere efforts. With his irreplaceable personal charm and artistic elegance, he guides students in their growth and light the way for their futures.

Li Dafang, who was ninety-four years old at the time, often fondly recalled his days in a Shaanxi earth cave, and deeply moved by Mr. Zhao's thorough care. Back then, when he was a child without socks, Mr. Zhao would warmly hold him to keep him warm. This memory is deeply ingrained in his heart, always evoking tears when mentioning. Mr. Zhao lavished his students with great care but maintained strict standards for his own family. His son, Mr. Zhao Zifeng, faced his father's stringent criteria during professional evaluations. As an evaluation committee member, Mr. Zhao placed his son at last among all candidates, insisting on high standards without nepotism. When other committee members discovered Zhao Zifeng was his son and questioned why he wouldn't promote him, Mr. Zhao responded: "He's my son, so his evaluation should be later than others. We'll consider his promotion after I am not a judge".

Mr. Zhao's spouse, Teacher Ji Yaqiao, with her orchid-like grace, teaches "Art Appreciation" to students. Together, they exemplify mutual support and respect, enriching each other's teaching and nurturing efforts. Mr. Zhao, known for his benevolence and strictness, cares deeply about his students' daily lives while demanding meticulousness in their artwork. When ambitious young artists plan an exhibition, he diligently reviews their work, thoughtfully providing suggestions for refinement. He is always ready to offer patient guidance whenever students encounter challenges.

Mr. Zhao nurtures thousands of art educators and artists and is recognized as a venerable figure in art education. Yet, when someone asked: "Sir, how many disciples do you have?", he humbly stated: "I have no disciples". He reasoned that an individual's development was influenced by family, society, and school, and they met so many teachers, "How can I take sole credit?" Even as he approaches retirement, proposals from the school and Taiyuan Education Bureau to celebrate his fifty years of teaching are gracefully declined. He also respectfully declines interviews from journalists who are eager to spotlight his accomplishments and societal contributions, embodying the essence of a "People's Teacher" untouched by desire for wealth or status. Not only does Mr. Zhao focus on academic achievement, but he cares deeply about students' personal growth and mental well-being, always willing to listen to their concerns and provide support.

Even in retirement, Mr. Zhao remains active, taking on roles as a guest or lifetime professor at universities. On his lectures, he imparts the values of truth, goodness, and beauty, through his personal integrity and artistic excellence. This leadership and emotional impact deeply warms every soul he reached. His gentle, scholarly demeanor, coupled with his noble artistic spirit and charismatic personality, perfectly exemplify the lofty ideal of "Learn to be an Excellent Teacher; Act as an Exemplary Person".

Mr. Zhao maintains a nightly habit of reading newspapers and magazines, keen on keeping abreast of current affairs. This practice is essential for conveying the era's zeitgeist to his students, urging them to produce artworks that resonate with the times. His son, Zhao Zifeng, remembered father's long-standing affinity for newspapers since the 1950s and often interpreting the voice of the times for his students. As a lifelong reader of *People's Daily*, he faced a unique challenge when advised to cancel his rare subscription due to delivery issues. Mr. Zhao suggested a weekly delivery instead, adamant about not ending the subscription, embodying his belief of staying connected to national and workplace developments. He required a variety of publications like *People's Daily, GuangMing Daily, Art News of China, Reference News*, and magazines such as *Reader's Digest* to be at his bedside every night. From 9 to 11 P.M., he engaged in this reading ritual, wearing out over forty desk lamps over time. He didn't just read; he meticulously collected, organized and categorized important articles to keep pace with the era and national progress. Mr. Zhao also shared the insights from his readings with his students, broadening their perspectives with valuable knowledge. He advocated for artists to engage in reading, considering it a key to unlock creativity and wisdom and stressed that the advancement of arts required a deep literary foundation and artistic skill, highlighting the symbiotic relationship between continuous learning and artistic development. (Figure 9)

Mr. Zhao believes that in an era of reform, every sector is pondering over innovation. As painters, how can they remain indifferent in such a rapidly changing time? If thinking is outdated and conservative, works will fail to capture the pulse of the era or reflect the artistic direction of the new age. If disconnected from the times, contemporary artists' achievements will be limited.

By deeply exploring the contemporary themes and capturing the era's transformations through his brush, Mr. Zhao steadfastly weaves the progressive spirit of the times into each of his art creation. These creations, closely tied to the zeitgeist, resonate with viewers, inspiring and awakening a collective spirit. His works offer students a dynamic environment for artistic immersion and personal development. Mr. Zhao emphasized: "My art isn't about following a style, but capturing the essence of the times", a principle he expected his students to embrace as well.

As a beacon in the art world and a leader in Shanxi's artistic community, Mr. Zhao is honored with titles such as "Taiyuan's Artist of Special Contribution" "One of the Hundred CPC Members with Outstanding Contributions to Taiyuan's Liberation and Development" "Excellent CPC Member of Shanxi Province" "Huaxia Cultural Figure" "Outstanding People's Artist" and "National Model Worker in the Educational System". The national professional art publication, *Art News of China*, dedicates eight pages to a special tribute to Mr. Zhao, titled "Zhao Meisheng: Pure Spirit Flows Like Fragrance of Plum". His significant status and influence in Chinese painting and art education have been widely covered in various formats by major national mainstream media platforms and video channels. These accolades and the extensive media coverage serve as a recognition of his personal achievements and praise for his profound societal contributions.

"Time is Finite: Pursue Meaningful Endeavors", this belief guides Mr. Zhao through over eight decades of a dedicated teaching and artistic career. Although indifferent to vanity, he is often honored for his contributions. By depicting landscapes, flowers, birds, and traditional Chinese motifs such as plum, orchid, bamboo, and chrysanthemum, he conveys the essence of a beautiful life, inspiring viewers to feel life's warmth and bolster national self-esteem. With his lofty professional ethics, positive public image, and exceptional art works, he demonstrates the social value of art, earning widespread affection and respect. Mr. Zhao's life is full of good deeds. His life is a life dedicated to serve the people.

Section Two
Excelling Students Spanning Far and Wide

"My life's greatest passion has been the teaching profession; my most treasured asset, time itself. My fortune lies in thirty years of cherished experiences. What sustains me the most is a robust physique and this brush. My constant companions have been enlightenment, learning and wisdom, and my most trusted destination for art is the museum."

—Zhao Meisheng

Despite his numerous accolades, Mr. Zhao cherishes most his identity as a teacher. He nurtures generations of students, believing that his achievements do not require ostentatious displays. His heart and love are dedicated to his students. This deep-rooted love allows him to stimulate their potential through respect, understanding, and trust. Adhering to the belief that "true affection is shown in the smallest gestures," he often uses a kind nickname, a soft touch, or a warm word to bridge the distance with his students, always empathizing and becoming their most reliable friend and mentor.

When speaking to teachers from the Primary School affiliated to Taiyuan Normal University who visited him in 2016, Mr. Zhao shared: "Since becoming an art teacher at sixteen, I've devoted my entire life to this path. There were numerous opportunities to transfer from teaching positions, but I stayed, dedicating my life to education and retiring from Taiyuan Normal University. As a retiree, I begin focusing on painting. My entire life has been about teaching and painting, with painting serving my teaching. I've spent my life in service to education, doing my utmost with my limited knowledge. Being honored as a 'National Model Worker in the Education System' by both the country and the school makes me feel honored. Spending a lifetime in education, I regard it as the best role, it shapes me as I foster my students, who in turn, have given me a sense of fulfillment, and now my students are nurturing a new generation".

In the 1990s, Zhao Puchu, president of the Buddhist Association of China, a distinguished Chinese Buddhist scholar and social activist, extended an invitation to Mr. Zhao to visit Xiling Seal Engraver's Society in Hangzhou. However, Mr. Zhao, committed to his teaching schedule and maintaining a strict approach to his educational responsibilities, responded: "I have public classes to teach and I have to apologize for not being able to come together with you". Consequently, he was unable to accept the invitation, the decision remained a regret throughout

Mr. Zhao's life. Notably, he never allowed any circumstance to disrupt his commitment to teaching.

Mr. Zhao devotes his entire life to the field of education, steadfastly adhering to the principles of seeking truthfulness, kindness, beauty and tolerance. With a magnanimous teaching attitude, he tailors his instruction to suit individual students, leading by example and wholeheartedly dedicating himself to their growth. He is willing to impart his knowledge and experience without reservation, nurturing a flourishing learning environment where students can thrive and become pillars of society. Mr. Zhao's dedication and selfless contributions are cherished by his students and remembered by all.

Seasoned Mentor Empowers the Emerging Talent

Steadfast in experience to guide the new amidst challenges, Mr. Zhao leverages his wisdom and expertise, unwavering in adversity, to contribute profoundly to the cultivation of Chinese fine arts and the nurturing of artistic talents.

Secondary normal schools and preschool teacher training programs rapidly expanded during the 1970s and 1980s, attracting a large number of excellent junior high school graduates. However, the strength and quality of fine arts faculty in these institutions were relatively lacking, urgently requiring enhancement. Deeply aware of the importance of education and feeling an urgent need for improvement, Mr. Zhao proposed to the Provincial Education Committee and spearheaded the establishment of the "Fine Arts Teaching and Research Association in Shanxi Secondary Normal School". This association provided a platform for art teachers across the province to exchange ideas and learn from each other, thereby improving the teaching standards and quality. Moreover, to boost the teaching capabilities of fine arts faculty throughout the province, Mr. Zhao energetically organized provincial-level training courses for art teachers in middle school and secondary normal school, aiming to enhance their teaching skills through short-term training. His efforts not only improved the quality of fine arts education in Shanxi's secondary normal schools but also laid a foundation for the province's art education.

Due to insufficient societal attention to fine arts disciplines, the primary and secondary schools in Taiyuan faced a dire shortage of art teaching resources and facilities, particularly suitable textbooks. This placed art education in a precarious position, with inadequate support and numerous challenges. Confronted with this crisis, Mr. Zhao urgently took charge to organize colleagues to compile textbooks. This endeavor required not just an in-depth exploration of art education philosophies and methods but also continuous refinement and adaptation of materials to meet actual needs. He exerted tremendous effort and passion into this project. Amidst this, he resolved myriad issues, relentlessly revising and experimenting. Despite the heavy teaching duties, he sacrificed virtually all the leisure time, limiting himself to only essential meals and a few hours of sleep. This dedication led to a collapse from exhaustion during a lecture. After the examination, the doctor solemnly advised him to enhance nutritional intake, ensure ample rest, and preferably undergo a period of hospitalization. Nevertheless, Mr. Zhao, placing education above all, insisted on not missing any time with his students and asked for medication to return to teaching as soon as possible. His profound commitment to education, sacrificing his well-being for his students, had inspired them to maintain their drive to advance. (Figure 10)

One day, Mr. Zhao Yanxu, an old friend from Shanxi University, paid a visit to Mr. Zhao at the school. He quietly approached the classroom, hearing only the rustle of pens on paper, yet no students were in sight. Upon entering, he discovered the students engrossed in their drawings behind easels. Such dedication to study was exceptionally rare at the time, and as an educator himself, he couldn't help but admire and praise the scene. As time swiftly moved on, three years quickly elapsed. These diligently nurtured students graduated and dispersed into various primary and secondary schools, becoming the core force in art education. They kindled a passion for art in their students, unlocking the artistic potential of countless youths, and solidifying a foundation for the cultivation of future art talents.

Mr. Ou Jinghai, celebrated for his portraits of notable Chinese figures, holds the position of Deputy Chief Editor and Senior Editor at the People's Fine Arts Publishing House, part of the China Fine Arts Publishing Group. He is also a member of China Artists Association. Reflecting on his collaboration with Mr. Zhao on developing art textbooks for secondary normal schools, he shared: "In the early 1980s, the Teacher Education Division of the Ministry of Education initiated the project to compile art textbooks for these schools, specifically inviting Mr. Zhao due to his experience as an active teacher and his expertise in art education. He was tasked with creating illustrations, particularly line drawings, utilizing techniques from Chinese painting to teach students how to summarize forms comprehensively. This textbook series, started in 1984, continues to be in use, albeit to a lesser extent due to the decline of secondary normal schools, which were once widespread. The series has had a significant impact. I remembered at that time, Mr. Zhao created many hand-drawn images, this form and style that were both lifelike and easy for students to grasp, making them highly popular among students."[①] (Figure 11)

During that era, teaching in secondary normal schools notably focused on line drawing, valued for its simplicity and practicality, making it a prevalent method in education. The textbooks were exceptionally well-composed, sustaining their impact over two to three decades

① Ou Jinghai, "In Memory of Meisheng | Ou Jinghai: My Time with Mr. Zhao Meisheng", *Wechat Official Account "Pure Spirit Flows Like Fragrance of Plum"*, February 18, 2023, accessed December 26, 2023, https://mp.weixin.qq.com/s/GoRmiIyKjR-Q2u2wlDGj_Q.

and achieving significant distribution across the country. They became indispensable materials in teacher training institutions, essential for all students, irrespective of their specialization. Whether teaching physical education, language arts, or any other subjects, students could quickly utilize shapes to represent movements, expressions, or various concepts, employing visual forms for effective communication.

Ou Jinghai recalled Mr. Zhao as a person with exemplary character and a gentle disposition. When co-writing this set of teaching materials, he was tasked by the chief editor to draw specific content based on teaching requirements. Mr. Zhao always accepted without objection, showing no concern for personal gain and tirelessly completing every drawing assignment. Despite primarily focusing on teaching and traditional Chinese painting, with little involvement in sketching, Mr. Zhao exhibited high levels of understanding and artistic skill in his cooperation with the chief. He managed to convey deep meanings and emotions through his fundamental artworks, impressing all who saw them.

Mr. Zhao's works have served as educational materials and methodologies for several generations of teachers and students. His teachings encompass a variety of drawing forms, including traditional Chinese paintings and chalk drawing, bringing tangible characteristics to abstract teaching methods. Whether on the blackboard or paper, the drawing materials he provided are highly instructive and reference-worthy, covering subjects like people, animals, combinations of both, landscapes, trees, houses, construction sites, and even airplanes and rockets. Mr. Zhao pays special attention to sketching in rural themes, capturing elements common in rural life such as tractors, cabbages, and animals like pigs, horses, cows, and sheep. These teaching methods and demonstrations reveal a comic style in his painting, using line shapes to represent various images. He tirelessly illustrates basic shapes, such as circles, semicircles, triangles, and how to abstractly represent animals, people, and landscapes with lines. Although primarily a traditional Chinese painter, Mr. Zhao devotes himself to teaching for the benefit of his students, humbly creating these fundamental, line-based images. These efforts have helped students quickly grasp the basic knowledge and skills of drawing and modeling.[①]

In his teaching practice, Mr. Zhao complies his extensive experience into numerous articles on art education, totaling hundreds of thousands of words. His influential works include *Rooted in Reform: Serving Art Education in Secondary Normal Schools*, *On Sketching Instruction*, *Emphasizing Pedagogical Teaching in Secondary Normal School Art Education*, *Strengthening Aesthetic Education in Normal Schools*, and *Pathways to Creativity and Independent Learning in Art*. These publications have significantly impacted art education and earned acclaim

① Ou Jinghai, "In Memory of Meisheng | Ou Jinghai: My Time with Mr. Zhao Meisheng", *Wechat Official Account "Pure Spirit Flows Like Fragrance of Plum"*, February 18, 2023, accessed December 26, 2023, https://mp.weixin.qq.com/s/GoRmiIyKjR-Q2u2wlDGj_Q.

within the industry. His son, Zhao Zifeng, continues his legacy by actively participating in the development of art textbooks for primary and secondary education. Notable teaching examples like *Flying Dragon in the Snow* and *A Group Photo* have been incorporated into *Interpretation of Art Curriculum Standards*, a book compiled by the Basic Education Division of the Ministry of Education. At the invitation of the Teacher Education Division of the Ministry of Education, he participated in the writing of the Basic Education New Curriculum Teacher Education Series textbook *Teaching Theory for Middle School Art Course* published by Higher Education Press. He also took part in writing arts textbooks for the nine-year compulsory education standards with People's Education Press, People's Fine Arts Publishing House, and Hunan Fine Arts Publishing House, as well as high school Arts textbooks for Shandong Fine Arts Publishing House. Mr. Zhao's dedication to secondary normal school education and his support for students have been indispensable.

Wholehearted Guidance Enlightens the Later Generations

Mr. Zhao is not just a teacher in art education renowned for his rigor and discipline; he is also a mentor whose personal charisma and integrity profoundly shape his students' characters, embodying both virtue and talent. His influence on students is akin to nurturing rain in spring, inspiring them to steadfastly support the Communist Party of China, maintain cultural confidence, and harbor unwavering love for their country and people. Beyond imparting knowledge, he serves as a role model through his moral character, skills, and emotions, establishing a benchmark for students to aspire to in their lives.

In his educational approach, Mr. Zhao always adheres to the principle of fairness, treating all students impartially. Focusing on developing their moral character and ethics, guiding them towards proper values and moral perspectives, and encouraging them to become responsible citizens, he is dedicated to exploring innovative teaching methods, stimulating students' creativity and imagination with fresh ideas. He embraces the diversity among his students, respects their unique traits, and offers them tailored opportunities for growth.

Mr. Zhao employs interactive methods in teaching to seamlessly blend teaching and learning for the purpose of achieving mutual growth. Beyond teaching the traditional techniques of Chinese painting, which students adore, he expands their horizons by covering foundational art courses, including Western Art History and Appreciation of Western Art, thus nurturing their global perspective. At the age of ninety, Mr. Zhao fulfilled a dream by delivering a lecture on "Zhao Meisheng's Artistic Life" at the Central Academy of Fine Arts, where the interactive session in the auditorium was met with enthusiastic feedback.

During his time teaching art in elementary and middle schools, he emphasizes rigorous instruction, keen on sparking students' interest and reinforcing their basics. He strongly criticizes rote teaching methods, arguing that art education should involve flexible use and creation of teaching materials to inspire students to produce unique and imaginative works. He believes: "Art education isn't about mere imitation or following a textbook too closely. It's about adeptly crafting and utilizing teaching materials to enable students to grow their own distinctive blooms in the field of art".① This philosophy deeply influences his students, leaving a lasting memory even decades later.

Renowned painter Wang Yingchun from the China National Academy of Painting, an early student of Mr. Zhao, reminisced about their first art lesson where the teacher used chalk to draw a simple circle on the blackboard, then added curves to create expressive smiling and crying faces. This innovative approach instantly engaged the whole class, sparking their enthusiasm to participate. Mr. Zhao didn't just compile his own drawing textbooks; he also developed catchy mnemonics for painting, blending his wisdom and benevolence to naturally draw students into the world of art.

Mr. Zhao Zifeng, who has been teaching for nearly fifty years and inheriting much of his father's spirit, shares an incident during a talk with teachers at Taiyuan University. A student forgot his drawing tools for an art class and in fear of criticism, decided to go home to get them. He stopped him with a smile: "Hey, you can still learn in art class without your tools". Puzzled, the student asked: "So I just watch others drawing?" Mr. Zhao Zifeng, still smiling, replied: "You can carefully watch, absorb what you see, and sketch in your mind. Then to create your piece with tools. Learning without tools, that's a real skill". He gently patted the child's head and had him return to his seat. During that lesson, the student observed his classmates' drawing with exceptional focus, mastering details and later adding his unique ideas to his own artwork.

This validates a quote by the renowned Chinese educator Mr. Tao Xingzhi: "Love is a great force; without love, education loses its soul". In Mr. Zhao Zifeng's teaching career, this is a seemingly minor incident, yet it deeply touches us. Considering the child has already arrived at school, he realizes that going back home for the tools is not only unsafe but also time-consuming. Instead of using punishment to give the student a lesson, he acts as a father, choosing to speak gently and caress softly, offering the child care and trust, which ultimately unleash the child's potential.

Mr. Zhao Zifeng said: "In my teaching, I have continued the tolerance shown by my father, guiding students in the right direction". For example, when a stool in the classroom was broken by students, he didn't seek to find out who was responsible for the damage. Instead, by having

① Zhang Ying, "Interview with Zhao Meisheng, a Master of Chinese Painting", *Master and Masterpiece*, 2015(3).

students observe and draw the stool, and write their thoughts in less than a hundred words to help him understand on their own that damaging public property is incorrect. When ink stains appeared on the white wall, he turned it into an opportunity for beautification. He designed questions related to the class content, encouraging students to use their phones to look up information and then synthesize this information to answer the questions. In this process, students learnt that the smartphone was just a tool; it could either contribute to their success or their downfall. They also realized that not everything they find on their smartphones was accurate, and the ability to discern the reliability of information was needed. In this way, students used their phones to look up information, and they were less likely to engage in other activities.

Mr. Zhao's educational approach is immersed in the daily subtleties and resides. A simple smile, a greeting—though modest and ordinary, touches deeply, nurturing students without a word. He not only shows care for students in their daily lives but also excels in respecting them in education, guiding them smoothly. In Mr. Zhao's view, students don't have strengths or weaknesses, only characteristics. As a teacher, he believes in guiding students based on these characteristics. In his classes, there are no underachievers, for he holds the conviction that "there are no students that cannot be taught, only teachers who do not know how to teach". He understands that there's a need behind every student's behavior. Mr. Zhao sees these needs and guides accordingly, a valuable skill in teaching. The essence of his educational philosophy is "educating and nurturing students is an eternal theme, with nurturing being more important than teaching".

Mr. Zhao believes that teachers should adopt different guidance methods and strategies based on the individual differences of students. For those who progress slowly, teachers need to offer more tutoring and guidance to help them improve gradually. His guidance, subtle and unassuming, nonetheless enhances students' learning outcomes and interest. Teachers should pay attention to students' needs, emphasize their active participation, sincerely assist them, and provide targeted guidance based on their individual differences. Thus, teachers' guidance will be more effective, and their impact on students more positive.

While teaching at the Central Academy of Fine Arts, Mr. Zhao first let students draw according to the requirements. If a student felt dissatisfied and wanted to start over, Mr. Zhao would wave it off, took the brush, and continued drawing on the student's work, correcting and completing it in one go, resulting in a fine piece. He believed that art had no standards, no right or wrong in execution. Whenever students hesitated to make a stroke, he would say: "Better or worse, it's okay. Just draw boldly, as long as you think and express your own ideas. Don't just think about what to draw, but the theme's implicit charm and form. However, the more concrete the imagined image, the conclusion is merely reading pictures as words. The art of literati painting and ink walking should convey form after capturing the essence, expressing the idea through form, not the other way around. Art cannot be taught but must be discovered through continuous exploration by the artist. Traditional painting has its taboos, but skillfully leveraging these taboos can lead to breakthroughs". (Figure 12)

In the interview, Mr. Zhao Zifeng shared several challenging scenarios he encountered in his teaching, such as "students bringing snakes into the classroom" "students falling asleep during lessons" and "incidents of students fighting". Under the influence of his father's educational philosophy of "aligning with nature", these difficult situations were effectively resolved. This not only alleviated the teaching challenges but also boosted students' enthusiasm for learning. By respecting students through encouragement, recognition, and praise, their self-confidence and motivation for learning were greatly enhanced. Moreover, by patiently listening to students' troubles and doubts, and providing positive feedback and support, students felt understood and cared for.

Mr. Zhao never criticizes his students, holding the belief that "there are always more solutions than difficulties". He trusts that: "there is no issue in education that cannot be solved with love". He lives by this philosophy and applies it in practice. Unconstrained by specific teaching methods, he dedicates himself to understanding each student deeply. By closely observing each student's personalities, habits, and emotions, he crafts teaching strategies that are more individually tailored. The essence of effective education is understanding the child for who they are and accepting them unconditionally. Mr. Zhao never imposes preconceived notions of "how they should be" on children. As teachers, harboring too many "shoulds" pressures students into conformity, breeding fear and internal conflict between their true selves and what they are supposed to be, which is where problems arise. Like Mr. Zhao, teachers need immense patience and love to understand and genuinely grasp the needs behind a child's behavior, rather than resorting to quick fixes like criticism and punishment, which often backfire.

The essence of education is neither mere instruction nor harsh punishment, but trust and awakening. Utilizing available resources and adapting to circumstances, Mr. Zhao effectively incorporates moral education into his art classes. He holds the belief that every child is inherently good and that their mistakes are not intentional, expecting them to learn and amend their ways. This belief has consistently been validated. To be Mr. Zhao's student is indeed a privilege and a joy.

Mr. Zhao Zifeng remarked: "What if we encounter students causing troubles in class due to their inborn active nature? This is something my father and I frequently discussed. He had a knack for deftly handling their different kinds of mischiefs. Influenced by my father, I lean more towards enlightening rather than punishing". On one occasion, Mr. Zhao Zifeng walked into the classroom and found a four-foot piece of rice paper on the ground, which was full of footprints, and a female student in the front row was sobbing. He picked up the rice paper and asked:

"Who stepped on this?" Silence ensued, as no one dared to confess. Turning to the blackboard, He pinned up the footprint-marked rice paper, proclaiming: "What a marvelous painting this is! An incredible piece! Let's name it 'Where We Walk, Paths Appear'. Whose 'work' is it? I will collect it." The students, taken aback by his method, looked around in wonder, puzzled by his intention. Inspired, he then engaged the students in observing the shoe sole patterns on the footprints, leading into a discussion on China's traditional intangible cultural heritage, the art of rubbing. The students listened intently, discovering various intriguing methods of rubbing, including woodblock, bark and stone. What was expected to pinpoint the culprit transformed into an intriguing lesson on rubbing techniques.

Listening to Mr. Zhao Zifeng recounting these thought-provoking stories, we not only admire Mr. Zhao's educational wisdom but are also touched by the legacy of this teaching method. These children are indeed lucky to have encountered such an outstanding teacher to guide them through life. Teaching and nurturing is a timeless topic, and adapting teaching methods to suit individual student's needs is one of Mr. Zhao's core principles. He asserted: "Only if a teacher can properly educate the so-called average or lower-performing students can he be consider a true teacher. Thus, it's crucial to properly educate these students". This is the perfect interpretation of tailored teaching in his educational practice.

Painter Wang Baolei admires Mr. Zhao, and enrolled in the Fine Arts major at Taiyuan Normal School in 1987, thus had the honor to become the first batch of art students taught by Mr. Zhao.

Wang Baolei recalled that Mr. Zhao, as the leader of the academic discipline, was responsible for overall planning and strategic layout. He was not confined by conventional methods when it came to employing talents, ensuring that the art class was staffed with the most outstanding teachers. He personally compiled the simplified Chinese version of art history—*Art Appreciation*. With an broad vision of innovative, he contacted well-known national painters such as Wu Guanzhong to give lectures in Taiyuan. He also participated in the compilation of national normal school textbooks.

The teaching objectives of Mr. Zhao were not only to impart students with the techniques of Chinese painting but also to teach them how to conduct themselves, how to do things, and how to learn and study, focusing on the cultivation of students' creativity, aesthetic ability, and cultural understanding in various aspects. Mr. Zhao said, "A soldier who does not want to be a general is not a good soldier. Similarly, a teacher who does not aspire to be a painter is not a good teacher". In terms of time utilization, he demanded that students must be persistent and seize every opportunity. Mr. Zhao's teachings had benefited the student immensely, even for a lifetime.

His teaching system is a process of imparting knowledge and personal realization, which is prominently reflected in the following three points:

Calligraphy and painting share the same origin—both the methods of calligraphy and painting are the ways of being a person. Brush, pen, and chalk writing are mandatory subjects for students in normal schools. Under the guidance of Mr. Zhao, students start with regular script and delve into seal and clerical scripts, building a solid foundation step by step for painting. Throughout his life, Mr. Zhao uses clerical and seal scripts to create paintings that are vigorous and profound, with extraordinary vigor. The quality of a painting reflects the character of the person. His paintings are not only vigorous but also filled with patriotic sentiment. When the country faced difficulties, he donated one million Yuan as a special contribution to the Communist Party of China, which is a true embodiment of the belief that "one's character is reflected in the painting, and one's painting reflects the character of the painter".

Humanistic spirit is showcased by the unique teaching method of Chinese painting. In the fine arts specialty class, the Chinese painting course starts with fine-brushwork of flowers and birds, followed by freehand style painting. Wang remembered one class where the professor demonstrated how to paint chrysanthemums on a six-foot large Xuan paper. He said: "At least fifteen years are needed to paint plum blossoms well, however, chrysanthemums are relatively easy, and you can paint them well in five or six years." Then, as he painted, he explained the techniques of brush and ink on the Xuan paper. After finishing the painting, he explained that the S-shaped stem of the chrysanthemum, which was initially bowed down by wind and snow, did not want to succumb to nature; then it stood up again, turning the flower heads upwards, showing a spirit of defying the wind and snow. Mr. Zhao always adhered to an uplifting and striving humanistic creative concept, and that was also the golden creative period for him, where his creations had reached the realm of pursuing life ideals. Baolei remembered that Mr. Zhao once took off his shoes, wearing white socks, stood on the rice paper, and wielded a broom-sized brush to paint a large plum blossom for Tianlong Building.

Great truths are always simple. Returning to simplicity is the greatest truth. Mr. Zhao's compilation and creation of simplified drawing is a conceptual training that generalizes natural images into geometric shapes, which makes the shape concise and easy to remember and master, enlivening the teaching activities. Simplified drawing is not simple. At that time, Baolei was not yet twenty years old and did not understand the teacher's painstaking intentions: simplicity is the highest ability in life.

When Mr. Zhao paints a rooster, he will start from the simplified structure of a chicken in drawing, the organization of ink in Chinese painting, and the key points of brushwork. When talking about the humanistic and symbolic significance of the rooster, he regards that the rooster has five virtues: First, the virtue of civility. The rooster wears a crest on its head, symbolizing elegance and etiquette, representing the implication of promotion and success. Second, the virtue of martial valor. The rooster's feet are equipped with spurs, a potential weapon, showing the rooster's courage and strength. Third, the virtue of bravery. When facing enemies, the rooster dares to fight, demonstrating a spirit of fearlessness and bravery. Fourth, the virtue of benevolence. The rooster calls its companions to share food when it finds it, reflecting behavior of mutual aid and benevolence. Fifth, the virtue of trustworthines. The rooster crows on time and keeps watch without losing track of time, representing honesty and credibility. Influenced by Mr. Zhao, the rooster remains the main character in Wang Baolei's flower-and-bird paintings to this day.

Under his father's influence, Mr. Zhao Zifeng cares about the students wholeheartedly. He personally paid for meals for students who have no money in their meal card. Worried that the nails next to the ping-pong table might potentially injure students, he suggested removing all of them. When a student accidentally broke a piece of glass, he identified a safety hazard and urged the school to replace all regular glass in classrooms with safety glass. He helped a student with facial burns regain confidence. On snowy days, he advised school leaders that students should be dismissed in batches to reduce congestion and ensure safety. Similar examples are numerous. Mr. Zhao often said: "The greatest virtue of a person is caring for others." It is through such affability and kindness that earned him more and more respect and affection.

Mr. Zhao's life is characterized by his easygoing nature and approach to both people and tasks. He radiates warmth and love, bringing comfort to others while maintaining a calm and contented demeanor. This affability and kindness has a profound impact on his descendants and students. Those who have regular contact with him gradually shed their stubbornness and irritability, becoming more open-minded and cheerful. It is not just an act of kindness, but also a broad-mindedness that he possessed.

Mr. Zhao not only teaches students painting skills, but more importantly, guides them to understand and appreciate the beauty in everyday life. He often finds inspiration from various objects and experiences in daily life. Through keen observation and thoughtful reflection, he is able to translate this beauty into artistic works and share them with his students.

Mr. Zhao will simultaneously paint and explain on the blackboard, while guiding the students to learn together. He always adheres to this teaching approach, using his lifelong practice to impart the concept of "discovering the beauty in life" to his students. He encourages them to create their own covers and sketchbooks, which later become materials for making lanterns. Furthermore, he utilizes discarded items to teach students how to make greeting cards, imparting the skill of turning waste into treasure. In his eyes, everything holds beauty, all the materials seen can be utilized, and he shows his students how to utilize materials such as empty milk bottles and shirt boxes for their artwork.

Mr. Zhao often said: "What if foreigners can't understand what we say? There's no need to worry because painting is the most efficient way of communication." Through the simplicity and clarity of painting, not only can information be quickly conveyed, but also effective communication and exchange can be achieved across different cultures and language backgrounds.

During his visits to countries like England, France, Germany, and Japan, Mr. Zhao would paint wherever he went, cleverly overcoming language barriers with his brush. He explained:

"When communicating with locals, we often feel confused and struggle to understand each other. But through painting, we can convey information clearly. It's a form of expression through hand-drawn images." One Professor at Beijing Foreign Studies University praised this form as the "hand-drawn universal language".

Shen Xiaoying, a master's supervisor in calligraphy at Shanxi Normal University and a first-level national artist, still vividly remembered the experience of having breakfast with Mr. Zhao in Japan in 1988. They didn't like coffee and wanted to have milk instead. In the absence of a tour translator, Mr. Zhao humorously borrowed paper and a pen from the waiter. With a few strokes, he sketched a lifelike picture of a cow being milked. The waiter, after seeing the drawing, immediately understood their request and burst into laughter. Amidst the laughter, they were quickly served with milk. Mr. Zhao humorously summed it up: "Painting is undoubtedly a universal language. Even without a translator, we can travel around the world".①

Such interesting incidents have occurred multiple times. According to the recollection of Mr. Zhao Zifeng, when his father needed an electric iron during his stay in Japan, the staff understood his request accurately and quickly provided the item based solely on a hand-drawn sketch of the iron. Similarly, during a trip to France, he only needed to draw a sketch of the Eiffel Tower to easily convey his intention and receive directions from the passersby. A teacher from Heilongjiang Province, China, faced the problem of losing a screw for his glasses while abroad. Mr. Zhao quickly helped him by drawing a sketch of glasses and a screwdriver, based on which the foreign friend understood and promptly provided the necessary tool. In a hotel in France, where keys were hung on the wall for guests to take, Mr. Zhao communicated with foreigners and obtained the key by drawing a sketch of the key card.

Mr. Zhao seamlessly combines life with art, teaching his students to appreciate the beauty in everyday life and then express it through their artworks. By engaging in collaborative creation and sharing, he helps his students experience the joy and inspiration that art brings, unleashing their artistic potential and fostering their artistic growth. The artistic beauty he brings to his students will have a lasting presence in their lives, becoming an essential part of their pursuit of a better life.

In this world, Mr. Zhao has experienced numerous challenges and hardships, accumulating a wealth of life experiences. He steadfastly supports the new generation, always moving forward, and is always willing to impart his experience and wisdom to the younger generation. He helps them avoid making mistakes and encourages their rapid growth and progress. Leading by example, he sets a perfect role model through his actions and teachings, perfectly exemplifying the belief that nurturing students is more important than merely teaching them.

---

① Shen Xiaoying, "Unforgettable Trip to Japan-Remembering Mr. Zhao Meisheng", *Sina Blog*, accessed December 26, 2023, http://blog.sina.cn/dpool/blog/s/blog_4baa2398010301zc.html?md=gd.

The Spirit of "Two Bombs and One Satellite"

The process of education is a journey of spreading love, sharing love and cultivating love. Mr. Zhao undoubtedly embodies the seed of love, as he uses his kindness and approachability to sow that seed in the hearts of everyone he encounters. Through his wisdom and moral values, he shares love with a wider population. Through his dedication and trust, he creates even more love. Mr. Zhao leads a modest life, genuinely connecting with others and handling situations with kindness. He never seeks attention, yet he naturally shines. Like the sun, Mr. Zhao warms those around him and inspires a generation of young people to "embrace the sunshine and walk towards the light".

Zhao Tongze often reminisces about his teacher, Mr. Zhao Meisheng, who is not only a great mentor but also a valuable friend. In his perspective, Mr. Zhao is a teacher with remarkable charisma. His teaching style is distinct, always able to deliver complex knowledge to students in a lively and engaging manner. He patiently addresses students' questions, whether they are academic or personal, and makes every effort to offer assistance.

Mr. Zhao possesses a profound academic background and rich practical experience, and his research accomplishments have had a broad influence in the academic realm. His meticulous academic attitude and solid expertise have deeply influenced Zhao Tongze, fostering a deeper understanding and pursuit of academic excellence. In addition to academic guidance, Mr. Zhao also imparts valuable lessons to his students in the aspect of life, work and learning.

In 2021, Mr. Zhao, together with his student Zhao Tongze, collaborated on a calligraphy work titled *China's Atomic City*. In this work, Mr. Zhao used his unique artistic style to intricately depict the Atomic City, capturing the essence of its architecture, facilities, and the working environment of scientists. This masterpiece not only reflects Mr. Zhao's deep passion for art and his unwavering pursuit of artistic excellence, but also serves as a testament to his commitment to upholding and promoting the spirit of "Two Bombs and One Satellite".

The spirit of "Two Bombs and One Satellite" is a symbol of the Chinese people's dedication to defending national security during the 1950s and 1960s. Through the work *China's Atomic City*, Mr. Zhao showcases the greatness and nobility of this spirit to the world. He expresses his reverence and commemoration of this historical period through art, while also conveying a positive and unyielding spiritual strength to the audience. (Figure 13)

During the creation process, Mr. Zhao not only showcased his artistic talent but also actively guided his student Zhao Tongze to participate. Through his own personal experiences and insights, he imparted valuable artistic experiences and creative techniques to Zhao Tongze. Mr. Zhao remains steadfast in telling the story of this remarkable group. He firmly believes that the passing down of the "Two Bombs and One Satellite" spirit can be transformed into boundless creative power, driving the development and progress of the nation. By widely disseminating the thoughts of scientists and celebrating their remarkable achievements, their names and contributions will be eternally remembered in history. Mr. Zhao's vision in his old age is to ensure that more people become acquainted with the technological stars of "Two Bombs and One Satellite", inspiring others to embrace their spirit of dedication and instilling in young students the ambitious aspiration to serve the country through science.

Deeply influenced by the teacher's words and actions, Zhao Tongze has developed a strong interest in the historical event of "Two Bombs and One Satellite". The scientists of this revered group, who are remembered as heroes in history, faced numerous challenges and achieved remarkable technological wonders, making significant contributions to the development of China. The spirit of "Two Bombs and One Satellite", characterized by love for the motherland, selfless dedication, self-reliance, arduous struggle, strong collaboration, and the courage to climb new heights, is a precious spiritual treasure of the Chinese nation. Under the guidance of his teacher, Zhao Tongze, who has devoted years to the study of "stereoscopic portrait prints", hopes to depict the personalities of this group through this artistic form. His creative idea has received the support from his teacher. They have embarked on a diligent journey, studying the historical background and characters of "Two Bombs and One Satellite" meticulously, and conducting extensive researches accordingly. Throughout this process, they not only gain a deeper understanding of the historical event but also develop a clearer vision of how to artistically convey these characters. (Figure 14)

After a long period of preparation and creation, Zhao Tongze has finally completed his stereoscopic portrait print artwork. This masterpiece centers around the theme of the "Two Bombs and One Satellite" advanced group, skillfully bringing to life the key figures of this historical event. Every meticulous detail has been carefully sculpted, and the unique form of stereoscopic portrait prints truly captures the vibrant essence of the scientists. With smiles on their faces and a resolute gaze, they exude a profound sense of loyalty to their motherland, unwavering dedication to their cause, and fearlessness in the face of adversity .

This creative journey has been a collision of ideas and a dialogue of spirits. Through their artwork, the teacher and his student, Zhao Tongze, have conveyed the belief and spirit of "steadfast loyalty to the Party" to the audience. With their practical actions, they have inherited the patriotic spirit and continuously innovated in its transmission. Their works not only showcase a new atmosphere in Chinese artistic creation but also deepen people's understanding of the essence of Chinese culture.

To further promote and showcase the artworks and talents of these two artists, the Zhao Meisheng Art Gallery in Shanxi Province, and the Atomic City in Haiyan County, Qinghai

Province, jointly organized a dual exhibition from September to October 2022. The exhibitions were titled “Celebrating the 20th National Congress with Steadfast Loyalty to the Party: Pure Spirits Flows Like Fragrance of Plum—Zhao Meisheng Calligraphy and Painting Exhibition” and “Passing on the Torch: Zhao Tongze’s Stereoscopic Portrait Print Exhibition of the ‘Two Bombs and One Satellite’ Advanced Group”. During the exhibition, an important event was unfolded. Under the guidance, assistance, and education of his teacher, the 80-year-old Zhao Tongze submitted his Party membership application to the Party organization. This heartfelt moment symbolized their unwavering loyalty to the Communist Party of China and their profound commitment to their life’s beliefs. (Figure 15)

Their creative work has garnered widespread recognition and acclaim. Under the central government’s initiative, the nationwide “Painting Heroes and Learning from Heroes” campaign is launched to promote revolutionary tradition education. The Zhao Meisheng Art Gallery, located by the South Lake in Jinci Park, is designated as one of the “Two Bombs and One Satellite” youth patriotic education bases on campuses. Numerous schools, including Taiyuan University, Jinshan School, Taiyuan No. 29 Middle School, No. 12 Primary School in Jinyuan District, and Shuangdong Primary School in Yingze District, have organized special lectures and activities centered around the theme of “Two Bombs and One Satellite Advanced Group into Campus”. Through these events, students have been inspired by the patriotic spirit and unwavering dedication of the scientists. They aspire to follow in their footsteps, make contributions to their country, and create a better future. (Figure 16)

This exhibition is not just an artistic feast, but also a collision of ideas and a dialogue of spirits. Through their practical actions, the patriotic spirit has been passed down. The exhibited stereoscopic portrait prints, centered around twenty-three pioneers of the “Two Bombs and One Satellite” program like Qian Xuesen, held significant artistic value and actively respond to the guiding thoughts of the era and the people. These works give voice to the people, leave imprints on the era, and vividly showcase the scientists’ diligent efforts and remarkable contributions through the unique form of stone carving art. They shape the image of the nation and the people, fully embodying the distinct characteristics of the times, national spirit, and ethnic temperament.

General Secretary Xi Jinping has stated: “The ‘Two Bombs and One Satellite’ spirit has inspired and motivated several generations, representing a valuable spiritual wealth of the Chinese nation”. In August 2023, to deeply implement the spirit of the 20th National Congress of the Communist Party and General Secretary Xi Jinping’s important directives on “carefully protecting, managing, and utilizing patriotic resources”, “inheriting the patriotic spirit, continuing the patriotic lineage”, and “cultivating the new era’s youth”, “fully implement the project of forging inner strength and inspire new era’s youth”, educate and guide the youth to deeply root their love for the Party, the country, and socialism, the Ministry of Culture and Tourism, Ministry of Education, Communist Youth League of China, All-China Women's Federation, and the Working Committee of the China Cares for the Next Generation issued the action plan "Utilizing Patriotic Resources to Cultivate the New Era's Youth: Patriotic Tourism Aids in Soul Forging and Education (2023–2025)"① in order to promote the "Two Bombs, One Satellite" spirit and unite patriotic strength. The Ministry of Education and Culture and Tourism Ministry have clearly stated that the activity "Introducing Three-Dimensional Portrait Prints of the 'Two Bombs and One Satellite' Advanced Group into Schools" will be progressively launched nationwide. From Qian Xuesen, the "father of Chinese space technology", who was renowned for his principle of "valuing the nation over wealth", to Sun Jiadong, who received the Republic's Medal as the "father of artificial satellites", these exquisitely crafted and lifelike portraits have been met with admiration.

Mr. Zhao, with the craftsman's dedication, pursues the realm of utmost goodness. As a teacher, he shines light on the path forward for his students. Over the span of eighty years, he has wholeheartedly shared his knowledge with each student, perpetuating the noble tradition of teaching.

Silent Virtue Attracts Admiration

Life's journey meanders through diverse terrains, and every journey carries the teachings and influences of teachers. They stand as a beacon on the path forward, their dedication and labor acting as an invisible force, inspiring students to advance vigorously. Reflecting on Mr. Zhao, students are consistently filled with nostalgia, bowing in respect to his words and actions, and touched by his generosity. Following his guidance, they set their own courses, perpetuating Mr. Zhao's spirit and wisdom, devoting themselves to the nation and its people.

Mr. Zhao dedicated himself to art education from the age of sixteen, traversing through various teaching stages including elementary, secondary, and normal schools, and exploring a wide range of art forms such as comic strips, cartoons, oil painting, and traditional Chinese painting. Aware of the challenges posed by his lack of a university degree compared to his formally educated peers, he firmly reminded himself: "No difficulty should hinder my pursuit of art! Can forty years of effort not outweigh a four-year undergraduate experience?" Regarding painting as life's breath, he engaged in daily artistic labor, never ceasing his creative efforts even in the depths of winter. He once trekked over forty miles to Jinci, lay on the snow and sketched

① Ministry of Culture and Tourism, Ministry of Education, etc. "Utilizing Revolutionary Resources Effectively: Nurturing New Generation with Revolutionary Tourism Resources to Boost the Soul-Enriching and Educational Action Plan (2023–2025)" , August 8, 2023, accessed February 25, 2024, https://zwgk.mct.gov.cn/zfxxgkml/zykf/202308/t20230808_946543.html.

beside the Never Aging Spring for an entire day. With temperatures dropping to minus twenty degrees Celsius during the harsh winter in Taiyuan, his studio barely maintained minus eleven degrees. The water for washing brushes would freeze, necessitating it to be broken and refrozen repeatedly. In such challenging conditions, Mr. Zhao led his students in what was known as the "cold kiln" studio, embodying and imparting a spirit of resilience and fearlessness towards hardships. He taught not only painting techniques but also emphasized cultivating their personal character. Believing in the motto "Lifelong Learning and Lifelong Artistry" he practiced this philosophy through his actions.

Chen Yuguang, the founder of Selective Aesthetics and the Doctrine of Visual Illusion in Chinese Painting, recalled that Mr. Zhao always emphasized "starting from zero" whenever the topic gets deeper, essentially meaning to start from oneself. Known for his self-taught mastery, Mr. Zhao pursues art without formal guidance, school ties, or constraints, always staying true to his personal vision and engaging directly with nature. He advocates for a dialogue with tradition rather than mere replication, thereby breaking from its limitations while proudly embracing it. Interactions with Mr. Zhao go beyond art appreciation to life's understanding, with concepts like "evergreen", "freshness" and "vitality" encouraging deep reflection[①]. His approach of "starting from zero" reflects not only a mastery of art but also his humility and lifelong learning, influencing others around him.

Tian Shuchang, a distinguished contemporary Shanxi painter, calligrapher and researcher at the Chinese Calligraphy Institute of the Chinese National Academy of Arts, commended Mr. Zhao, who was eighty-five years old, for his vibrant spirit and youthful appearance, looking more than a decade younger than his age. His rare blend of humorous language, keen intellect, bright personality, and open-mindedness created a relaxed and joyful atmosphere wherever he was. Mr. Zhao's active mind and quick creativity often lead to innovative and bold approaches in his art, from theme selection to conceptualization and expression, impressing even the younger generation with his artistic audacity[②].

Renowned calligrapher Zhang Tiesuo could not forget a small, exclusive international calligraphy and painting session at Jinci Hotel in 2008, alongside Mr. Zhao. He was deeply engrossed in painting, dedicating nearly an entire day without noticeable rest, even in his advanced age. His intense focus, reckless disregard for sleep and meals in favor of art, and his exceptional brush skills not only deeply moved his student, but also offered invaluable lessons.

Sun Xiaowei, an art education researcher at the Shanxi Academy of Educational Sciences, a director of the Art Education Committee of the Chinese Society of Education, Secretary-General

① Chen Yuguang, "Starting from Zero, Pursuing Infinity: Zhao Meisheng's Philosophical Approach to Art", *Artist in the Art Website*, March 28, 2022, accessed December 26, 2023, https://mp.weixin.qq.com/s/avYQODbvPsBfR9alXpwoaQ.

② Tian Shuchang, "Zhao Meisheng and His Calligraphic Artistry", *Sina Blog*, July 18, 2011, accessed December 26, 2023, https://blog.sina.com.cn/s/blog_610494560100u40j.html.

of the Art Education Committee of the Shanxi Province Society of Education, also serves as an off-campus guidance teacher for students of College of Fine Arts in Shanxi Normal University. As a student of Mr. Zhao for over a decade, she has been involved in and witnessed the high points of her mentor's artistic journey, from organizing exhibitions at prestigious venues like the National Art Museum of China, the National Museum of China, the Traditional Chinese Painting Institute of China, the Shanxi Museum, and the Taiyuan Art Museum, to preparing for the opening ceremony of the Zhao Meisheng Art Gallery. She is profoundly influenced and encouraged by mentor's expansive vision, unwavering dedication, and the patient, detailed approach to education.

"My mentor not only imparted wisdom through words but also through actions. He meticulously guided me, encouraged me to stay committed to teaching, to courageously explore the path of painting. He graciously accepted me as a disciple, offering profound teachings. This guidance illuminated my way through confusion and doubt, providing a direction for my efforts that will benefit me for life. Consequently, disseminating my mentor's virtues, philosophies, and artistic accomplishments is a duty I embrace wholeheartedly and a mission I will pursue throughout my life."[①]

Sun Xiaowei reflects deeply on how Mr. Zhao, despite enduring hardships, radiates a broad-mindedness and inclusivity akin to the warm sun in winter, enlightening and benefiting those around him. Mr. Zhao imparts to her that excellent paintings stem from excellent character; being virtuous is paramount to artistic skill. He emphasizes the importance of loving one's country, keeping abreast of the times, and constant innovation as the hallmarks of a distinguished painter.

For painters, while skill is essential, the cultivation of personal character and refinement is even more crucial. A painter lacking noble character, despite possessing exceptional skill, struggles to create works of true value. The development and enhancement of character provide a solid foundation for an artist's creativity. Mr. Zhao's admirable traits, such as honesty, humility, diligence, and perseverance, have shaped his artistic vision, attitude, and style. These qualities inspire students to continually explore and innovate on their artistic journey, holding themselves to higher standards. Art, originating from yet transcending life, requires painters of noble character to deeply grasp the essence of life and art, enabling them to produce works with greater depth and significance. As a painter of high moral standing, Mr. Zhao not only creates numerous outstanding works but also nurtures many virtuous students, making significant contributions to society and advancing the art profession.

Sun Xiaowei frequently heard Mr. Zhao, her esteemed mentor, modestly stating: "I will continue to learn." This commitment to lifelong learning keeps Mr. Zhao's artistic creativity flourishing. Despite approaching the age of a hundred, as long as condition allowed, he

① Sun Xiaowei, "Remembering My Mentor, Mr. Zhao Meisheng" , *Shanxi Education Journal*, December 3, 2022, accessed December 26, 2023, https://mp.weixin.qq.com/s/bDPPFOahdHamaUkPXUtunA.

consistently engages in creative work. His ability to think deeply and continuously challenge himself infuse his artworks with freshness and vitality. Mr. Zhao's drive for excellence and his determination to evolve with the times have spurred numerous painters to persist in their endeavors. "Mr. Zhao spent his life in education, and his love for teaching evokes in me profound nostalgia and great admiration. Teaching for eighty years, he exemplifies both moral integrity and artistic brilliance, influencing countless painting talents. He plays a significant role in art education, contributing to the compilation of national art textbooks. As a role model for teachers, he uses the light of his moral character to guide the growth of his students. Therefore, the awarding of the 'People's Teacher' gold medal by the nation to him is a well-deserved honor".[①]

Zhang Zhiyong, a member of Shanxi Writers Association, Chairman of Writers Association in Yingze District of Taiyuan, and honorary dean of both Chongyong Sinology Academy and Nuanbing Calligraphy and Painting Institute, was profoundly moved upon learning of Mr. Zhao's decades-long dedication to the arts. Despite the passage of time, Mr. Zhao remains committed to his craft, demonstrating unwavering diligence, a practical mindset, and an ongoing pursuit of learning and creative work.

Reflecting on Mr. Zhao's teaching style, Zhang Zhiyong fondly remembered: "My teacher would kindly pat my head, urging me to study extensively and learn from the techniques and methods of ancient artists, while cautioning against rigidly mimicking their compositions. He stressed the need for personal innovation and the cultivation of an individual artistic style and emphasized the importance of being a good person before focusing on painting. In discussing painting techniques, he insisted that I should follow my own path, paint what I truly want to paint, what I love, and not be constrained by traditional methods.He emphasized that I should paint what others do not, and not to paint what is commonly painted."[②]

Mr. Zhao repeatedly emphasizes: "Stay true to yourself and innovate your own style! Be humble, diligent, innovative, and constantly seek the extraordinary. Just like a painting reflects the person and the person reflects the painting, be unconventional and extraordinary, breaking the norms and challenging yourselves." With a rigorous attitude, he meticulously reviews students' assignments and frequently provides live demonstrations. He is dedicated to conveying the most genuine and simple teachings using concise language. His dedication to his profession is truly admirable.

Wang Baolei, a member of the Shanxi Artists Association, and the Calligraphers Association in Shanxi Province, joined Taiyuan Normal University's first art class in 1987, and was taught by Mr. Zhao. Wang remembered: "Mr. Zhao, always impeccable, had a habit of looking in the mirror

① Sun Xiaowei, "Remembering My Mentor, Mr. Zhao Meisheng" , *Shanxi Education Journal*, December 3, 2022, accessed December 26, 2023, https://mp.weixin.qq.com/s/bDPPFOahdHamaUkPXUtunA.

② Zhang Zhiyong and Xing Maochuan, "My Teacher Zhao Meisheng", *Yingze Literature Garden,* December 24, 2022, accessed December 26, 2023, https://mp.weixin.qq.com/s/E7xTIC-RRYeB2w-i6zGh4Q.

to adjust his attire. The art department's large mirror, used by the dance group, witnessed Mr. Zhao, always in a clean white shirt, straightening his collar and sleeves before and after classes. This ritual, embodying 'High virtue makes the teacher, exemplary conduct shapes the world', showcased his meticulous lifestyle. Reflecting on history, others, and himself in the mirror, Mr. Zhao placed great importance on personal conduct, setting an example for all."①

Wang Baolei vividly recalled Mr. Zhao teaching traditional Chinese painting, as if it were just yesterday. Mr. Zhao once demonstrated on a six-foot scroll, where his seemingly effortless strokes vividly captured the essence of the "Four Gentlemen" (plum, orchid, bamboo, and chrysanthemum). He emphasized not just painting techniques but also the importance of embedding lessons within art to convey personal charm. Beethoven's *Symphony No. 5 in C Minor* was often played during evening self-study sessions, reflecting Mr. Zhao's resilient outlook on life and his unique concept of time: making the most of every moment with persistence. This approach to time complemented his philosophy of life. Mr. Zhao frequently reminded his students that, in society, one rarely has large blocks of time for creation. Instead, one must learn to utilize scattered moments, seizing every spark of inspiration. He taught them to be ordinary people with aspirations and goals. This seemingly simple lesson profoundly benefited his students, impacting their growth and development significantly.

Despite his fame in the art world, Mr. Zhao never ceases his quest for learning, always striving for self-improvement and innovation. He eagerly absorbs color theories and perspectives from other painters to enrich his artistic cultivation. In his creative process, He dares to challenge traditions and face difficulties head-on, often choosing the path less traveled, embodying a spirit unafraid of challenges and difficulties. It is this unique approach to composition that lead to his distinctive style of bold and expressive brushwork. He firmly believes in the value of innovation in art and continuously sought to surpass himself. This relentless pursuit of innovation ensures Mr. Zhao's leading position in the art world, establishing him as a master artist of his generation.

Mr. Wang Baolei made some bold statements in his youth, once claiming that his artworks would be featured in the Louvre one day. A teacher, finding his words overly arrogant, complained to Mr. Zhao, claiming he couldn't teach such a student. "After an evening class, Mr. Zhao fiercely scolded me, giving me a valuable lesson: to be a great artist, one must first be a good person, embodying the qualities of a gentleman, soft yet resilient, always humble and cautious. With time passed by, I learned the importance of humility and diligence, dedicating myself to my craft. This dedication led to national recognition and my works being collected by

① Wang Baolei, "Amidst Blossoms, His Laughter Remains", *Chinese Classics and History books Painting Academy*, January 1, 2023, accessed December 26, 2023, https://mp.weixin.qq.com/s/lyxC7FJKZ0ZhxQNhqM1fDw.

the China Artists Association, fulfilling Mr. Zhao's teaching expectations."①

"Modesty leads to progress, while arrogance leads to setbacks." Mr. Zhao teaches his students not just the skills of painting but also constantly reminds them to maintain a cautious attitude. He advises against rash actions and arrogance, emphasizing the need to always remind oneself that the journey of life is long and full of twists. Success can only be achieved by keeping a humble and cautious heart and continuously striving forward.

Chen Maolin, former president of Shanxi Normal University, former chief editor of *Moral Education*, now serves as a director of the China Association for Ethical Studies, president of the Shanxi Association for Ethical Studies, and leader of the Moral Education Guidance Group for Primary and Secondary Schools in Shanxi Province. In his article *The Teacher Zhao Meisheng I Knew*, published in the *China Teacher's Paper. Educator Weekly* on September 21, 2022, he discussed Mr. Zhao, whom he firmly believed perfectly embody the professional ethics a teacher should possess with his charismatic personality, setting a brilliant example for students and illuminating their path of growth with the light of teacher's morality. Mr. Zhao not only conveys truth, goodness, and beauty through his art but also demonstrates high moral character in his personal conduct. He devotes his life to achieving a perfect unity between personal character and artistic quality, using humanity to create the most beautiful artworks. With over eighty years at the teaching podium, Mr. Zhao's dedication to learning, transparency, and selflessness stand as a model for students to follow.

In the article *Who Fills the Vast Sea, I Create Mount Kunlun*, Chen Sanhe wrote passionately: "Rather than being flawless like jade, be rugged like stone, Mr. Zhao believed that in life, instead of being like a dazzling but useless gem, it was better to be like a tough and unyielding rock, ordinary yet significant. Throughout his ninety-eight years life time, he serenely taught for eighty years, living leisurely. His demeanor and speech were filled with a sense of detachment, embodying 'without wisdom, there's nothing to gain; without attachment, there's nothing to hinder'."②

As guides on the path of students' development, teachers bear the crucial responsibility of nurturing students' good qualities. Mr. Zhao's exemplary traits inspire admiration and praise. His passion for education is immeasurable. With love and enthusiasm, he ignites students' desire to learn, leading them to the halls of knowledge. He spares no effort in his dedication, using his love of learning to fuel students' enthusiasm. His rigorous approach to teaching, lofty professional ethics, relentless pursuit of self-improvement, and unwavering efforts to refresh his teaching philosophies and methods all serve as models for students to emulate.

---

① Wang Baolei, "Amidst Blossoms, His Laughter Remains", *Chinese Classics and History books Painting Academy*, January 1, 2023, accessed December 26, 2023, https://mp.weixin.qq.com/s/lyxC7FJKZ0ZhxQNhqM1fDw.

② Chen Sanhe, "Who Fills the Vast Sea, I Create Mount Kunlun", *Banbutang*, December 8, 2022, accessed December 26, 2023, https://mp.weixin.qq.com/s/neA4eu5sk42hENpk78uEcQ.

Section Three
Influencing Kinfolk by Words and Deeds

Mr. Zhao excels not only at the lectern, but also in the realm of parenting, earning deep respect and admiration. As a teacher, every action and word not only influences his students but also silently nurtures his own children. For them, he is both a father and a teacher; he embodies simplicity and clarity of purpose, eschewing vain titles, and sets an example in teaching his children how to live, how to act, and how to pursue knowledge.

Valuable Heritage of Diligence and Frugality

A person's growth and success are inseparable from the subtle influence of family upbringing. Harmony in the home leads to success in all endeavors. Good family values pave the way for good family outcomes, thus nurturing outstanding offspring. They are simple and unadorned, inspiring people towards goodness. Parents serve as the best role models for children. Looking back on Mr. Zhao's growth and achievements, it is evident that parents have the deepest influence on him. His diligence, frugality, studiousness, patriotism, dedication, and integrity have subtly permeated the daily lives of his descendants.

In Mr. Zhao's household, the virtues of diligence and thrift are not merely spiritual principles but also manifested in actions. He has a difficult childhood, losing his father at the age of four, leaving his mother to support the family through sewing, spinning, and weaving. These early experiences nurtures Mr. Zhao's frugal lifestyle and his admirable qualities of hard work and endurance, fostering his resilience, courage, and optimism. These outstanding qualities and positive traits become integral aspects of the Zhao family's ethos, profoundly influencing the upbringing of future generations. (Figure 17)

Mr. Zhao Zifeng mentioned: "In the eyes of our six siblings, Zhao Meisheng is not only a father but also a teacher. He is kind, amiable, and humorous, showing meticulous care for us in our daily lives; yet, he demands strictness in our artistic endeavors. For many years, I have lived with my father, and he teaches me how to be a person, how to handle affairs, and how to pursue knowledge. His spirit of gratitude, diligence, simplicity, resilience, innovation, selflessness, and commitment to "Art for the People" constantly inspire and drive us forward with courage."[①]

① Zhao Zifeng, "Zhao Meisheng | Pure Spirit Flows Like Fragrance of Plum", *Jiangsu Art*, November 20, 2022, accessed December 26, 2023, https://mp.weixin.qq.com/s/8yMILemr5urFgrIyuyu6Yw.

During a discussion with teachers from Taiyuan University on July 20, 2023, Mr. Zhao Zifeng mentioned that he and his family always purchased their clothes at the Jiefang Building. The Jiefang Building, established in 1955, was the largest department store in the northern part of Taiyuan during the early days of the People's Republic of China. It offered a wide range of goods, from small items like needles and threads to clothing and household appliances, with a variety of choices and affordable prices. He believed that clothes did not need to be branded, cleanliness and tidiness were sufficient. In their home, they used the simplest incandescent light bulbs, and apart from paintings, books were the only decorations; there were no televisions nor computers. On the day of the discussion, Mr. Zhao Zifeng dressed simply like his father, wearing a light blue shirt and black pants. Though the fabric was ordinary and the style plain, the outfit was coordinated and elegant, exuding a natural cleanliness and simplicity, simple yet vibrant, streaming tranquility and ease in his demeanor.

Mr. Zhao Zifeng still maintains a good habit to this day: using old newspapers for practicing writing and drawing. He sells the old newspapers to purchase new ink, a practice instilled by his father's teachings of generosity. In his studio, there are always two stacks of old newspapers, seemingly endless. This is because everyone who comes to the studio knows about his habit and spontaneously brings old newspapers each time they visit for the purpose of practice. Whenever students enter the studio, whether the teacher is present or not, they unfold a newspaper and practice voluntarily. This thrifty habit not only influences the descendants of the Zhao family but also impacts everyone who knows them. (Figure 18)

In Mr. Zhao Zifeng's memory, his parents never celebrated birthdays for him and his five siblings because they believed it was too extravagant. Instead, they adopted the habit of celebrating birthdays on Chinese New Year's Day. If any child occasionally remembered their birthday and asked for a gift, they would be taken to a bookstore to choose a book. Mr. Zhao Zifeng recalled: "When I was seven, my father took me to a bookstore to choose a book. I picked several books, but father only allowed me to take home one, the one I liked the most. I still remember the title of that book, *Following Vice Chairman Zhou for Eleven Years*. Since then, books became the gift for birthdays in the Zhao family." On every special occasion, including birthdays, books were bought. The family's towering bookshelves couldn't contain all the books, whether in their former house or their current one. Sometimes when students came to help at their house, Mr. and Mrs. Zhao would give each of them one of their own works, a children's book, or a comic book, making the students eager to come.

Mr. Zhao is a diligent and caring family man. Zhao Nannan, his eldest daughter, recalled her father humorously saying: "Your mother has three brushes, and I have three too. My brushes are a toilet brush for the bathroom, a floor mop for daily cleaning, and a paintbrush. Your mother's brushes are a pot scrubber for the kitchen, a broom for sweeping, and a paintbrush." "When we were young, on every Saturday, my father would buy groceries and meat to help make dumpling filling. My mother would make dumplings, and the whole family would enjoy a hearty meal together. My father was responsible for purchasing groceries and household items like oil, salt, soy sauce, vinegar." Whenever the children had time, Mr. Zhao would involve them in household chores like cleaning, tidying up the dining table, and washing clothes, instilling in them a habit of labor and self-sufficiency from a young age. This warm and affectionate family atmosphere provides the children with a sense of security and trust, promoting their physical and mental health development, and laying the foundation for their happy lives.

Continuous Lineage of Patriotism

Mr. Zhao not only loves his family and respects his parents but also harbors a deep devotion to the Communist Party of China and the country. He has a passion for education and is wholeheartedly committed to the Party, not seeking fame or fortune. He often tells the children: "Caring for the country and the organization is caring for oneself." Even on the eve of his passing, he still worries about causing trouble to the Party organization and keeps his illness a secret. Mr. Zhao Zifeng recalled that on every National Day, his father would remind him to buy a national flag and hang it at the entrance of the Zhao Meisheng Art Gallery. Not only does he infuse his patriotic, Party-loving, and people-loving sentiments into his works, but he also embodies them in the minutiae of life, perfectly interpreting, inheriting, and promoting patriotism and indifference to fame and wealth through his actions.

As both a son and a student, Mr. Zhao Zifeng continues the family tradition by teaching alongside his father at a normal school. Simultaneously, he is appointed as a visiting professor by Hainan Normal University. Mr. Zhao holds the position of a lifelong professor at Taiyuan University, while Mr. Zhao Zifeng himself is also appointed as a visiting professor at the same university. Continuing the family legacy, Dr. Zhao Yan, the grandson and current director of the Landscape Design and Research Institute of Shanghai, occasionally lectures to students in the Department of Landscape Architecture at Taiyuan University. Leading by example, Mr. Zhao passes down the tradition of teaching and nurturing future generations.

For Mr. Zhao, the following acts may seem like insignificant matters: risking his life to climb up and down the scaffolding on the side wall of the teaching building from morning till night, while standing at a height of over ten meters to write slogans; giving up the opportunity for further education, and willingly becoming a frontline art teacher; dedicating to self-improvement and skill enhancement; donating paintings and calligraphy, paying special Party fees, and so on, but these are his way of repaying his gratitude to the Communist Party and his love for the education cause. It is precisely these little things that have greatly influenced Mr. Zhao Zifeng's career choices and work style.

Mr. Zhao and his son, Zhao Zifeng, joined the Communist Party of China together in July 1985. Beneath the vibrant red flag of the Party, father and son solemnly pledged: "We are determined to continuously strive for the realization of communism." Their words echoed their hearts, and their actions spoke louder than words. Over the years, they have upheld their oath of joining the Party through practical actions, never abandoning their original intentions for personal gain. Like the plum blossoms proudly blooming in the harsh winter, they have remained steadfast in their pure and noble character. Mr. Zhao Zifeng told reporters in an interview: "From a young age, my father taught us to be grateful and never forget the Party and our motherland. No matter what profession we pursue, we must contribute to the Party and the country with our own efforts."

In 1983, the leadership of the Taiyuan Municipal Committee wanted to appoint Mr. Zhao as the Vice Dean of the Taiyuan Art Institute. This would have been a dream opportunity for many people, but Mr. Zhao remained unmoved, steadfast in his commitment to the three-foot lectern. Later, after the official of city took a stroll with Mr. Zhao around the campus of the Taiyuan Normal School, he firmly told his leader: "Mr. Zhao's aspiration is not to pursue official career."

"Esteeming the Humble and Valuing the Lowly", Mr. Zhao adheres to this principle, and willingly to embrace the role of an ordinary teacher of the people. He believes that only by grounding himself among the people, immersing himself among the students, and toiling on the lectern, can he, like the plum blossom, with its deep roots, unleash boundless vitality and charm in his life and art. Mr. Zhao's love for education and his modest demeanor leave a deep impression on Mr. Zhao Zifeng, firming his resolve to become "a teacher of the people, like his father." Influenced by his father, he resolutely turns down multiple opportunities for job transfers, choosing the humble yet honorable profession of teaching. Following his father's example, he diligently taught on the lectern for fifty years, dedicating himself to educating generations of students. This unique example of a father and son, both awarded the title of "Special Grade Teacher", is truly worthy of admiration nationwide.

Mr. Zhao Zifeng was temporarily assigned to work on promoting calligraphy and painting along the Taiyuan-Jiuguan Expressway in 1996. After completing the task, he had the opportunity to transfer to a better-paying position in the provincial government, such as the Department of Transportation, cultural institutions, or publishing houses. However, he resolutely chose to return to his original unit to continue his teaching duties. When someone asked Mr. Zhao to persuade his stubborn son, he firmly stated: "His decision is correct. Since the assignment has been completed, he should return to the lectern." The steadfastness in the teaching profession seems to be a "hereditary" trait.

During the discussion with the teachers of Taiyuan University, Mr. Zhao Zifeng appeared modestly dressed, with the exception of a conspicuous belt around his waist. Curious about its origin, someone inquired about the belt. Mr. Zhao pointed to the belt buckle and smiled, saying: "Five-pointed star", clearly proud as he spoke. He then recounted the belt's history: "In the 1950s, my father was assigned to the Provincial Military Region to organize an exhibition, the Tenth Anniversary Exhibition of the Founding of the People's Republic of China. Since then, our family had more interactions with the military. I was giving lectures at one Army of China. After the class, they presented me with this belt adorned with a five-pointed star as a memento." "I admire the strict discipline of the military, 'move like the wind, sit like a clock, and stand like a pine.' It is a kind of beauty. Art is the same, and it seeks truth, goodness, and beauty. Therefore, these are the highest pursuit of art education." Loving the Party and the country has become the Zhao family's tradition and inheritance.

Grandson Zhao Yan, with tears of emotion, wrote the following eulogy: "With your commitment to 'doing one thing well in a lifetime', you repaid your parents, raised your children, served the people, contributed to society, and served your country. These simple words and touching moments are the most precious spiritual wealth that grandfather has left for us, the younger generation."

Mr. Zhao consistently evaluates himself as a teacher of the people first and foremost, before identifying as a painter, emphasizing that educating others has been his lifelong mission. Throughout his career in art education, he adheres to the principles of "virtue first, regardless of loss" "being a good person before doing anything else" and "burning oneself to illuminate others like candles". These beliefs reflect his reverence for the notion "Respect nature, be patriotic,be filial and respect teachers" and his loyalty to the Party's educational cause. He always regards teaching and educating people as a platform to contribute to society and the foundation of one's own life. He performs his duties with dedication and without regret. In the end, he not only earns praise from his peers but also gains recognition and respect from society.

With dried plum's aid, through snow I tread,
Braving fierce winds, steadfast steps ahead.

This is Mr. Zhao's favorite self-created poem, reflecting the true essence of his life. It embodies his resilience, courage, integrity, and selflessness. His experiences have bestowed upon him boundless spiritual wealth, which will undoubtedly be passed down through the generations in the tradition of the Zhao family.

Word List

lectern 英 /'lektɜː(r)n/ 美 /'lektərn/	*n.* 讲台；诵经台
loyalty 英 /'lɔɪəlti/ 美 /'lɔɪəlti/	*n.* 忠诚，忠实；要忠于……的强烈感情
emulate 英 /'emjuleɪt/ 美 /'emjə. eɪt/	*v.* 仿效，模仿；仿真；努力赶上 *adj.* < 古 > 争强好胜的
prestigious 英 /pre'stɪdʒəs/ 美 /pre'stiːdʒəs/	*adj.* 有威望的，有声望的
endeavor 英 /ɪn'devə(r)/ 美 /ɪn'devər/	*n.* 努力；尽力（endeavour 的变体） *vi.* 尽力；竭力 *vt.* 努力；尽力
studious 英 /'stjuːdɪəs/ 美 /'studɪəs/	*adj.* 用功的；勤奋的；适于学习的
patriotism 英 /'pætrɪətɪzəm/ 美 /'peɪtrɪətɪzəm/	*n.* 爱国主义，爱国精神
integrity 英 /ɪn'tegrəti/ 美 /ɪn'tegrəti/	*n.* 正直，诚实；完整，完好
descendant 英 /dɪ'sendənt/ 美 /dɪ'sendənt/	*n.* 后裔，子孙；派生物，衍生物 *adj.* 下降的；祖传的
resilience 英 /rɪ'zɪlɪəns/ 美 /rɪ'zɪlɪəns/	*n.* 恢复力，复原力；（橡胶等的）弹性
sibling 英 /'sɪblɪŋ/ 美 /'sɪblɪŋ/	*n.* < 正式 > 兄弟姐妹
meticulous 英 /mə'tɪkjələs/ 美 /mə'tɪkjələs/	*adj.* 一丝不苟的，注意细节的
instill 英 /ɪn'stɪl/ 美 /ɪn'stɪl/	*vt.* 滴注；灌输
minutiae 英 /mɪ'njuːʃɪə/ 美 /mɪ'nuːʃɪə/	*n.* 琐事，细节
steadfast 英 /'stedfɑːst/ 美 /'stedfæst/	*adj.* 忠诚的，坚定的
demeanor 英 /dɪ'miːnə(r)/ 美 /dɪ'miːnər/	*n.* 风度；举止；行为
eulogy 英 /'juːlədʒi/ 美 /'juːlədʒi/	*n.* 悼词；颂词；颂文；悼文
bestow 英 /bɪ'stəʊ/ 美 /bɪ'stoʊ/	*vt.* 赠予，授予（财产、权力或荣誉）；< 古 > 存放，贮藏；使用
impeccable 英 /ɪm'pekəb(ə)l/ 美 /ɪm'pekəb(ə)l/	*adj.* 无瑕疵的，没有缺点的
arrogance 英 /'ærəgəns/ 美 /'ærəgəns/	*n.* 傲慢，自大
charisma 英 /kə'rɪzmə/ 美 /kə'rɪzmə/	*n.* 魅力，感召力；超凡的个人魅力
disseminate 英 /dɪ'semɪneɪt/ 美 /dɪ'semɪneɪt/	*v.* < 正式 > 散布，传播（信息、知识等）
culprit 英 /'kʌlprɪt/ 美 /'kʌlprɪt/	*n.* 罪犯，过失者；问题的起因
mentor 英 /'mentɔː(r)/ 美 /'mentər/	*n.* 导师，指导者 *v.* 给予培训
precarious 英 /prɪ'keərɪəs/ 美 /prɪ'kerɪəs/	*adj.* 摇摇欲坠的，不稳固的；（局势）不确定的，危险的
abreast 英 /ə'brest/ 美 /ə'brest/	*adv.* 并排，并肩，并列；了解（最新情况），跟上（最新进展） *adj.* 并排的，并肩的，并列的；及时了解……的
ponder 英 /'pɒndə(r)/ 美 /'pɑːndər/	*v.* 仔细考虑，琢磨，沉思

Questions for Thinking:

1. Mr. Zhao Meisheng has been a teacher for more than 80 years, and his teaching methods are widely liked by students. If you want to pursue the teaching cause in the future, what good teaching methods will you adopt from Mr. Zhao?

2. Mr. Zhao Meisheng, a famous painter and educator, is known for his deep patriotic feelings for the Communist Party of China and country. According to the content of this chapter, please list three aspects of Mr. Zhao Meisheng's patriotism, and discuss how contemporary college students should practice patriotism.

3. The outstanding qualities exhibited by Mr. Zhao Meisheng, such as loyalty to the country, indifference to fame and wealth, modesty, diligence and perseverance, not only have a profound impact on the students' academic growth, but also play a positive role in shaping their personalities. What characteristics embodied by Mr. Zhao inspire you the most? Please explain your reasons.

4. Mr. Zhao Meisheng and Zhao Zifeng both resolutely declined to leave their teaching positions, and even if they had the opportunity to choose a position with better pay and more leisure time, they still chose to stick to the education career without hesitation. If you were faced with a similar choice, what would you do? Why?

Frame Three
Meisheng's Art

The true value of artistic works lies not only in providing exquisite visual forms or recording historical events and figures, but even more, in embodying humanistic traditions and spirits. An artist should aim to infuse their creation of works with a spiritual essence. The most important spirit in Chinese art is the "freehand" style, which encapsulates the artist's instantaneous insights and passionate vitality, as well as the profound wisdom of the ancient Chinese nation.

In terms of artistic style, Mr. Zhao Meisheng breathes vitality into the traditional literati paintings, which often adhere to established patterns, skillfully bridging the gap between ideals and reality. His works, appreciated by a wide audience, from connisseurs to general public, broadening the expressive methods, dissemination scope, and social functions of traditional freehand painting. Chinese freehand painting and calligraphy possess a natural inherent innovative gene derived from tradition while also keeping up with the times. They have the ability to creatively develop and transform tradition. Further more, they provide the possibility for the integration of Chinese and foreign cultures, synthesizing the past and present into a tangible reality thanks to their innate openness and inclusiveness. The expressive elements in Mr. Zhao's artworks exist in the realm between realism and abstraction, embodying a form that is unmistakably clear yet brimming with profound meaning. They guide viewers through a sense of familiarity, prompting them to appreciate the entirety of the artwork, including each individual part and detail. As a result,

the essence becomes more intrinsic and authentic.

Since the founding of the People's Republic of China, particularly with the advent of the reform and opening up era, Mr. Zhao's artworks have increasingly showcased the contemporary characteristics of expressiveness. Many of his remarkable masterpieces capture the new visage of the Chinese people and portray the transformed landscape of socialist society through expressive techniques. Mr. Zhao, with his noble character, unwavering beliefs, and exceptional brushwork, has further expanded the aesthetic possibilities of expressiveness, establishing himself as a contemporary leading figure in Chinese painting This frame aims to deeply appreciate the expressive essence embedded within Mr. Zhao's free-spirited brushstrokes.

Section One Art Characteristics

Mr. Zhao demonstrates a gentle and refined character, conducting himself with strict adherence to rules and principles. However, in the realm of artistic creation, he defies convention and showcases a strong and distinctive artistic personality. Throughout his artistic career, he has had the fortunate opportunity to witness the convergence of Eastern and Western painting philosophies. Enriched by a deep immersion in traditional Chinese culture, he self-taught without specific mentorship at that time, allowing him to not only explore and draw inspiration from Western cultural art but also resonate with the expressive essence of traditional Chinese painting. We can't learn that which discernible lineage Mr. Zhao's artistic prowess belongs to, as his journey in learning art involved solely observing paintings rather than replicating them.

Unique Style

Mr. Zhao's outstanding artistic character is defined by his pursuit of novelty and change. He believes that Chinese painting should break boundaries and resonate with the progress of the era, rather than being confined by the stylistic conventions of the past. With unique compositions, he presents an independent and unconventional artistic approach, forming a distinctive style of bold expression. This firm position of selective innovation, along with a spirit of seeking breakthroughs, resonates with the philosophies of Shi Tao's "I am myself, with my own existence" and Pan Tianshou's "Difference is art"[①]. Therefore, Mr. Zhao's art is rooted in tradition while embracing contemporary influences. He creatively transforms traditional painting techniques while showcasing profound openness and inclusivity in his works, merging the past with the present.

Repetition and imitation are the archenemies of artistic creation. Since the Xu Wei from Ming Dynasty, numerous outstanding artists have emerged in the realm of freehand flower-and-bird painting, such as the Four Monks of the Ming and Qing Dynasties (Ba Da Shan Ren, Shitao, Kun Can and Hong Ren), the Painting School of Yangzhou, Wu Changshuo, Qi Baishi, Pan Tian-

① Zhao Mo, "The Evergreen Hundred-Year Party", *China Art News*, March 15, 2021.

shou, and many more. Breaking through and establishing oneself as unique in this field is no easy task. Mr. Zhao possesses deep insights into this matter, upholding the courage and self-awareness of "creating art that astonishes, or not creating at all." He immerses himself in a world as seen through his own eyes and remains committed to starting anew every day, with the firm determination to take even half a step forward in his lifetime①. Ultimately, he has succeeded in forging his own path and establishing his unique identity. He would rather fail in exploration than succeed in clinging to conventions. In the realms of color beauty, structural beauty, form beauty, and spiritual beauty in flower-and-bird painting, Mr. Zhao has achieved a distinct artistic culmination known as "New Freehand Flower-and-Bird Painting" and "Zhao School of Flower-and-Bird Painting". His brushwork can be both restrained and concise or bold and vigorous, consistently emanating a noble sense of confidence. This confidence stems from his reverence for nature and his years of dedicated effort. It represents the dignity of his brushwork, a result of his unwavering commitment to learning and his deep respect for the principles of nature.

Mr. Zhao once said "It is easy to replicate others' works, but challenging to surpass oneself ". His artistic creations depict enchanting scenes of snow-covered plum blossoms and graceful flying birds, symbolizing unwavering aspirations. With bold brushstrokes, he skillfully portrays the sinuous branches of the plum tree, capturing the resolute and upright spirit of the plum blossoms. Mr. Zhao's style transcends conventional norms, both in subject matter and artistic techniques. (Figure 19) Within the realm of flower-and-bird painting, Mr. Zhao particularly excels in depicting plum blossoms. His plum creations are not merely cold and desolate but embody a heroic and majestic essence. By infusing his personal aspirations and emotions into his artwork, he not only externalizes the spirit of art but also manifests the fusion of art and life itself. His paintings reflect a harmonious interplay between the depicted figures and the art they embody. Furthermore, Mr. Zhao's portrayal of eagles in his masterpiece, *Soaring and Flying* (Figure 20), sets him apart from other artists who have chosen eagles as their subject matter. The painting exhibits a grandeur and power that transcend time and space. In this artwork, by combining abstraction and concreteness, using color and form, and displaying techniques and expressions, it conveys the ideas of freedom and detachment in Zhuangzi's philosophy. His artistic vision surpasses that of Zhuangzi, transcending conventional boundaries and embracing a celestial inspiration. Mr. Zhao's works possess a unique personality and a distinctive style that sets them apart. His brushwork is powerful and upright, exuding a sense of freshness and elegance. His artworks effortlessly merge contemporary elements with a deep connection to the people, showcasing a rich blend of contemporary relevance and an innovative spirit. They exhibit a strong sense of the zeitgeist and radiate the charm of the Chinese spirit.

① Gao Yamei, and Zhang Yixing, "Staying True to Oneself and Seeking Innovation and Change—The Artistic Life of Zhao Meisheng, a Master of New Literati Flower and Bird Painting," *Journal of Tianjin Academy of Fine Arts*, 1(2019): 41–52.

Heartfelt Inkcolor

Mr. Zhao's paintings showcase his exceptional skill and distinct artistic style. His brushwork dances with ink, effortlessly blending reality and illusion. Ink takes center stage in his artworks, becoming the primary color rather than embellishment. Yet, upon closer examination, a familiar and resonant quality emerges, a testament to Mr. Zhao's unique style and exceptional talent. A crucial aspect of his art lies in his treatment of ink. Regardless of the subject matter, Mr. Zhao skillfully and purposefully employs ink, even amidst vibrant colors, ensuring its prominence as the foundational element. Every brushstroke considers the presence of ink, creating a harmonious interplay.

The unique materials of traditional Chinese painting, such as the brush, Xuan paper, and ink, contribute to its unparalleled aesthetic characteristics. Every stroke of the brush becomes a painting, and even the areas untouched by the brush form part of the composition. The interplay between black and white embodies the Chinese literati's understanding of the unity of opposites and a transcendent artistic realm. Mr. Zhao's treatment of ink in his paintings pushes the boundaries of traditional Chinese ink painting techniques, taking them a significant step forward.

In traditional Chinese painting, ink remains the core elements,with the use of bold red and purple colors being relatively rare. Mr. Zhao, as a traditional Chinese painter, employs ink extensively in his creative process. However, he goes beyond making ink the sole dominant color. In his depictions of figures and landscapes, he uses ink with transparency and fresh brushwork, exuding a unique charm that is both simple and profound. Mr. Zhao's artworks seamlessly blend the traditional essence of ink and brush with modern forms of expression and contemporary aesthetic sensibilities. They offer a fresh perspective and interpretation of Chinese painting. The distinctive features of Mr. Zhao's brushwork are reflected in the structural composition of his artworks. Through strong contrasts of shape and color, he reflects his profound artistic insights and interpretations (Figure 21).

Vivid Stroke

Mr. Zhao has engaged in various artistic disciplines and accumulated rich experience and knowledge through his creative work and research, which has laid a strong foundation for his remarkable artistic achievements. Among them, his comic creation has shown exceptional effectiveness. Mr. Zhao's artistic journey began with dynamic art forms such as comics, illustrations, and prints. In the early years of his career, he published over a thousand comic strips and four comic books. His exploration of comic creation techniques not only deeply influenced his artistic style but also brought new ideas and inspiration to the development of Chinese painting. By incorporating the conceptualization of Qi Baishi, he endowed comics with a unique style that earned the admiration of Hua Junwu. Through Hua's introduction, he joined the Chinese Artists Association and became a member. Mr. Zhao's comics present the following distinctive features.

First, the painting is vivid. The zodiac animals depicted by Mr. Zhao are not just individuals in their original natural habitats, but rather they are closely integrated with the modern era, exhibiting the clever and delightful qualities of comics. The little monkeys have ventured out of the wild forests and entered into our lives. They climb trees to pick fruits, reach great heights to offer peaches, extend their bodies to peer into the distance and engage in acrobatics with butterflies. Wearing colorful clothes and butterfly-shaped bows, they are busy delivering New Year's blessings to everyone. When the Year of the Rabbit calendar was released in 2011, it was received high praise and appreciation from both experts and the general public, who were deeply moved by Mr. Zhao's proactive and vibrant enthusiasm for life. He used anthropomorphic characters to depict the transition between the zodiac animals Tiger and Rabbit, with the tiger pulling a suitcase and the rabbit saying "Goodbye." This symbolizes the atmosphere of bidding farewell to the old year and welcoming the new year during the Spring Festival, presenting the traditional New Year's flavor in a more contemporary and lively manner, full of childlike wonder (Figure 22).

Second, the painting is elegant. In Mr. Zhao's perception, these zodiac animals possess a sense of freedom and purity, even surpassing that of humans. They radiate the vibrant energy of life, shedding ignorance, and diligently creating and embracing their existence. They paste Spring Festival couplets, convey well-wishes, and joyfully celebrate the Lunar New Year. These Zodiac animals serve the people with openness and dedication, embodying culture, refinement, aspirations, and a sense of transcendence. These zodiac animal paintings exude a delightful childlike innocence and sincerity, reflecting Mr. Zhao's return to simplicity and his pristine inner world. These lovable creatures serve as the mirror of his soul. Thus, Mr. Zhao's zodiac animal paintings depict the essence of his own unadulterated and pure inner being.

Desolation Sceneries

The artistic conception of desolation is one of the most common aesthetic characteristics in Chinese painting styles and techniques. It is deeply connected with traditional Chinese philosophy and is primarily influenced by Chan Buddhism. It embodies a sense of transcendence and ethereal beauty, while also representing the spiritual realm of traditional literati thoughts on paper. In ancient China, desolation was regarded as one of the fundamental characteristics of Chinese painting and the highest realm of artistic expression①. As a representative contemporary Chinese painter, Mr. Zhao not only adheres to this aesthetic principle but also boldly creates and breaks through within the artistic conception of desolation. This is not only closely related to his humanistic consciousness but also intertwined with the painter's spiritual interests.

In Mr. Zhao's landscape paintings, the compositions are unique, characterized by a varied and flexible brushwork. The colors and layers of ink are rich, creating a dynamic interplay between reality and imagination. These elements showcase his profound artistic skill. Although his works may not convey the desolation, they exude a passionate energy associated with it. Through careful observation and contemplation of natural landscapes, Mr. Zhao creates a serene and profound atmosphere in his paintings. Viewers can sense the essence of nature and the vitality of life. Employing a subtle color palette and concise brushstrokes, he transcends feelings of coldness, aloofness, and silence. Instead, he vividly depicts the intricate details of the natural scenery, embodying a distinctive and positive mindset. Viewers can perceive a vibrant atmosphere and a sense of optimism. For instance, in his painting *The Great Wall is Long* (Figure 23), the dark hues of the Great Wall, distant mountains, and ethereal snow scenes serve to highlight an immense affection for the homeland's landscapes.

Mr. Zhao's artistic creations are not confined to the realm of desolation and sparseness. Instead, he incorporates the vitality and tension of life into his work, consciously pursuing the aesthetic pursuit of showcasing beauty within life itself. The technique of desolation is not the underlying theme or inclination of Mr. Zhao's creations. With his restrained brushstrokes, he expresses a deep love for the mountains and rivers of his homeland and the exuberance of all things in the world. In a certain sense, this represents the aesthetic direction of contemporary Chinese painting, reflecting the artist's active self-awareness and a perfect embodiment of the cosmic sentiment. Mr. Zhao's evocation of a sense of desolation and sparseness is not meant as a vent for pain, but rather as a portrayal of freedom and detachment, shedding the superficial desires and flowing in harmony with the heavens and the earth, and merging with the mountains and rivers. Whether in terms of style or composition, one can witness a tranquil, vast, and lively realm, which is closely connected to Mr. Zhao's artistic cultivation and spiritual temperament. His works, such as *Mount Tai* (Figure 24) and the *Mount Hua* (Figure 25), transcend the mere depiction of physical objects, instead portraying the "A profound artistic conception in his heart" and embodying his yearning for the magnificent mountains and rivers that have witnessed the ebb and flow of history. His depictions remain true to emotions and faithfully capture the essence of nature.

---

① Zhu Liangzhi, "On the *Desolate and Cold Realm* of Chinese Painting", *Literary Research*, 4 (1997): 135–148.

Desolation, as the aesthetic pursuit foundation of ancient Chinese painters, has given birth to new and innovative aesthetics in contemporary Chinese painting. Mr. Zhao utilizes the underlying theme of desolation to express various emotions, resulting in artworks that possess a more energetic and impactful texture. Rather than following the lingering coldness after the portrayal of misty ancient trees in traditional Chinese painting, Mr. Zhao chooses the unique imagery of the homeland's mountains and rivers, integrating the sense of existence with the cosmic experience and creating a powerful psychological tension. In the midst of the chill, viewers seek warmth; in the coldness, they pursue freedom; in indifference, they yearn for tenderness, embracing desolation as an aesthetic pursuit[①]. In Mr. Zhao's Chinese paintings, desolation becomes an effective form of presenting vibrant vitality and the ambiance of life. Under a form of desolation, he encapsulates his love for all things in the world within his brushstrokes.

Section Two The Homage to the Nation

Ink and brushstrokes evolve with the times, and landscape is illustrated under the brush. Mr. Zhao's artwork consistently showcases remarkable pieces throughout different historical periods, capturing the spirit of the times and brimming with deep affection for the country, the Party, and the people. Through his depictions of China, he records the transformations of the era. Many representative works bear the imprints of their respective times, such as *Ode to the Red Flag in Dazhai*, *Comparisons Along the Long March*, *National Soul*, and *The Enduring Spirit of Yushu Unites the Nation, Moving Mountains and Rivers*. There is also a series of works commemorating the 70th anniversary of the Chinese People's War of Resistance Against Japanese Aggression and the World Anti-Fascist War, including *Awakening Lion at Lugou Bridge*, *Majestic Taihang Mountains*, *Five Thousand Years Up and Down*, and *Shaking the Mountains is Easy, while Shaking China is Hard*. Furthermore, Mr. Zhao often contemplates with gratitude, considering himself fortunate to have lived in such a prosperous era. His paintings subtly reveal a sense of aloofness, not in an overtly sharp or arrogant manner. His works are characterized by their simplicity, sincerity, and approachability, devoid of any intention to cater to popular tastes. This sincerity not only reflects his genuine devotion to art but also his heartfelt connection with the viewers. Art is a universal language that connects people, and it should not only be beautiful

① Yang Feng, "Exploring the *Desolate and Cold* Mood of Wang Shen's Landscape Paintings", *Calligraphy and Painting World*, 6 (2019):81–82.

but also sincere. Mr. Zhao's profound emotions are truly admirable, as he consistently remains devoted to his country and expresses gratitude to society. It is truly fitting that he has been honored with the prestigious title of "Outstanding People's Artist" by the nation.

Reverence to the Party

To commemorate the 100th anniversary of the founding of the Communist Party of China, Mr. Zhao feels an immense sense of honor and happiness. With a brush in hand, he eagerly completes the artwork titled *Centennial Party, Forever Youthful*, using heartfelt brushstrokes to depict the genuine emotions of an elderly Communist Party member. The fluttering red party flag and the sturdy, upright omoto nipponlily form a vivid contrast in composition and color, symbolizing the eternal youth and vitality of the Communist Party of China. Through a concise composition and distinct layers, the artwork expresses a profound understanding of the Party's development journey, which expressing a profound understanding of the development journey, flourishing with vitality after centuries of changes. It represents a deep appreciation for the Party's leadership in guiding the Chinese people towards national rejuvenation, demonstrating the goals of the two centenary missions.

With its exquisite design, *Double Happiness Arrival* harmoniously combines the traditional Chinese imagery of red couplets with the central motif of the "Double Happiness" characters, creating a vibrant atmosphere of celebration. This artwork not only commemorates the Party's foundation and the nation's foundation but also serves as an expression of the tremendous achievements China has attained under the leadership of the Communist Party. It reflects a profound confidence in the future and the exciting new path of development that lies ahead, demonstrates the Two Centenary Goals.

Emotion for Homeland

Shaking Mountains is Easy, Shaking China is Hard (Figure 26), evokes a solemn and resolute ambiance. It speaks of the history with deep sentiment and looks forward with determination, showcasing the Chinese people's aspirations for progress and the realization of the Chinese Dream. The ancient bronze cauldron, standing tall on the mountaintop, bears witness to the nation's past tribulations, symbolizing the unwavering pillar that signifies resilience and emanates a powerful and stirring force. The painting presents a predominantly cyan green-color scheme. The striking red color draws attention to the fallen Japanese military flag, symbolizing the shattered ambitions of the aggressors and the triumph of justice over fascist tyranny. The crowning touch focuses on the pure white dove, not only epitomizing the indomitable national spirit but also evoking the longing for peace and unwavering commitment in every compassionate individual. It signifies the collective aspiration to avoid the repetition of historical tragedies and forge a brighter future for humanity①.

Recordings of Golden Age

Five Thousand Years Up and Down (Figure 27) is a historically-inspired artistic scroll, serving as a magnificent chapter of a prosperous era. The artwork exudes a deep sense of history and a distinct sense of the times, offering a panoramic view of the historical journey from ancient times to the present. Drawing inspiration from the architecture of the National Museum of China, three bronze ceremonial vessels, and spacecraft rockets, it presents a thematic connection between ancient civilizations and modern technology, showcasing the continuous trajectory of Chinese civilization and its pursuit of a great rejuvenation. Drawing upon his wealth of life experiences, Mr. Zhao has once again risen to the challenge of artistry. With emotionally rich brushwork, he depicts the enduring and profound history of Chinese civilization. His bold breakthroughs have yielded unexpected results. Choosing this subject matter to create a masterpiece of the era showcases the artist's self-challenge, as well as a sense of historical responsibility and mission. It demonstrates exceptional skills and a unique style, deserving recognition and praise from both the contemporary era and the annals of history.

In commemoration of the 70th anniversary of the Chinese people's victory in the War of Resistance, the artist has created a magnificent masterpiece titled *Majestic Taihang Mountains* (Figure 28), showcasing the unwavering spirit of unity and resilience of the nation. This artwork boldly employs vibrant colors, with a predominant red tone under the sunlight. The color red is imbued with profound and abundant symbolism in the hearts of the Chinese people. It represents joy, festivity, and harmony, while also being a color associated with vitality and hope. Red is considered a cultural totem and a spiritual refuge in Chinese culture. The artwork is set against the backdrop of the majestic and undulating Taihang Mountains, while the foreground features the Eighth Route Army Taihang Memorial Hall and a procession of people. Dominated by the color red, with bold blocks of color and confident brushstrokes, the painting exudes a grand and powerful atmosphere. The brave sons and daughters of the Taihang Mountains, during times of national and ethnic crisis, fearlessly stepped forward, fought with unwavering determination and exemplified the indomitable spirit of the red revolution. In the midst of the nation's rapid

① Shu Yan, "Zhao Meisheng's Red Sentiments", *Art News*, August 29, 2015.

progress, this land, which embodies the legacy of the red spirit, continues to provide sustenance for the younger generation. It serves as an endless source of inspiration, empowering them to contribute to the development of their homeland and drive the nation's journey towards modernization to become a strong and prosperous country. In *Majestic Taihang Mountains*, Mr. Zhao purposefully portrays the Taihang Memorial Hall of the Eighth Route Army, nestled amidst the encircling mountains. The crowd, with unwavering determination ascends the steps of the memorial hall, raised their hands highly, holding red flags. This masterful fusion of history and present seamlessly intertwines, symbolizing the unbroken spirit of succession and the perpetual pursuit of revolution and national rejuvenation. The presence of towering pine and cypress trees on either side of the memorial hall adds depth to the artwork, highlighting the magnificent beauty of the mountains. The interplay of shadows created by the pine and cypress trees enhances the sense of space, further accentuating the grandeur of the scene.

On the occasion of the 70th anniversary of the Chinese People's Volunteer Army's participation in the War to Resist US Aggression and Aid Korea, Mr. Zhao drew inspiration from Mao Zedong's poem "Picking Mulberries on the Double Ninth Festival" to create *Fragrant Yellow Flowers on the Battlefield* (Figure 29). The artwork expresses a strong sense of revolutionary optimism. The presence of "yellow flowers" in the painting embodies the revolutionary optimism of the Chinese soldiers and civilians during the harsh war. It invites viewers to experience the "fragrance" of the yellow flowers both at a sensory and intellectual level, resonating with the poetic imagery of "fragrant rice flowers wafting in the wind on both sides of the river". Underneath the red base, yellow chrysanthemums bloom like vibrant sunflowers, exuding a powerful life force. They blossom within the porcelain vase held by the Chinese People's Volunteer Army soldiers. The artwork expresses Mr. Zhao's profound respect for the soldiers of the Chinese People's Volunteer Army and praises the Chinese people's cherished pursuit of peace and a happy life[①].

In a word, Mr. Zhao, as an outstanding Communist Party member, has made remarkable contributions to art education and the field of art. His series of red-themed artworks, including *Long Live the Motherland*, *Double Happiness Arrive*, *Majestic Taihang Mountains*, *Centennial Party, Forever Youthful*, and *Fragrant Yellow Flowers on the Battlefield* reflect Mr. Zhao's distinguished artistic career, his patriotic spirit, and his ability to capture the essence of the main theme. Political themes are not easily portrayed in artistic creations, but Mr. Zhao has successfully grasped and mastered these themes through his unique conceptualization, profound knowledge, and refined skills. His works exhibit profound ideological connotations and demonstrate a high

① Zhao Mo, "The Evergreen Hundred-Year Party", *China Art News*, March 15, 2021.

level of artistic accomplishment. As time passes and history recedes, Mr. Zhao's artworks vividly showcase the passion of a responsible and dedicated artist who delves deep into life and roots himself in the people①.

Section Three The Beauty of Flowers and Birds

Mr. Zhao believes that painting requires intellectual engagement and exploration. Without exploration, the formal aspects of painting, artistic potential cannot be realized, and art itself would cease to exist. Mr. Zhao is known for his distinctive and innovative approach in the field of Chinese painting. His artworks reflect his profound understanding of Chinese painting and unique insights. Since the Five Dynasties and the Northern Song Dynasty, the art of flower-and-bird painting has gone through a process of maturity and refinement, following the achievements of the Huang Quan and Xu Xi. In modern times, particularly after the peak achievements of Wu Changshuo and Qi Baishi, surpassing the accomplishments of previous artists has become increasingly challenging. Many artists spend their entire lives either imitating the ancients or repeating their own styles②. Mr. Zhao's works do not possess the detached elegance of the ancient masters or the worldly charm of contemporary artists. Instead, they express a deep comprehension of the true essence of nature. Mr. Zhao has indeed put in diligent effort in this regard and has created an artistic style that is distinct from others. Compared to traditional Chinese flower-and-bird paintings, which were often viewed as distant and secluded, Mr. Zhao's works are considered more "worldly" modern, and vibrant in their expression.

Mr. Zhao, with his unique artistic vision, creatively expands the subject of his paintings. In his eyes, even ordinary wildflowers, weeds, fallen leaves, and withered branches possess a refined and exceptional quality, brimming with vibrant vitality. Unlike the traditional admiration for opulent subjects like peonies, Mr. Zhao finds beauty in the understated elegance of plum blossoms, orchids, bamboo, and chrysanthemums, which were cherished by ancient scholars. Mr. Zhao incorporates previously overlooked or rarely depicted subjects into his paintings, such as tulips, bittercress flowers, prickly pear cacti, spider lilies, birds of paradise, gentleman orchids, sword lilies, firecracker flowers, white pigeon flowers, Chinese hibiscus, and numerous

① Zhao Mo, "The Evergreen Hundred-Year Party", *China Art News*, March 15, 2021.

② Zhao Meisheng, Zhang Huanjun, Li Xingyuan, Wang Qi, "The Graceful and Bold-Interview Record of Mr. Zhao Meisheng", *Shanxi Archives*, 5(2012):5–14.

unnamed wildflowers and miscellaneous plants. These new subjects, under his brush, are not merely rendered with simple depictions but infused with a profound human spirit, while he also emphasizes the exploration of their underlying cultural significance. Mr. Zhao believes that the spatial arrangement of a painting should be crafted in a manner that exudes beauty. He emphasizes the importance of a well-structured composition, which requires systematic organization to achieve expressiveness. Through his artistic journey, Mr. Zhao explores a painting language that harmoniously combines the traditional cultural spirit, techniques, and genres of Chinese painting with the elements of modern art, contemporary form. This unique language embodies modern aesthetics and showcases the distinctive style of "Zhao School of Flower-and-Bird Painting" within the contemporary Chinese flower-and-bird painting community[①].

Novelty in Peculiarity

Mr. Zhao believes that the artist's ability to perceive and appreciate art subjectively is crucial, particularly in terms of form, requiring intellectual exploration to constantly discover and create beautiful forms. He frequently engages in sketching, capturing the essence of the subject through observation, analyzing its structure, and finally abstracting it, giving the forms a clear expressive direction and establishing his own style. His approach to form is based on the ink and brushwork that evoke a sense of design elements, reshaping the images between resemblance and non-resemblance[②]. Mr. Zhao's focus is not on expressing postures, actions, or narratives, but on enhancing the visual beauty of artistic forms and injecting more artistic abstract meaning. In his paintings, the subjects are no longer purely objective representations, but rather artistic images that have been studied and transformed, a process that Mr. Zhao often refers to as "fermentation". This process involves simplification, variation, exaggeration, and abstraction, simplifying the subjects, conveying concise yet meaningful expressions, and elevating them to the fundamental forms of artistic design elements. Mr. Zhao's ink strokes and color choices vary according to the requirements of his artistic forms. His simplicity is achieved through condensation, extracting the essence by eliminating unnecessary brushwork, and providing a more profound spiritual expression.

Mr Zhao's portrayal of sparrows, seagulls, and chickens can be depicted with just a few brushstrokes. The transformed forms of lotus flowers, peonies, and narcissus exhibit a harmonious blend of brushwork, ink, and shape. These forms condense specific objects into abstract expressions using dots, lines, planes, squares, circles, and triangles, evoking a strong

① Zhao Meisheng, *Collection of Works by Famous Modern and Contemporary Chinese Artists Zhao Meisheng*. (Beijing: People's Fine Arts Publishing House, 2006), p.8.

② Zhang Jie, "A Preliminary Exploration of the 'New' Content of Zhao Meisheng's Chinese Paintings" (Master Diss., Shanxi University, 2015).

sense of formal beauty. When comparing Mr. Zhao's bird paintings to those of Zhu Da, both artists prioritize brushwork and pay attention to the composition of the artwork. However, they convey different personalities and emotions. Zhu Da channels his discontent with society into his imagery, expressing emotions through his brushwork and allowing emotions to shape the forms, resulting in a sense of suppressed emotions. The birds' eyes reveal disdain for worldly matters and dissatisfaction with reality, showcasing a cold and rebellious beauty, a spirit of resistance. In contrast, Mr. Zhao's birds capture subtle life experiences, the vibrant energy between heaven and earth, a certain spirit and the "emotional" beauty, translating them into artistic forms. Through their visual effects, compositional angles, and formal expressions, his paintings emphasize a sense of praise, focusing on the interplay of black and white, square and circular relationships, and the interplay of density and sparsity. This strengthens the artistic imagery and visual appeal. Mr. Zhao's birds exude a spirit of vitality, either they are racing to fly, or pecking at the cold and playing in the water, or at rest, showcasing a rhythmic beauty. The birds are portrayed with liveliness, charm and a serene self-assurance, capturing the essence of life. His artwork embodies the open-mindedness of modern individuals and the artistic appeal of contemporary composition (Figure 30).

Reality in Illusion

Mr. Zhao places great emphasis on the significant contrasting relationships between various elements of brushwork and composition in his paintings, which is a major characteristic of his Chinese painting style. Through the interplay of structure, light and dark contrasts, color contrasts, and reconfiguration, he enriches the expressive forms of Chinese flower-and-bird painting, expanding the visual impact and infusing them with a fresh artistic appeal. For instance, the contrast between abundance and scarcity is frequently employed by Mr. Zhao in his use of color, resulting in striking artistic effects characterized by intense aggregation or infinite dispersion. This contrasting approach can be observed throughout his compositions.

One of the common contrasting relationships found in Mr. Zhao's artworks is the contrast between black and white, as well as the contrast between lines and groups of lines, and between lines and shapes. The most prominent among them is the significant black and white contrast. Mr. Zhao often utilizes large areas of ink to support the central theme of his works, to highlight the conceptual aspects of the artwork. The darkness and lightness of the ink create a transformation where the depicted objects in the artwork no longer possess literal qualities. From dots to surfaces, from specific to abstract, viewers are encouraged to contemplate and interpret the artwork for themselves. The black and white contrast can also be referred to as the contrast between reality and illusion. In works like *Autumn Wind at the Pottery Studio* (Figure 31), the interplay of black and white, the strategic use of negative space, and the delicate interdependence between reality and illusion create a subtle and harmonious balance.

In terms of line group structure contrast, one can clearly perceive in Mr. Zhao's painting *Tulips* (Figure 32) the presence of lines that vary in thickness, darkness, lightness, and intensity. The various lines come together in the composition, creating a harmonious blend of "bold and subtle, fitting in harmony", showcasing the vitality of the tulips. As for the striking contrast between lines and shapes, in *Sailing Waves* (Figure 33), two fish playfully swimming side by side are juxtaposed against a large blue silhouette that occupies a significant portion of the painting. This stark contrast creates a powerful impact. In this artwork, Mr. Zhao skillfully employs shadows to design the composition, dynamically showcasing the tangible aspects of the depicted subjects. The innovative composition effectively highlights the theme.

In his artistic practice, Mr. Zhao employs a method that avoiding the conventional path injects vitality into composition: he embraces what others overlook and discards what others pursue. His compositions are not adorned with superficial decorations or traditional motifs like folded branches and flowers. This distinctive approach imbues Mr. Zhao's artworks with a sense of novelty and agility.

Brushworks for Forms

In Mr. Zhao's artworks, the repetition of form elements often occurs, creating a rhythmic flow and generating a harmonious and visually captivating effect. Mr. Zhao states that he doesn't depict the various postures of flowers to achieve a lifelike representation. Instead, he repeatedly incorporates subjective forms as the fundamental elements, with the purpose of emphasizing the reproduction of the theme.

When painting *Magnolia* (Figure 34), Mr. Zhao achieves emphasis on the theme through repetitive use of a fundamental form. The magnolia flowers, covered in white powder and arranged in a pattern of repetition with the flower buds, create a composition resembling the surging of spring tides. Several exquisite magnolia blossoms cluster together, exuding a sense of purity and serenity. Mr. Zhao's highly concise Chinese brushwork conveys profound and rich artistic effects.

In his mastery of brush and ink, Mr. Zhao has reached a remarkably high level. One notable characteristic is his pursuit of vigorous brushwork, particularly evident in the depiction of mountains, rocks, birds, and especially flowers. The composition and organization of lines in his artwork exhibit a robust and powerful momentum, highlighting Mr. Zhao's outstanding artistic style.

Colors for Ingenuity

Having delved into Western painting, Mr. Zhao, dedicated considerable effort to the study of color. By the 1970s, when he was approaching fifty years old, he would carry a small painting box and find time every day to create watercolor sketches. As a result, the color tones of Western painting naturally found their way into his Chinese flower-and-bird paintings. Amidst the vigorous and seasoned black ink strokes or the moist relationship of ink capturing spring rain, the colors in his works are bright but not fiery, light but not thin, exhibiting a warm, rich, and refined quality. This forms a style that is delicate yet not overly coquettish, vibrant yet not ordinary. His works possess a clear tonal quality and a rich and harmonious color palette. In the realm of Chinese painting, where ink forms the flesh and lines serve as the texture, colors are applied through contrasting relationships such as complementary colors, intermediate colors, and contrasting colors, representing the dominant color tones in each composition. Colors, in Mr. Zhao's works, remain an element within the construct of Chinese painting, with the purpose of enriching its expressive power, while the fundamental essence of Chinese painting remains unaltered. For example, his skilled use of earthy yellow in Western paintings is also subtly employed in Chinese painting. Mr. Zhao employs white in bold expressive strokes, forming a strong contrast with black ink, resulting in a style that imparts purity and nobility to subjects such as white lotus, white chrysanthemum, and white magnolia.

Jean Auguste Dominique Ingres believes that the essence of art lies in profound thinking and lofty passion. Mr. Zhao, a lover of life, expresses his personality and free emotions through his artworks. He embodies integrity, sanguine, and a sincere, kind, and warm character with a childlike innocence. As a result, his works neither carry the detachment of the ancients, who were unappreciated in their talents, nor exhibit the excessive worldliness of contemporary individuals. This is a true embodiment of following the laws of nature and a reflection of the natural expression of supreme good is like water. Mr. Zhao dedicates his wisdom and energy entirely to art. He paints with passion, yet his compositions exude a sense of calmness. He maintains a positive and non-striving mentality, which precisely contributes to his achievements and cultivates within him a pure heart, an optimistic outlook, and a healthy and sunny disposition. His paintings are expansive, bold, vigorous, and imbued with a refreshing naturalness, radiating an upward vitality. He does not merely depict the literal sunlight of nature but rather expresses the imagery of a sunny mindset, which is the beauty and artistic conception of his works. This mindset allows him to study the art of painting with tranquility and composure regardless of the circumstances.

The painting *Vitality* (Figure 35) depicts two cabbage plants sprouting and blooming. In the warm days of early spring, Mr. Zhao entered the kitchen and noticed the cabbage plants taking the opportunity to sprout new shoots and bloom. Sensing the vitality of spring and the tenacity of life, he couldn't help but pick up his brush, and on the canvas, he captured the innocence of a childlike heart and the pure beauty of the moment. Mr. Zhao constantly observes the beauty in everyday life. Even the common winter cabbage, so prevalent in the northern region, becomes the protagonist of his painting. Amidst withered leaves, flower stalks emerge, and delicate yellow flowers bloom, exuding vibrant vitality in the midst of desolation. The seemingly inconspicuous winter cabbage possesses a unique sense of beauty, bringing hope to the viewers, resembling the ordinary but resilient commoners who have silently striven upwards for thousands of years.

The simplicity and purity reflected in Mr. Zhao's paintings are also evident in his life. He maintains a straightforward mindset, manages his time efficiently, works quickly, engages in few social activities, and harbors modest desires. Mr. Zhao once remarked that painting is not merely a manual activity; it requires intellectual engagement and heartfelt dedication. He emphasizes the importance of concentration, consistency, and exercising one's mind with thoughtful contemplation. Perhaps it is this realization that has allowed him to grasp the essence of flower and bird.

Mr. Zhao's profound understanding and application of formal relationships allow his paintings to encompass a wide range of subjects and exhibit diverse compositions. His artistic creations are characterized by a surge of emotions, as he paints with a sense of spontaneity and freedom, effortlessly expressing his inner thoughts and feelings. This natural and uninhibited approach to his flower-and-bird paintings reflects a state of artistic liberation[①]. Appreciating Mr. Zhao's paint is a spiritual delight, akin to observing a nimble and agile porter carrying a heavy load up Mount Huang. This relaxed state of mind is also evident in his lifestyle, as he embraces a sense of ease and grace. Mr. Zhao's works not only showcase his profound mastery of brush and ink, but also convey a fervent artistic passion and rich spiritual depth. They resonate with the essence of his character, reflecting his pursuit of integrity, uplifting qualities, and an unwavering commitment to embracing the bright spirit of the times.

Mr. Zhao's flower-and-bird paintings seamlessly blend modern compositional elements with the inherent characteristics of this art form, showcasing his deep love for all beautiful things. His artworks embody a contemporary touch while maintaining the essence of traditional form, resulting in high-quality Chinese flower-and-bird paintings that resonate with the spirit of the times. Not only does Mr. Zhao possess a keen sensitivity to emotions, but he also skillfully employs various painting techniques to express diverse aesthetic experiences.

Drifting Purple Waves of Spring (Figure 36) diverges from a literal portrayal of wisteria flowers. Rather than depicting their individual clusters and natural forms, it artfully arranges them into a mesmerizing expanse of purple hues that instantly conveys the vibrant spirit of spring,

① Liu Xilin, "New Meanings and Unique Flowers—Artistic Analysis of Zhao Meisheng," *Shanxi Daily*, January 30, 2008.

evoking a surge of life and a flourishing atmosphere on the canvas.

Within the *Ink, Paper, Porcelain Delights Series* (Figure 37), Mr. Zhao showcases his mastery by leveraging the interplay between ink tones and the black-and-white contrast of Xuan paper to highlight the exquisite contours of porcelain. Infused with a lively and spontaneous touch, he adorns the compositions with flourishing depictions of flowers and birds. The result is a mesmerizing sight where fish appear to swim in dishes and flowers delicately float in vases. Despite their modest dimensions, these artworks captivate with their refined aesthetic appeal, offering viewers a delightful visual experience[①].

Mr. Zhao's flower-and-bird paintings are most notably epitomized in his depiction, appreciation, and understanding of plum blossoms. Plum blossoms, as the foremost among the "Four Gentlemen", exhibit elegance and resilience, blooming proudly even in the cold, resonating with Mr. Zhao's personal experiences and character. Employing asymmetrical compositions, he often employs broad strokes of ink or color to accentuate the background, thereby highlighting the elegance and charm of the flowers and birds. The contrast between ink and color creates a dynamic tension, imbuing the artwork with a sense of grandeur while maintaining overall balance and harmony.

The fundamental form of plum blossoms is comprised of multiple circles. Dotting plum blossoms does not entail rendering their floral shapes; instead, it involves meticulously outlining and dotting numerous circles repeatedly, aiming to create a sense of density and space. Set against sturdy plum branches, each plum blossom is depicted distinctively, contributing to the overall rhythm and relationship. Similarly, when portraying leaves, the arrangement and depiction of leaf veins are not merely based on natural ecological structures but are adjusted to enhance the overall dynamic of the composition. Through the composition of rhythmic beauty, Mr. Zhao's artworks are infused with vitality. His plum blossom paintings have transcended mere representation; they encapsulate his emotions and aspirations, embodying the sublime fusion of his life's experiences and artistic pursuits.

Mr. Zhao's artwork spans a wide array of themes. Employing innovative compositional techniques, he not only captures the distinct personalities of plum, orchid, bamboo and chrysanthemum but also finds inspiration in any flower from the natural world that moves him, expressing its beauty on Xuan paper. This approach results in Mr. Zhao's distinctive stylistic flair. In his painting *Full House of Red* (Figure 38), Mr. Zhao writes, "With a stroke of the brush, I freely convey the language of the cold plum, splashing colors with abandon, filling the room with red." He further reflects, "Recalling the past, the cold plum accompanied me, invigorating my spirit day by day. Now, with renewed enthusiasm, I converse with the plum through my brush,

① Zhang Qing, "Integrating the Past with the Present, Creating a Unique Style—An Initial Understanding of Zhao Meisheng's Art," *Art Education Research,* (16) 2014:10–11.

as one would with a friend." Mr. Zhao considers plum blossoms as companions, engaging in heartfelt conversations and sharing emotions. The plum's character is ingrained in his essence; he praises its resilience in braving wind and snow, extolling its unyielding nature. Embodying the character of the plum in life and work is the root of his admiration and affection for it.

Section Four
The Ancient Spirits in Transcending Norms

In the *Analects*, Confucius expounds, "Aspire to the Way, rely on Virtue, abide by Benevolence, and enjoy Art." "Enjoying Art" signifies the liberty inherent in artistic expression. Mr. Zhao's works reflect a pursuit and appreciation of artistic freedom, finding inspiration in nature's landscapes, flora, fauna, as well as in the wisdom of predecessors and ancient artifacts. He channels his thoughts and emotions into his creations, embodying the freedom and richness of his artistic form. Mr Zhao's refusal to be confined by fixed rules is what allowed him to forge his own path, leading to his outstanding achievements[①].

Ancient Sculptures

Mr. Zhao holds a deep affection for his ancestral homeland in the Central Plains, particularly for the rich heritage of Chinese civilization and ancient Eastern art that flourished in the Jin (the alternate name of Shanxi Province) region. Countless ancient architectural marvels and cultural relics, such as the Tianlongshan Grottoes in Taiyuan and the Ming Dynasty sculptures at the Shuanglin Temple in Pingyao, serve as abundant sources of inspiration for his artistic endeavors[②]. Proficient in creatively absorbing the traditional art form of ancient sculptures, Mr. Zhao utilizes this technique to enrich his Chinese painting creations. Each of his paintings is accompanied by detailed inscriptions that elucidate his artistic style. For instance, when commenting on the relief carvings found on General Huo Qubing's tomb, he remarked: "This represents a fusion of relief and line carving techniques. The figures are depicted with a rustic simplicity and robustness,

① Shao Dazhen, "Staying True to Oneself, Creating a Unique Style," *China Art News*, November 24, 2012.

② Zhao Meisheng, Zhang Huanjun, Li Xingyuan, Wang Qi, "The Graceful and Bold—Interview Record of Mr. Zhao Meisheng", *Shanxi Archives*, 5 (2012): 5–14.

exuding a deep and composed style, particularly in the adept use of symbolic elements which adds an enchanting artistic allure"①. It is evident that ancient sculptures profoundly influence the artistic essence of Mr. Zhao's work.

Mr. Zhao excels at combining images of ancient artifacts from different times and spaces. For instance, he places a stone statue of Bodhisattva head from the Northern Qi Dynasty in Qingzhou, Shandong, next to the damaged statue of a Bodhisattva torso from the Tang Dynasty from Xi'an, creating a striking visual comparison. Additionally, he contrasts the static elderly man figurine from the Sui Dynasty in Changsha with the dynamic Tang Dynasty equestrian figurine from Li County, Shaanxi②. Through these compositions, Mr. Zhao conveys his own reflections and prompts viewers to contemplate deeper meanings. By integrating the beauty of ancient sculptures with his reinterpretations, Mr. Zhao's work embodies a unique artistic style that combines elements of ink painting, sculpture, cartoons, and cultural refinement spanning ancient and modern times. (Figure 39)

Mr. Zhao's Chinese painting *Bird Totem* (Figure 40, collected by Shanxi Museum) is depicted with bold and concise brushwork, not limited by intricate detailing, yet perfectly capturing the essence of bird imagery. Mr. Zhao possesses profound knowledge of avian form and vividness, and has developed a distinctive approach to shaping and painting. His portrayal of birds is dynamic and lively, focusing on capturing their vitality and spirit rather than static representation.

Ancient Sages

Mr. Zhao's approach to painting figures sets him apart from other artists. He begins by applying color to the facial features, then uses ink to outline the contours, creating a striking effect where ink breaks through the color. The flowing rhythm of the clothing lines embodies the typical charm of Chinese painting, characterized by its undulating and rhythmic brushwork. Complementary elements in the composition serve the needs of character portrayal, reflecting this profound spiritual essence. With his unique insights into brush and ink techniques, Mr. Zhao conveys his understanding of Chinese painting, emphasizing the importance of gradually exploring the wisdom of ancient artists rather than simply replicating their techniques. Through constant refinement and introspection, he aims to inherit the essence of Chinese painting within his own artistic realm.

---

① Liu Xilin, "New Meanings and Unique Flowers—Artistic Analysis of Zhao Meisheng," *Appreciation of Masterpieces,* 28 (2009): 125–129.

② Zhang Qing, "Integrating the Past with the Present, Creating a Unique Style—An Initial Understanding of Zhao Meisheng's Art," *Art Education Research,* (16) 2014:10–11.

Mr. Zhao infuses comic brushwork into traditional Chinese character painting, presenting a distinct image of Guan Yu with bold and rugged lines. Rather than depicting him in his martial splendor, Mr. Zhao chooses to portray him engaging in the scholarly pursuit of reading by candlelight, offering a refreshingly unique perspective. Historically, Guan Yu was honored as a symbol of supreme righteousness, embodying the spirit of loyalty that is core to the Chinese national ethos. His noble virtues and extraordinary commitment to loyalty are deeply embedded in the collective memory of Chinese nation, allowing the painter to express his perspective on human values via his painting. Mr. Zhao's selection of this theme also showcases the artist's dedication to preserving and promoting Chinese history and culture. Through Mr. Zhao's masterful brush, the legendary tales and persona of Guan Yu, as an emblem of ancient Chinese culture, dynamically touch the hearts of all who live within the emotional landscape of the Chinese nation (Figure 41).

Mr. Zhao adeptly uses freehand ink to capture the spiritual essence of Fu Shan, executing his strokes with a decisiveness that demands completion in a single breath, ensuring the vitality flows throughout the piece. The portrayal is dominated by expansive swaths of ink and fluid lines, with the brushwork being succinct yet powerful, sculpting a dignified form that reflects Fu Shan in a moment of deep contemplation. Fu Shan, a towering figure of Daoist thought and culture from Shanxi during the transition from the Ming to the Qing Dynasty, was esteemed as a "sea of learning." His expertise spanned an impressive array of disciplines, including philosophy, medicine, alchemy, Confucianism, Buddhism, poetry, calligraphy, painting, epigraphy, martial arts, and historiography. In the defiance of the Qing to restore the Ming dynasty, he immersed himself in the practice of martial arts, aiming to excel in both scholarly pursuits and physical combat. He rejected official positions offered by the Qing court, choosing instead to retreat into the mountains where he dedicated himself to medical research, a testament to his profound sense of national integrity. The inscriptions accompanying Mr. Zhao's painting not only commend Fu Shan's artistic valor but also endorse his political convictions, providing insight into the deep respect and acknowledgment of Fu Shan's multifaceted legacy. (Figure 42)

Ancient Architecture

Many ancient temples in Shanxi are built on mountains, utilizing local materials, towering into the clouds, and appearing as if suspended in the air, leaving observers in awe. The architecture often features grand courtyards, embodying the essence of folk architectural art and reflecting an atmosphere of grandeur akin to a vast ocean. Mr. Zhao's profound appreciation for Shanxi's architecture is vividly reflected in his works.

In Mr. Zhao's *Xuankong Temple of Mount Heng* (Figure 43), Western landscape painting is ingeniously merged with traditional Chinese landscape art, blending the rich visual forms of the former with the understated poetic essence of the latter to achieve a harmonious balance amidst stark contrasts. The Xuankong Temple, perched in a perilous spot with its majestic architecture nestled among towering cliffs, is depicted as an architectural wonder. In this work, Mr. Zhao adopts a flattened structure and vibrant, decorative colors, applying broad, forthright brushstrokes that build up and cover, crafting a solid sense of volume for the mountain and a texture that undulates and varies. The sparing use of yellow amidst the predominantly black tones serves as an accent, roughly outlining the architectural structure without confining itself to the inherent characteristics of the objects. This approach emphasizes the expressive power of color and material, creating a spatial composition that is both sparse and dense, evoking a cohesive artistic conception.

In the *Ancient Shanxi Merchant Compounds* (Figure 44) series, Mr. Zhao captures the architectural essence of Shanxi's residential buildings with layers upon layers of eaves, creating a compact yet staggered rhythmic sensation. The yellow lights within the cyan buildings are particularly striking, achieving a clever balance in both color and composition. Mr. Zhao skillfully reconstructs different historical and cultural landscapes within the same frame, based on the desired artistic conception, juxtaposing them in a meaningful way. This approach breathes new life into the grand courtyards, generating a fresh ambiance and interpretation.

Section Five The Life's Tapestry Across Lands

Among the vast array of Mr. Zhao's works, there is a unique series of paintings under the theme "Western Impression" featured with Chinese ink and brush techniques. These works attempt to blend Eastern and Western artistic methods through the language of ink painting, reflecting on the integration of Chinese and foreign cultures. In 2000, Mr. Zhao visited France, Italy, the Vatican, and Spain, where he toured museums and art galleries with an artist's passion and keen observation. His experiences and observations were recorded with innovative approaches in composition, color application and form, resulting in works that are filled with passion and excellence. These pieces stand out for their distinctiveness and superiority, capturing the vivid observations and fresh emotions of his travels abroad in a manner that is both realistic and abstract.

The fusion of cultures and the confidence displayed in these works serve as the best testament to the successful integration of diverse cultural expressions.

Beyond his exploration of how Chinese painting can engage with the global art scene through his creations, Mr. Zhao is personally committed to the international exchange of Chinese art. Within his series of works "Western European Impression" (collected by Shanxi Museum), comprising 40 paintings, one can observe distinctive treatments such as the contrast of blocks, which enhances the overall unity, strength, and tension of the compositions. Mr. Zhao's artworks strive for breakthroughs within the flat space of the canvas, transcending the limitations of three-dimensional natural space. He ventures into a multi-dimensional approach that blends reality with abstraction, freeing his work from the confines of formality. Skillfully laying out the characteristics of both Eastern and Western painting on paper, Mr. Zhao transforms his artistic inspiration into brushstrokes and colors, elevating the depicted subjects with vibrancy and turning them into classics.

Exotic Elegance

During his travels, museums and art galleries were indispensable stops for Mr. Zhao, whose experiences viewing exhibitions were also articulated through his brushwork. The travelogue requires succinct ink lines that craft works imbued with lyrical expressiveness, aiming to communicate his personal impressions. Mr. Zhao draws the audience into the realm of Western European culture, both ancient and contemporary, with portrayals of iconic figures like *Venus* and *The Winged Victory* (Figure 45). Emphasizing coherence in his compositions is a distinctive trait of his work; he deliberately stresses the overall interconnectivity within compositions marked by significant contrasts. His approach is to simplify yet enrich, achieving precision and attention to detail. Through the strategic emphasis on the main subjects of sculptures and the contrast with the spatial ambiance surrounding them, Mr. Zhao ingeniously positions Auguste Rodin's *The Thinker* (Figure 46) beneath a vertiginous dome, as if engaging in a shared contemplation with the viewer. This method creates a meticulously structured, compact, and sharply defined thematic composition, significantly enhancing its visual impact.

Ancient Trails

The ancient depth merges with today's viewers, where realistic architectural details and abstract spatial arrangements achieve unity among dark ink patches and vibrant, dislocated color blocks, unveiling a novel charm. (Figure 47) Mr. Zhao daringly employs vivid and intense colors like vermilion, lake blue, and lemon yellow, which complement the ink hues, creating a striking visual contrast without seeming abrupt. This approach grants Western classical architecture a sense of flowing rhythm and historical narrative, keenly expressing the painter's cultural encounters in Western Europe and articulating his embrace of cultural juxtaposition and permeation (Figure 48).

Local Living

Mr. Zhao meticulously arranges his compositions to evoke a cohesive spatial experience. His paintings, appearing fragmented by bold blocks and deliberate lines, unveil exotic vistas with distinctive imagery. In his depiction of Madrid, a significant Spanish city, he skillfully contrasts yellow hues against broad swaths of ink to capture the city's nocturnal ambiance. The intense warmth of *Night Market in Western Europe* (Figure 49) is rendered through vibrant yellow blocks, while *August in Madrid* (Figure 50) uses blue and orange to depict monuments amidst the sweltering heat, vividly bringing the atmosphere to life. Mr. Zhao, who prefers observation to imitation, demonstrates his profound painting skills by infusing his works with a unique sense of artistic confidence and sharp perception. He blends Eastern ink techniques, capturing both realism and abstraction, with the fluid lines of Western architecture. This fusion creates a modern tableau that harmonizes Western modernity with traditional Chinese art. His series "Exotic Journey to the West" reflects his deep engagement with the everyday lives of people, showcasing his respect and insightful perspectives on diverse cultures.

To understand Mr. Zhao's creative journey, artists might reflect on several key questions: How does an artist develop their own aesthetic signature? How can they maintain this uniqueness in the face of contrasting Eastern and Western cultural influences? And how should they approach the adoption or rejection of foreign artistic elements? In his works that capture the essence of exotic locales, Mr. Zhao relies on traditional mediums, which are inherently bound by the properties of ink and Xuan paper, presenting a considerable challenge to convey exotic atmospheres without resorting to artificial constructs. The difficulty can be imagined. Mr. Zhao takes bold steps in his compositions and brushwork, moving away from some traditional painting methods. He actively incorporates the compositional features of Western watercolors, avoiding clichés and breaking free from conventional molds. By ingeniously blending watercolor and ink techniques, he creates a distinctive fusion that not only sets his work apart but also serves as a bridge between cultures, offering a novel perspective on the integration of diverse artistic traditions.

Section Six The Inscriptions and Seals

Mr. Zhao's calligraphy and seal carving exhibit an ancient and seasoned charm, reflecting the essence of the universe in a compact space. This skill is enhanced by his extensive experience in comic creation, embodying the principle that the artist's essence is evident in both their paintings and their calligraphy. Mr. Zhao's calligraphy and seal carving share the same philosophical underpinnings as his painting, serving as mutual complements to enhance each other's beauty.

Calligraphy Style

Mr. Zhao's calligraphy can be described as "absorbing the styles of Yan Zhenqing and Liu Gongquan, melding the ancient with the contemporary"[①]. In the inscriptions of his works, he has stated: "Calligraphy adheres to established principles, which have been handed down to the present. These should be practiced diligently. However, merely adhering to these principles rigidly without understanding their essence will not lead to mastery; the goal is to achieve simplicity. Therefore, one should blend the ancient with the innovation of the present." When viewed individually, Mr. Zhao's calligraphy imparts sensations of "clumsiness", "simplicity", "quirkiness", and "authenticity." This "rustic" and "peculiar" quality forms the essence of his unique calligraphy style's charm. The "painting-like" primal imageries, merging the distinctive aesthetic developed in his painting with calligraphy, resonate profoundly and intuitively with viewers.

Mr. Zhao's square calligraphy work *Eternality of Chinese Calligraphy and Painting* (Figure 51) showcases skillful brushwork, balancing density and sparsity, with the black and white layout enhancing the sense of depth and space. The lines emphasize emptiness, leakage, and transparency, freely intertwining solid brushstrokes with voids across the canvas. The transformation and deconstruction of character forms surpass imagination yet remain highly recognizable. The inscription and seals are cleverly placed, each stroke seemingly effortless but laden with immense ingenuity, capturing the vitality of life and the bold spirit of Mr. Zhao's creation in a single breath. Though a calligraphy piece, it subtly incorporates elements of painting. Despite focusing on text, the composition on paper offers a strong visual impact, where the integration of dots, lines, and shapes reveals ingenious thoughts beyond words, demonstrating the enduring power of ink lines.

---

① Zhang Qing, "Integrating the Past with the Present, Creating a Unique Style—An Initial Understanding of Zhao Meisheng's Art," *Art Education Research,* (16) 2014:10–11.

Seal Engraving

Mr. Zhao is not only passionate about calligraphy and devoted to creation but also enjoys studying and practicing seal carving, reflecting his distinct artistry style. He extends the profound comprehension of Chinese freehand aesthetics from his paintings to his seal carving art, applying a self-reliant, naive, and simplistic style. This approach results in seals that complement his painting style, merging meticulousness with romance, producing over two hundred seals throughout his career. In 2014, the publication of *Lao Mei Zao Shi* (Figure 52) by *Chinese Artist*, which collected Mr. Zhao's seals, drew significant attention from the seal carving community.

Mr. Zhao once specially engraved a square seal of "Guo Zhu Shu Yi" for Zhao Guozhu, a member of the Chinese Calligraphers Association. The characters on this seal blend different font styles, combining in a harmonious and well-arranged manner.[①] The character 国 (Guo) is displayed in large seal script, 柱 (Zhu) in small seal script, 书 (Shu) in cursive script, and 艺 (Yi) in a combination of seal script and clerical script. Currently, most seal makers prioritize practicality, emphasizing the visual impact and the use of vermilion ink. They pay attention to different schools or engraving techniques. However, the design of this Mr. Zhao's seal leans towards amusement and cleverness, with ingenuity applied to the layout and composition. It reflects originality and avoids blindly following established schools, showcasing the gentleman's pure and rustic nature, romantic and childlike innocence, and the pursuit of novelty and skillfulness, all of which is demonstrated in a single seal.

Mr. Zhao's artistic creations have grown profound alongside the developmental journey of The People's Republic of China. They can be succinctly summarized in five words: genuine, heaven, intention, ink, brush. "Genuine" refers to the authentic expression achieved in his artistic creations, encompassing both childlike innocence and genuine purity. It is where the artist merges seamlessly with their work. The word "heaven" carries the enchanting meaning of harmonizing with celestial melodies, signifying a deep connection with the divine and also encompassing inherent talent, atmospheric beauty, natural principles, and captivating charm. The character "intention" denotes the construction of imagery, ideas, significance, and artistic appeal through bold and expressive strokes. "Ink" represents the essence, rhythm, and fascination of ink, while "brush" symbolizes the mastery of brushwork, the power behind each stroke, the intention imbued in every mark, and the captivating charm it brings[②]. From the creations of picture posters in the revolutionary era, comic strips, and cartoons to thematic artworks in the era of peace such as Chinese flower-and-bird paintings and landscape paintings, Mr. Zhao gradually developed

① Zhao Guozhu, "The Distribution of Red and White from the Seal—My Connection with the Mr. Zhao Meisheng through a Seal," *Taiyuan Evening News*, April 11, 2022.

② Feng Yuan, "Understanding the Artistic Realm," *Art News*, November 24, 2012.

a distinctive "Zhao-style". Moreover, he dedicated himself to studying and exploring various realms of painting, including sketching, gouache, oil painting, calligraphy, and seal engraving.

Appendix Meisheng's Artistic Phases

Mr. Zhao's paintings, deeply rooted in Chinese traditions, while embraced a global outlook, excelled in capturing essence and spirit with exceptional craftsmanship and expansive inkwork, establishing his distinctive "Mei Sheng Art Style" marked by contemporary relevance. His works express a deep passion for life, history, and national pride. As a prominent figure in contemporary Chinese freehand flower-and-bird painting, Mr. Zhao is dedicated to the art's soul through heritage and innovation, merging Chinese traditional culture with Western modern art forms. His works have been internationally exhibited, earning the recognition as an "Ambassador of Chinese Traditional Art" and "The Pride of the Chinese People." This compilation, based on existing materials, organizes Mr. Zhao's artistic achievements across various phases for reader appreciation.

The 1940s

In 1942, after moving from Shanxi to Qiulin Town, Yichuan County in Northern Shaanxi, he worked as an art teacher at the Shanxi Third Refugee Children School, leading students in creating wall posters on resistance against Japanese aggression. In 1943, he produced illustrations and headers for the *Bi Lei's* literary supplement of Shanxi University's Literature Press. By July 1949, he served as a cadre in the Publicity Department of the Baoji County Committee of the Communist Party of China in Shaanxi. On the gate tower of Guozhen in Baoji, he climbed ladders over 10 meters high to write slogans like "Long Live Chairman Mao" and "Long Live the Communist Party of China," contributing significantly to the revolutionary efforts in anticipation of the founding of the People's Republic of China.

The 1950s

In January 1950, he became an art teacher at the Shanxi Provincial Cadre School for Children, which was formed by the merger of the Cadre Schools for Children at the Taihang Military Region and the Taiyue Military Region. In 1951, he created the picture poster *Resist America and Aid Korea, Safeguard the Homeland.* In 1952, his picture poster *Be Prepared: Strive for the Construction of the Motherland and the Realization of Chairman Mao's Great Ideals* (Figure 53) was published in the *Shanxi Daily*. In 1955, he was invited by the Hebei People's Fine Arts Publishing House to create comic strips, such as *Unfilial Daughter*, *Ma Qian Po Shui*, and *Borrowing Luo Yi*. In 1956, he created an oil painting titled *Sunflowers Dedicated to the Party* for the inaugural cover of *Shanxi Jiaoyu*. In 1957, his comic work *Be Open to Acceptance* participated in the *First National Youth Art Exhibition*. In 1958, his comic works *In Unison – Socialism is Good* (Figure 54) were published in *People's Daily*, while his works *Abundant Harvest*, *Mutation*, and *Be Open to Acceptance* were included in the *Great Leap Forward Comic Reference Materials* published by the People's Fine Arts Publishing House. His work *Let's Go Up the Mountain* participated in the *National Comic Exhibition*. In 1959, he was specially invited to create a large-scale oil painting of Chairman Mao for the podium of the Wuyi Square in Taiyuan City, in celebration of the 10th anniversary of the founding of the People's Republic of China.

The 1960s

In 1962, he created a Chinese painting *With a Cold Gaze, Defying a Thousand Accusations, Humbly Serving as an Ox for a Child*. In 1964, he created a picture poster titled *Courtyard Filled with Chickens, Laying Eggs Every Day*. In 1965, he created New Year paintings titled *Chairman Mao and Model Workers Together* and *Five Blessings at the Door* (Figure 55). In 1966, he created a New Year painting titled *Henry Norman Bethune*. In 1968, he created gouache paintings titled *Hubin Hall in Taiyuan* and *Scripture Pavilion in Yingze Park*.

The 1970s

In 1971, his Chinese painting *The Song of the Military Horse Farm* was exhibited at the Art Exhibition of Taiyuan (Figure 56) and selected for *The Collection of Art Works in Taiyuan*. In 1972, he was commissioned by the Education Bureau of Taiyuan to establish a Teacher Training Fine Arts Class. In 1974, his new work *Ode to the Red Flag in Dazhai* was published in *Shanxi Daily*. In 1978, his artwork *In Memory of Premier Zhou* was collected by the Shanxi Museum. In 1979, his artwork *Looking at the World* was published in *Shanxi Daily*.

The 1980s

In 1980, he was specially invited to attend the Fourth Congress of Literary and Art Workers in Shanxi Province. His work *Comparisons Along the Long March* (Figure 57) was published in *Shanxi Daily*. In 1982, he compiled the school-based art textbook *Chinese Ink Brush Sketches*, which was later included in the national education ministry's planned textbooks for intermediate normal schools. It was published by the People's Fine Arts Publishing House. In 1984, his comic *Qigong* participated in the 6th National Art Exhibition. In 1987, his Chinese painting *Peacock* took part in the 2nd National Invitational Exhibition of Flower and Bird Paintings.

The 1990s

In 1992, his artwork *Soaring in the Sky* participated in the First National Exhibition of Chinese Flower and Bird Paintings. In 1994, he held a solo exhibition at the National Art Museum of China. In 1996, his artwork *Five Thousand Years of China* was featured in the 11th National Invitational Exhibition of Contemporary Chinese Flower and Bird Paintings. In 1997, his works were exhibited at the "Celebrating Hong Kong's Return to China—Chinese Painting and Calligraphy Grand Awards" organized by the Ministry of Culture, held at the National Art Museum of China, where he received an Achievement Award. In 1999, his artwork *Pure and Flawless* was selected for the Second Exhibition of Chinese Flower and Bird Paintings and received an Outstanding Award.

The 2000s

In 2006, the "Zhao Meisheng New Freehand Style Chinese Painting Exhibition" was held for the second time at the National Art Museum of China, and Zhao was honored with the title of "Special Contribution Artist" by Taiyuan. In 2008, during the Beijing Olympics, his works were specially invited for exhibition by the International Olympic Committee, the Ministry of Culture, and the Beijing Organizing Committee for the Olympic Games. He attended the "Chinese Painters Joint Exhibition" and the "Olympic Fine Arts Congress", and was presented with the torch of the 20th Winter Olympics. In 2009, Zhao created eleven works, including the Chinese painting *Fragrance Filled Sleeves* and *Seas* and *Distant Lands Welcome Springtime* (Figure 58), to celebrate the 60th anniversary of the founding of the People's Republic of China. These works were included in *The Collection of Works by Chinese Contemporary Artists Celebrating the 60th*

Anniversary of the Founding of the People's Republic of China, published by the People's Fine Arts Publishing House. In 2010, in response to the Qinghai Yushu earthquake, Zhao created and donated the Chinese painting *Evergreen Yushu Unites the Nation, Moving Mountains and Rivers* (Figure 59), which was later included in *The Collection "Caring for Yushu, Boundless Love"*, edited by the China Artists Association and published by the China Federation of Literary and Art Circles.

The 2010s

In 2011, a Zhao Meisheng art exhibition was held at the Shanxi Museum, with artworks donated, to celebrate the 90th anniversary of the founding of the Communist Party of China. In 2012, for the third time, a solo exhibition titled "Fragrance in the Snowy Sea—Zhao Meisheng Art Exhibition" was held at the National Art Museum of China. In 2015, to commemorate the 70th anniversary of the victory of the Chinese People's War of Resistance Against Japanese Aggression, a retrospective exhibition titled "Fragrance in the Snowy Sea—Zhao Meisheng's 90-Year Art Review" was held at the National Museum of China. Central Academy of Fine Arts specially invited Mr. Zhao Meisheng to exchange with the faculty and students at the Chinese Painting *Iron Gesture and Heroic Spirit of Plum Blossoms*. In 2017, invited by the Beijing Municipal People's Government Tian'anmen Management Committee, Zhao created a Chinese painting titled *Iron Gesture and Heroic Spirit of Plum Blossoms* and a four-panel screen titled *Plum, Orchid, Bamboo, and Chrysanthemum* for the Tian'anmen Gate Tower. In 2018, to celebrate the 40th anniversary of the reform and opening up, an exhibition titled "Fragrance in the Snowy Sea—Zhao Meisheng's Artistic Life and Imprints of Chinese Culture Figures" was held at the Zhao Meisheng Art Museum. He was also honored with the title of *Huaxia Cultural Figure* by the Huaxia Culture Promotion Association. During this period, Mr Zhao's life resembled the clusters of speaking, crimson sugar-coated haws he depicted in his painting, each one glowing like the tiny sun, emanating a cozy and delightful radiance. (Figure 60)

In 2019, he created the Chinese painting *Long Live the Motherland*, which was published in the magazine *Hongqi Digest*. He also curated the exhibition "My Motherland and Me: Zhao Meisheng's 70 Years of Artistic Career" at the Zhao Meisheng Art Museum, and presented the retrospective exhibition "Reporting to the Motherland, Paying Tribute to the Motherland: Zhao Meisheng's 70 Years of Artistic Career" at the China National Academy of Painting. Additionally, he organized the exhibition "Towards the Peak: Zhao Meisheng's New Freehand Chinese Painting" at the Taiyuan Art Museum. The Publicity Department of the Shanxi Provincial Committee of the Communist Party of China and the Information Office of the Shanxi Provincial People's Government published the article "Let's Listen to the 95-Year-Old Art Master Zhao Meisheng's Lecture on *Chinese Painting Art and Life*—The Sixth Lecture of the Renowned Scholars' Public

Lecture Series at Shanxi National Studies Lecture Series in the Year of Ji Hai" on the official account on *The Paper (Pengpai)* news APP. Furthermore, Zhao was invited by the Yan'an Learning Academy to create four artworks featuring quotes from General Secretary Xi Jinping, which were subsequently displayed and collected.

The 2020s

In 2020, Zhao created the Chinese painting *Nationwide Fight Against the Pandemic* during the COVID-19 pandemic. He participated in the "Praising the New Era—Tribute to the Most Admired People Art Exhibition" and contributed 1 million *yuan* in special party fees to the Organization Department of the Central Committee of the Communist Party of China (CPC). His Chinese painting *Fragrant Yellow Flowers on the Battlefield* was specially invited to participate in the "Commemoration of the 70th Anniversary of the Chinese People's Volunteers' Participation in the War to Resist US Aggression and Aid Korea" exhibition. In 2021, Zhao created the Chinese paintings *Centennial Party, Forever Youthful* and *Spirit of Three Bulls*. He organized the exhibition titled "Centennial Party, Eternal Youth: Celebrating the 100th Anniversary of the Founding of the Communist Party of China—Zhao Meisheng's Collection Donation Exhibition" at the Zhao Meisheng Art Museum. In 2022, Zhao's Chinese painting *Splendor of the Centennial Party* participated in the "Celebrating the 20th National Congress and Advancing into a New Era—Calligraphy and Painting Invitation Exhibition" hosted by the Office of the Standing Committee of the Shanxi Provincial People's Congress. He also took part in the "Celebrating Children's Day with Masters' Art Workshop", where he inscribed the four characters "礼义廉耻" (which means "propriety, righteousness, integrity, and honor") for the children. His painting *Ode to Red Plum Blossoms—Celebrating the Centenary of the Communist Party of China* was specially invited to the "2022 Lavender and Scarlet Era—Academic Invitation Exhibition on Flower and Bird Themes by the China National Academy of Painting" held at the Guangzhou Academy of Painting. Additionally, he organized the exhibitions "Celebrating the 20th National Congress, Loyally Serving the Party: Splendor of Zhao Meisheng's 80 Years in Art and Education" and "Passing on the Torch: Zhao Meisheng's Student Zhao Tongze, Three-Dimensional Portraits of the Advanced Group in the Two Bombs and One Satellite Project". Zhao's Chinese paintings *Today's Taiyuan-Ever-Changing* and *Yesterday's Taiyuan—Group Paintings of the 1950s—1970s* participated in the "Joyfully Embracing the 20th National Congress: Advancing into a New Era–Exhibition of Calligraphy, Painting, and Prints by Staff Members of the Provincial Museum of Cultural History on Their Journey of Dreams" co-hosted by the Counsellors' Office of the Shanxi Provincial People's Government (Research Institute of Culture and History) and the Taiyuan Federation of Trade Unions. The event was held at the Taiyuan Worker Culture Palace (Taiyuan workers' activity center).

Word List

encapsulate 英 /ɪn'kæpsjʊleɪt/ 美 /ɪn'kæpsjʊleɪt/	*v.* 简要描述，概括；用胶囊（或囊状物）装，封装；封装（信息，信号）;为（软件，硬件）提供接口（或界面）
synthesize 英 /'sɪnθəsaɪz/ 美 /'sɪnθəsaɪz/	*v.*（通过化学或生物反应）合成；综合，结合;（用音响合成器）合成（声音）
intrinsic 英 /ɪn'trɪnzɪk/ 美 /ɪn'trɪnzɪk/	*adj.* 内在的，固有的
culmination 英 /ˌkʌlmɪ'neɪʃn/ 美 /ˌkʌlmɪ'neɪʃ(ə)n/	*n.* 终点，高潮
unwavering 英 /ʌn'weɪvərɪŋ/ 美 /ʌn'weɪvərɪŋ/	*adj.* 坚定的；不动摇的
resolute 英 /'rezəluːt/ 美 /'rezəluːt/	*adj.* 坚决的，果断的
majestic 英 /mə'dʒestɪk/ 美 /mə'dʒestɪk/	*adj.* 雄伟的，壮丽的，威严的
grandeur 英 /'grændʒə(r)/ 美 /'grændʒər/	*n.* 壮丽，雄伟;（社会地位的）高贵
proactive 英 /prəʊ'æktɪv/ 美 /ˌproʊ'æktɪv/	*adj.* 积极主动的，主动出击的；前摄的（前一活动中的因素对后一活动造成影响的）
vibrant 英 /'vaɪbrənt/ 美 /'vaɪbrənt/	*adj.* 充满活力的，充满生机的，生气勃勃的；鲜艳的，醒目的；洪亮的，强劲的；颤抖的，震动的
serene 英 /sə'riːn/ 美 /sə'riːn/	*adj.* 平静的，安详的；清澈的，晴朗的
sturdy 英 /'stɜːdi/ 美 /'stɜːrdi/	*adj.* 结实的，坚固的;（人或身体）强壮的，健壮的；坚决的，坚定的 *n.*（绦虫幼虫在脑中形成包囊使绵羊产生的）晕倒病，蹒跚病
rejuvenation 英 /rɪˌdʒuːvə'neɪʃn/ 美 /rɪˌdʒuːvə'neɪʃn/	*n.* 恢复青春，恢复活力;（组织或体制）恢复活力;（河流、溪流）回春，更生
perpetual 英 /pə'petʃuəl/ 美 /pər'petʃuəl/	*adj.* 长期的，永恒的；连续不断的，重复不停的;（职位、工作或战利品）终身的;（投资）永不还本的;（植物）四季开花的，四季结果的
harsh 英 /hɑːʃ/ 美 /hɑːrʃ/	*adj.*（环境）恶劣的，艰苦的；严厉的，残酷的；刺耳的，难听的；刺眼的，耀眼的；丑陋的；刺激性强的，太强力的

showcase 英 /'ʃəʊkeɪs/ 美 /'ʃoʊkeɪs/	*n.* 展示（本领、优点等）的场合；（商店、博物馆等的）玻璃陈列柜 *v.* 展示，展现
ambiance 英 /'æmbɪəns/ 美 /'æmbɪəns/	*n.* 氛围，周围环境，格调；背景音（同 ambience）
testament 英 /'testəmənt/ 美 /'testəmənt/	*n.* 证明，证据；遗嘱，遗言；（人与上帝间的）圣约；（基督教的）圣约书（Testament）
indispensable 英 /ɪndɪ'spensəb(ə)l/ 美 /ˌɪndɪ'spensəb(ə)l/	*adj.* 不可或缺的，必需的；不能撇开的，责无旁贷的 *n.* 不可缺少之物，必不可少的人
depict 英 /dɪ'pɪkt/ 美 /dɪ'pɪkt/	*v.* 描述，描绘
employ 英 /ɪm'plɔɪ/ 美 /ɪm'plɔɪ/	*v.* 雇用；使用，利用；忙于，从事（be employed in） *n.* 受雇（in the employ of）
impart 英 /ɪm'pɑːt/ 美 /ɪm'pɑːrt/	*v.* 传授，告知；赋予，给予
rustic 英 /'rʌstɪk/ 美 /'rʌstɪk/	*adj.* 乡村的；纯朴的；粗野的；手工粗糙的 *n.* 乡下人；乡巴佬
meticulousness 英 /mə'tɪkjələsnəs/ 美 /mə'tɪkjələsnəs/	*n.* 谨小慎微
imbue 英 /ɪm'bjuː/ 美 /ɪm'bjuː/	*vt.* 灌输；使感染；使渗透

Questions for Thinking:

1. In terms of artistic style, Mr. Zhao Meisheng breathes vitality into the traditional literati paintings, which often adhere to established patterns, skillfully bridging the gap between ideals and reality. So as college students in the new era, what valuable qualities do you think you can learn from Mr. Zhao's innovation ability in Chinese painting?

2. Mr. Zhao's artwork consistently showcases remarkable pieces throughout different historical periods, capturing the spirit of the times and brimming with deep affection for the country, the Party, and the people. Through his depictions of China, he records the transformations of the era. Can you tell how to improve your expertise to make more contributions to the social development of China?

Frame Four
Social Evaluation

Mr. Zhao Meisheng, a renowned painter and calligrapher and art educator, boasts a rich life experience and extraordinary achievements in art education. Over eight decades, his career in art creation and art education has accumulated his profound love for art, education, and his motherland. He is the most representative figure in the art world of Shanxi Province since the founding of the People's Republic of China in 1949, a leading figure in the creation of flower-and-bird paintings in the latter half of the 20th century, and is also a contemporary representative figure of Chinese painting art "reaching its peak."

A few brief strokes cannot even afford a glimpse of his artistic life and achievements....

Mr. Zhao has a deep connection with Shanxi: he has established Shanxi Province's position in the field of traditional Chinese painting, especially in the field of flower-and-bird painting, and is a leading figure in the art world of Shanxi. Rooted in China: he has developed his own unique Mei Sheng style in Chinese painting rich with contemporary characteristics, making him a representative figure in Large freehand flower-and-bird painting in contemporary China. Looking to the world: he has been pursuing the soul of art in inheritance and innovation, blending Chinese traditional culture with Western modern art, and showcasing diverse artistic forms. Mr. Zhao's works have been exhibited overseas numerous times, and he himself has been hailed by well-known figures from various countries as "the pride of Chinese people" and "an ambassador of Chinese traditional art."

Section One Mourning by All

The west wind brings sorrow, and the grass and trees bear sadness! October 20, 2022, is destined to be a day of mourning. Comrade Zhao Meisheng, an outstanding member of the Communist Party of China (CPC), a people's teacher, a people's artist, a librarian of Shanxi Provincial Institute of Literature and History, a Tenure Professor of Taiyuan University, and the honorary president of Taiyuan Academy of Painting, passed away in Taiyuan due to illness, at the age of 98.

Although Mr. Zhao has left us forever, his sincere feelings towards the nation, the Party, and the cause of education, his relentless pursuit of art, and his steadfast belief in life, remains eternal and lasts forever.

During his lifetime, Mr. Zhao's teaching and artistic career was marked by virtue and professional excellence, with students all over the world, and he made outstanding contributions to Chinese art education and the art world. His sincere, humble and indifferent personality charm, his pure dedication and pursuit of excellence and innovation in art, his staying true to the original aspiration, and his unwavering commitment to the nation, aligning with the times, have left a valuable spiritual legacy for future generations. Mr. Zhao's life is one of "writing the spirit with ink, painting the mountains with brush strokes, and dedicating art to the people."

Honors from Authorities

Following the passing of Mr. Zhao Meisheng, numerous top-level organizations, groups, art masters, and well-known figures from various sectors in China highly praised his lifelong artistic achievements.

China Artists Association wrote in its condolence message:

> Mr. Zhao Meisheng is a contemporary representative figure in the creation of Chinese large freehand brushwork flower-and-bird paintings. His works, full of vigorous life force, exhibit a distinct personality and unique style. With strong and refreshing brushwork, his creations convey a strong sense of the times and innovation, and also

showcase Chinese style and spirit. From picture posters, comic strips, and cartoons during the revolutionary period to flower-and-bird paintings and thematic creations in peacetime, all of Mr. Zhao's works are imbued with his profound love for the country and the Party. Throughout his life, he kept pace with the Party's advancements, continuously breaking new ground. With his brush, he documented the changes of the times and the lives of the people, and then created a series of marvelous masterpieces, full of warmth, that reflect characteristics of the era and the people there, and was awarded the "60 Years of Contribution to the Arts in New China (since the founding of the People's Republic of China in 1949)" medal by China Federation of Literary and Art Circles.

> Mr. Zhao Meisheng is not only an artist of both virtue and artistry but also a distinguished art educator who cultivated a multitude of talents for the Party and the country. He was honored with titles such as "Shanxi Province Special-Grade Teacher" and "National Model Worker in the Education System," and received the "People's Teacher" medal. Moreover, during his 80 years of engagement in teaching and art creating, always with the belief of "it is never too late to learn, to paint and to donate", Mr. Zhao donated a large number of paintings and calligraphies to national, provincial, and municipal museums and galleries, leaving a valuable spiritual legacy for the country and the people. As an outstanding member of CPC, Mr. Zhao made remarkable contributions to Chinese art education and art industry.

The condolence message from Chinese Painting Society expresses sorrow and reluctance over the passing of this elderly artist, as well as affirmation of his artistic achievements:

> Mr. Zhao Meisheng is a virtuous artist and educator, a contemporary representative figure in large freehand brushwork flower-and-bird paintings. Throughout his life, with sincere emotions, he actively praised the times and the people. He never ceased to work diligently, striving to create a vast number of masterpieces. Unremittingly studying tradition and promoting the spirit of innovation, he is not confined by existing achievements but is ambitious, establishing a spirit in his brushwork and continuously elevating the artistic realm of Chinese painting, truly an artist worthy of the times.
>
> Mr. Zhao Meisheng's 80 years of dedication to art education have nurtured generations. With his rich life experience, profound artistic cultivation, and broad humanistic care, he has cultivated many talents for the prosperous development of China's art industry.
>
> The passing of Mr. Zhao Meisheng is a significant loss to the Chinese art world!

In addition to highly praising Mr. Zhao Meisheng's life, Wu Weishan, Director of the National Art Museum of China also expressed their deepest gratitude: "Mr. Zhao has held solo exhibitions at the National Art Museum of China and, since 1994, has donated several representative Chinese paintings to our museum. Mr. Zhao's noble character will forever be remembered in the annals of Chinese art history."

Upon hearing the news of Mr. Zhao's passing, Mr. Shi Guoliang, a contemporary renowned figure painter, expressed his deep sorrow: "Shanxi no longer has Zhao Meisheng, China no longer has Zhao Meisheng."

After knowing of Mr. Zhao's passing, Liu Zhiping, a famous Chinese calligrapher and painter, penned "In Memory of Zhao Meisheng" on the evening of October 25th, 2022.

A lifetime of renown endures, praised for millennia.
The soul departs with cranes, surpassing even the Hu Yang in glory.

Grief Felt by Peers

After Mr. Zhao's passing, the art community laid wreaths and elegiac couplets to express their sorrow.

In discourse of painting and calligraphy, self-sufficient through millennia,
Compete in lauding the human connection, akin to the plum's essence;
Two years shy of one hundred age, graciously leaving a legacy of virtue vast,
Permitting benevolence to flourish, in the fields of morality cast.

— Respectfully mourned by Zhao Yunfeng, aged ninety-nine (Former Honorary Chairman of Chinese National Studies Research Association, Honorary Chairman of the Shanxi Province Couplets Artists Association)

Plum essence cloaks in rainbow hues, iron bones beneath it lay,
Ink gleams, dyed by dawn, revealing elegance in its sway.
The master's spirit, through ages vast, forever stays,
Shining upon new paths, leading the way with distinguished grace.

Respectfully mourned by Guo Qiwen (Member of Chinese Calligraphers Association, Former Deputy Director of Jinzhong Regional History and Records Research Institute)

Nearly a century lived, surpassing even Qi Baishi by four;
In paintings a myriad, red plums on jade scrolls, over a thousand more.

—Respectfully mourned by Zhao Wangjin and Fengtao

(Zhao Wangjin: Former Deputy Director of the Publicity Department of Taiyuan Municipal Committee of the CPC, Honorary Chairman of Shanxi Province Calligraphers

Association)

The passing of Mr. Zhao Meisheng is a significant loss to our Shanxi art world! It is also a great loss to the national flower-and-bird painting community! Moreover, I have lost a mentor! His plum paintings embody the spirit of pride, showcasing the charismatic personality and the indomitable spirit of the Chinese nation! He was born for the plum, painting plums to express his love for the country, the party, the people, education, students, family, and friends, a true reflection of his life! Deeply mourning Mr. Zhao Meisheng:

For nearly a century, his noble character, like plum ink, remains fresh, friends in Shanxi think of him fondly.

Eighty years of lofty ideals, like watercolors, eternal; a garden full of students mourns their benefactor.

—Respectfully mourned by student Pei Ximin (National first-class artist of Shanxi Opera Theatre, Deputy Director of the Yuquan Mountain Academy of Painting and Calligraphy)

The aged plum blooms anew, its spirit dwelling for a hundred years, leaving a fragrant soul; Mr. Mei Sheng lives on through the ages!

—Respectfully mourned by Dong Zhimin (Member of China Artists Association, National first-class artist, Director of Taiyuan Academy of Painting.)

His friends and students also expressed their respect and reluctance in various forms.

In the eyes of Li Gang (pen name Wanshi, former Director of Taiyuan Municipal Administration of Cultural Heritage, disciple of the master Dong Shouping), "He is a person who loved the Party, the country, and the people. He is strict with himself, generous to others, continuously breaking new ground and innovating, using his brush to record the changes of the times, celebrating the prosperity of the motherland and the life of the people. He lives, draws, and contributes, leaving behind a valuable spiritual wealth for the country and the people."

Wang Zhan, the Minister of Social Services Department of Taiyuan Municipal Committee of China Association for Promoting Democracy, reminisced about Mr. Zhao: He is from a rural area in southern Shanxi, and his nearly a century of hard self-study and perseverance ultimately make himself a great master. ... He loves the Party and the country, and he always compares the motherland to a mother, forever harboring a pure heart and a sense of patriotism... Now that he has passed, his spirit lives on, evoking deep emotion and admiration... Even in his final years, he could still use his brush to express his heartfelt dedication to the Party, demonstrating that the fight never ceases as long as life persists, deeply moving and making me proud of him... As if it were yesterday, recalling this, how could I not be moved to tears, profusely streaming! He has passed away in his centennial year, it should not be so sad, but how can we forget his profound patriotism and earnest teachings, echoing endlessly, as he passes away!

Zhang Lianrui, a student of Mr. Zhao, a member of China Artists Association, wrote: "Teaching and educating tirelessly, his kindness nourishes all students; artistic innovation reflects the virtues of the era, spreading the spirit at home and abroad." In his heart, the sincerity, simplicity, and indifference to fame and fortune of Mr. Zhao, his steadfastness to his original aspirations, painting portraits for the era, establishing biographies for the era, embodying the national spirit of moral clarity for the era, have left a valuable spiritual wealth for society. The spirit of Mr. Zhao Meisheng lives forever!

The former chairman of Qingxu County Federation of Literary and Art Circles, a member of the Standing Committee of the CPPCC National Committee, and poet Chuai Xichen (Donghu Jushi) was shocked to hear of his passing and wrote with a heavy heart:

> Mr. Zhao Meisheng, a people's artist and educator, is the elder I respect most. He is thirty-one years older than me, yet we are able to form a friendship that transcended age, and he is both a teacher and a friend for more than thirty years. I am fortunate to watch him paint, listen to his teachings, and witness his character and conduct. I admire his ambition, envy his knowledge, aspire to his art, and strive to emulate him, considering myself fortunate to have such an extraordinary connection. How fortunate! How fortunate!
>
> In his painting, Mr. Zhao uses his brush with skill and vitality, capturing the essence of life and spirit, naturally flowing like a mountain stream... Often innovating within the confines of tradition, he brought forth new ideas and profound meanings beyond the mere flick of the brush. He has created a large number of classic masterpieces that stand alone in the history of painting, both ancient and modern.
>
> In his teaching, for eighty years he remained as consistent as the first day, beautifying virtue, guiding with kindness, teaching according to each student's ability, educating countless individuals... As the saying goes, peaches and plums do not talk, yet the world beats a path to them.
>
> In his nineties, he painted Mount Heng,
> With a celestial aura and the virtue of a sage, youthful his visage seemed.
> Among flowers and birds, he sought the joy of youth,
> His brush wielded the storms and clouds of seventy years with truth.
> Unforgettable nights in the Master's garden bright,
> True genius lies in diligence, shining ever so light.
> Standing in snow at Cheng's door, memories of past gleam,
> Now, he has become a centenarian, as if in a dream.
>
> Today, I am shocked to hear of the passing of Mr. Zhao Meisheng, who lived to the age of ninety-eight. I suddenly remember that thirty-seven years ago, when I was

studying at the normal school, Mr. Zhao taught us about elegance with every stroke and ink, and about being a person with every word and action. His teachings still ring in my ears. I mourn deeply and weep for his loss. Mr. Zhao's paintings are filled with childlike wonder. His character is as lofty as mountains and as enduring as rivers. His teachings will never be forgotten.

In late autumn of the year Renyin, Donghu Jushi mourns deeply in Tianjin.

Mr. Zhao's student, Wu Junqing, reminisced about his teacher: Mr. Zhao Meisheng, my mentor who has been a nationally renowned traditional Chinese painter and art educator, passed away on October 20, 2022. In the month since Mr. Zhao left us, every time when I recall the nearly forty years of teacher-student relationship, his appearance, his words, and actions, it's always unforgettable and deeply moving... I am grateful for Mr. Zhao's moral and artistic virtues, his devoted contribution to art education in our province, and his significant support for our growth and success....

The chief editor of *Intangible Cultural Heritage Beauty*, critic Yao Zemin, wrote in a public account on October 24, 2022: "In the land of Shanxi, a sea of snow carries fragrance. A gentleman for life, eternal through the ages!" in memory of Mr. Zhao.

On the same day, the public account *Art Observation* also reminisced about Mr. Zhao with the following words:

Eighty years of creative life, Mr. Meisheng worked diligently and earnestly, dedicating everything to the nation, the people, and art. Mr. Zhao's works are majestic and smooth, with creative inspiration drawn from the people. He often said, "There's no fixed heart in creation. One should take the heart of the people as their own, the heart of the era as their own, and the heart of China as their own."

Elegant, fresh, and natural, his works are a refreshing breeze in the great heat or a cleansing rain washing away the filth. Mr. Zhao Meisheng's paintings are a renewal of Jin culture and a new dawn for Chinese flower-and-bird paintings. There is such a person in the land of Jin, and Zhao Meisheng is indeed a master of our time.

One of his students, Su Yi, once said: His character and artistic morality are like the plum blossoms he painted, lofty and pure, untainted by a speck of dust!"

Reminiscence from Fellow Townspeople

Upon his passing-away, the news reached the folks in Wenxi County, his hometown, where the folks could hardly conceal their sorrow and regret, and many wrote articles to express their condolences.

"Eternal is Mr. Zhao Meisheng, the People's Artist"

Starting from Tongxiang, Standing out with the elegance of Emei Mountain, Endowed with the spirit of Shushui, Standing firm in troubled times, Encouraged by education, Conveyed through literature and history, Emphasizing practicality, Remembering the purpose, Upholding the profoundness of 5,000 years of virtue, In the width and length, with unique insights, one can reach the great road;

Leading with comics, Standing out in the national exhibition, Accompanied by the brilliance of life, Concentrating the charm at the tip of the brush, Filled with infatuation in the ink, The high style stands in the gallery; Relieving the people's will, Praising the Party's grace, Creating a magnificent blueprint of 90,000 miles, Coming and going, this heart is originally only for the plum blossom.

—Respectfully mourned by Wenxi County Committee of the Communist Party of China, Wenxi County People's Government, penned by He Qinxue.

Wind and snow reflect a heart so true, winning a character as noble as the plum's hue;

Clouds and dawn with a colorful brush blend, capturing talent and crane's grace to the end.

—Dang Xiaoming,Wenxi County

No greater deed than this, to plant pear and peach trees, leaving shade for centuries without cease;

Art at its finest, painting plums and birds, forever leaving a clear stream through Shanxi's words.

I remember, visiting my hometown that year, the dialect rich, and steps light and clear, believing time could be kindly spent, unaware of the bad news that through Shanxi went, Mr. Zhao riding cranes to immortality, a final farewell it came to be;

Searching everywhere, for the master's traces here, a gallery of sketches, a hundred treasures dear, yet sighing at how often his face appears, feeling only the chill of sorrow, touching plums with tears, sending grief where thoughts go.

—Tan Shuzhen,Wenxi County

The art world mourns its leading banner, looking up to the master's noble manner, worthy of history's page,

Who in Bingzhou with cold ink could kindle such a rage?

The sea of scholarship loses its guiding mark, teaching future generations feels stark, still longing for the crimson tent,

Where plum merges with snow's hue, forever fragrant, its essence never spent.

— Yan Taoliang,Wenxi County

A lifetime brilliant as the plum; through the land, his paintings famed.

— China Couplet Culture Village, Sidicun Village.

Reflecting on ninety years of spirit, his teachings still echo in the ear, his smile remains, three thousand students vie to bloom in spring's cheer.

In one verse of poetry and ink, lamenting that his scrolls forever stay, plum blossoms eternally remembered, a hundred feet of fragrant soul with the snow lay.

—Zhu Suqin,Wenxi County

At eighty springs, the garden of art raised its banner high, with a single brush worn thin, he composed splendid prose. Today, we part in pain, his noble virtues forever stay;

Ninety thousand miles of divine light carry dreams, leaving behind a room full of kin, to roam the realms of immortals he goes. In future years, reminiscing, his voice and smile eternally hang low.

—Zhang Shijing,Wenxi County

For a hundred years the plum blossoms, its fragrance still remains;

Across the land, his paintings display, his reputation forever sustains.

—Shi Cailian,Wenxi County

Amidst a sea of snow, the fragrance drifts, eighty years spent nurturing peaches and plums, his heart tied to the art world, his loyalty to the Party clings.

As frost winds weep, thousands of poems and mourning couplets sing, in his embrace of art and virtue, my thoughts linger on you, my king.

—Feng Weimin,Wenxi County

Talent lofty, art supreme, fame soaring, virtue esteemed, achievements grand, life long, as towering as Mount Hua;

Elders weep, youth weep, men weep, women weep, mountains mourn, rivers cry, lamenting the loss of a great master!

—Xie Wen,Wenxi County

A thousand mountains join in mourning, yet dragons and serpents seem to leap upon the scroll;

All of Shanxi grieves together, startled to hear birds from the paintings take flight and soar.

—Fu Fulai,Wenxi County

Mountains mourn, waters weep as the spirit of painting departs;

Birds lament, flowers bow, the essence of plum endures and imparts.

—Wang Jinglan,Wenxi County

The master lays down his brush in tranquility, riding cranes to the celestial gate;

The younger generation spreads paper, dips in ink, composing elegies and verses of remembrance great.

Without its pillar, the art world weeps hot tears amidst the brilliant plum blossoms' light;

The dragon's land mourns its lost talent, as mournful bird songs break the quiet night.

—Wang Xingmin,Wenxi County

The art world loses its support, the realm of art its arm, as the master rides cranes beyond clouds, heaven cries;

With a garden full of disciples, wisdom profound, universally praised, his legacy through ages flies.

—Wang Tianyu,Wenxi County

Art serves the people, a feast of beauty to delight the masses;

The master's fame enriches the land, his noble example forever inspires the young.

—Du Yunhe,Wenxi County

The plum withers and petals fall as ninety winters pass;

The man departs but his paintings remain, through ages they will last.

—Feng Duokui,Wenxi County

As the cold wind blows and frost bites, the winter plum bids farewell,

The artist leaves, yet his works and name retain their fragrant spell.

For eighty years, with heart and soul, he nurtured talents wide,

His teacher's grace, through ages known, in gratitude we abide.

With just one brush, splashing colors, shaping stones with honest hue,

His achievements stand, forever firm, his legacy ever true.

—Tian Jinshan,Wenxi County

With integrity throughout, his character matched the plum's grace;

Nearly a century lived, his talent spread across the Chinese space.

—Pan Kaiji,Wenxi County

The sky mourns, the wind weeps, silently under autumn rain, flowers fall and depart;

Esteemed and virtuous, adding color to the starry sky, his reputation returns to heart.

His spirit, like the plum blossom, proudly stands with resilient bone;

His brush, dipped in seven hues, magnifies the rivers and mountains, splendidly shown.

—Wang Bingwei,Wenxi County

Plum blossoms born of Mei spread their fragrance far and wide;

The artist departs, yet his famed paintings for a century abide.

—Xue Peiwen,Wenxi County

Fifty years as a teacher, nurturing three thousand talents, his calligraphy and paintings anew hailed as a master's;

Zhao's sudden departure grieves kin and friends, beyond our grasp to hold;

A heart full of love, sincerity priceless, his character forever inspires us bold;

Great virtue stands not alone, Tongxiang and Shan You alike mourn, united in sorrow's bind.

—Lian Ting,Wenxi County

Ninety years of passion, the fragrance of plum pervades the land;

A single scroll of brocade, his paintings enrich the hearts of the common man.

—Yang Fengming,Wenxi County

A plum-like life with nation-wide fame for painting.

—Sidi Cun, China Cultural Village for Couplets

The plum blossom fades, yet its fragrance lingers on, life's roots persist, and the art remains forever.

The master's life is extraordinary, like the proud winter plum, fearless of the cold, defying snow and frost, with bright flowers charmingly adorning each branch!

Section Two Credit beyond Words

"The pursuit of beauty and the struggle of hardship are like twin brothers," this is how he described his own artistic life. Although this expression is not fundamental enough to express his essential ideas, it's still challenging to sketch out his plum-like character charm and artistic life.

He was self-taught and achieved success through a path filled with hardships and obstacles. "I had little formal education from a young age and never underwent formal art training. Yet, I wanted to be a good teacher. There was no other way but to follow these words: learn, learn, learn! Starting from my teens, for decades, I painted at least three paintings a day, sketched from life everywhere, studied the painting techniques of masters, and seized every bit of spare time to paint. I was like a farmer tending to his two acres of reserved land, always tidying it up whenever I had a moment...," with the diligence of "learning and practicing at all times," he carved out a rich and challenging path of artistic creation. His artistic achievements are the cumulative value of decades of considering every moment as precious.

Mr. Zhao was self-taught, continuously seeking innovation in his artistic techniques, and avoiding clichés. His brushstrokes were quick and bold. Not only are his works technically proficient and uniquely charming, but they also closely follow the pulse of the times, brimming with a fresh air, and characterized by distinctive thoughtfulness, innovativeness, and contemporaneity, standing out in the contemporary Chinese painting history. As Mr. Liu Hongjun, the Executive President of Chinese Confucianism Society, said: "His paintings are dynamic in form, embodying both spirit and shape, with skilled brushwork and exquisite techniques. They are rich in content, abundant in interest, profound in meaning, and lofty in realm. His works are uniquely ingenious and personal, not confined by tradition yet not departing from it; occasionally pioneering, yet not forcefully pursuing novelty. His motivation and passion for creation stem from a deep love for life and a constant exploration and realization of 'improving everyday.' With a strong sense of national pride and a spirit of dedication, even in his old age, he continued to draw vigorously, with undiminished passion for creation."

His exquisite mastery and relentless pursuit for art, as well as the true, pure, and beautiful artistic realm depicted with his brilliant brushwork, greatly benefit the younger generations.

Distinctive Creativity Rid of Convention

Throughout his life, Mr. Zhao lived by the mottos, "Better to fail in exploration than to succeed in convention" and "Let the brush and ink follow the times, not dine on the remnants of the ancients." He insisted on "not repeating the past, not imitating others, not replicating myself, and in a new world, creating new varieties, painting what people like and what the Chinese people like, achieving artistic breakthroughs time and again, reaching new artistic summits one after another".

Liu Xilin, a researcher of The National Art Museum of China once said that Zhao Meisheng's artistic thinking is creative thinking. This thinking includes learning from the past without being mired in it, always maintaining a distinctive personal thinking, preserving the natural innocence of a child's mind, and thinking in a way that depends on both Western aesthetics and Chinese art, which can be called "ulterior motives."

Feng Yuan, a member of the National Committee of the Chinese People's Political Consultative Conference and Honorary Chairman of China Artists Association, believes that no matter what the subject is, Zhao Meisheng is able to convey his own feelings and present a new appearance that diverges from the mainstream. In today's art scene, where following trends and seeking shortcuts are common, Mr. Zhao's artistic pursuit can be seen as a model of independence from common practice of society. As an older generation painter, Zhao Meisheng's paintings possess "maturity" without "senility." "The artist and his work age together," reflecting Zhao Meisheng's lifelong cultivation, yet showing no signs of old age indicates his art is vibrant and lively. This is what the older artists pursue throughout their lives and also points the way to the palace of art for future generations: Art full of life is the reward bestowed by intelligent thinking and noble passion, which is the lifelong pursuit of an artist, otherwise, what is innovation?

Sun Ke, Secretary-General of Chinese Painting Art Committee of China Artists Association, commented on Mr. Zhao: He is not someone who paints strictly according to traditional methods; his paintings contain new elements naturally absorbed and integrated into his art through life practice. He wouldn't simply adopt Western elements but would meticulously study and perfectly blend them into his own works after deep contemplation, which I find quite remarkable....

Shao Dazhen, a professor and art historian at the Central Academy of Fine Arts, evaluated his artistic creation style with "three phrases containing the Chinese character *Xin*": Zhao Meisheng was determined "to paint what others do not," and "to adopt styles that predecessors avoided," but "not to use the common compositions in flower-and-bird paintings," as well as "not to clutter the canvas." These two "to dos" and two "not to dos" fully demonstrate his innovative value orientation: new subjects, new compositions, new brush and ink language, and a simple, cohesive canvas.

Wang Buchao, Honorary President of Taiyuan Academy of Painting, also summarized his creative characteristics with the word "new": The formation of Zhao Meisheng's overall style is the result of absorbing various nutrients, in one word, "new." He never imitates others, and never follows the paths others had trodden. He dares to break the conventions of predecessors, creates new methods, and pioneers to lead a new aesthetic style.

In the eyes of Guo Yicong, a professor and doctoral supervisor at the Central Academy of Fine Arts, Mr. Zhao is "a pine tree in the Chinese flower-and-bird painting world." He said: "Zhao Meisheng is always enthusiastic to innovate Chinese painting, and there's a sense of responsibility in him. In his heart and under his brush, the flora and fauna are always filled with a passionate zest for life and spirit. This is the positive energy a flower-and-bird painter needs to convey. Zhao Meisheng's continuous exploration and pursuit of brushwork, form, and artistic conception, creating his own unique style and demeanor, and his relentless pursuit are extremely difficult achievements, and his peers in the flower-and-bird painting community should be proud of him. I value the quality of painting, but I value character even more. His painting is of the highest quality, and so is his character, well known by those who knew him."

Liu Yinxiang, former deputy editor of Tianjin People's Fine Arts Publishing House, said he learned a lot from Mr. Zhao. He felt that some artists' work becomes outdated as they age, but Mr. Zhao paintings were not only new in style but also robust and full of vigor. He believed his paintings had a strong sense of the times. That a person over 90 years old could still produce such works is extraordinary, which indicates Mr. Zhao had a deep foundation in life and mastery over brush and ink... He also fondly recalled: Mr. Zhao often said, "I would rather be a failed explorer than a conservative success." This statement is profound. Nowadays, there are too many conservative "successes" who merely repeat what others do, but Mr. Zhao has a unique personal style and indeed makes significant contributions to the exploration of flower-and-bird painting.

Lang Shaojun, a researcher of Chinese National Academy of Arts believes: Every artwork has a "soul" endowed by its creator, and the soul of Mr. Zhao Meisheng's works is his constant pursuit in Chinese painting creation of "brushwork changes that keep pace with the times." He once said, "The works of painters left in history are all unique. The predecessors took one step, and it's our turn to take the next. We should keep up with the times and innovate in all aspects. This innovation is very difficult...." But knowing the difficulty, Mr. Zhao still insisted on emphasizing the word "new" in his use of brush and ink. He knows well that literature and art are indicators of the times; a painter's works can always reflect the characteristics of the era and region he lives in. Capturing the changes in brush and ink with the times, to portray life, and reflect the spirit of the times, gives "brush and ink" its value and significance.

Yi Xing, chief editor of *Art Collection*, vice chairman of Shanxi Fine Brushwork Painting Association, and executive director of Shanxi Painters and Calligraphers Association, believes: Mr. Zhao never imitates others, nor does he copy a single work of his predecessors. He learns tradition through repeats observation to engage in dialogue with the authors and absorb their essence. He never repeated himself, with the courage and awareness of "not resting until creating something astonishing," striving to paint his own way and stick to his own path. It is this adherence to the dignity of brush and ink that allows him to remain steadfast, not lose his way, but forge his own path, achieving today's confidence and brilliance!

Adhering to "starting from the very beginning every day," he motivates himself with "even if I only take half a step in my lifetime." Preferring to fail in exploration rather than succeed in convention, his stubbornness and obsession, his independent thinking, and bold innovation in art, are precisely why he succeeded in the competitive art world.

Inclusive Wisdom with Blended Traditions

Jiang Junqi, a reporter from *China Women's News*, who has interviewed Mr. Zhao multiple times, believes: "Being low-key and rigorous, diligent in learning, and courageous in innovation, are the principles by which Mr. Zhao Meisheng conducts himself and are also the styles of his artistic creation." Mr. Zhao is not only good at learning and diligent in thinking but also never confines himself to any single school or style, daring to innovate. His artworks often embrace a wide array of influences, integrating Eastern and Western elements while forming a unique style of his own.

Lu Muxun, an art theorist and former vice chairman of Hubei Province Chinese Flower and Bird Painting Research Association, said:

"Though elder in age, Meisheng's paintings never age; his body and brush are both vigorous. Saying he achieved greatness later in life is definitely right, but this 'achievement' experiences innumerable hardships and get thoroughly tempered. He assimilates the techniques of many schools and yet establishes his own unique style. ... Meisheng's paintings are from the heart, born of sincerity, expressing his own feelings in his own language, thus they are worth appreciating with the same sincerity."

Wu Guanzhong, a contemporary renowned painter, an art educator, and a professor at

Tsinghua University, said:

"Looking at Zhao Meisheng's paintings is like facing a spring breeze, filled with artistic conception, aesthetic feeling, life, innovation, vitality, and mission, embodying both good character and good artistry. It reminds me that Meisheng is a self-taught artist who isn't constrained by academic training, making his works distinctive, with a strong personal style and impactful visuals, offering spiritual enjoyment. His works are diverse in genre, appreciated by both refined and popular tastes, always fresh despite the artist's age, reflecting his commitment to innovation, willingness to explore, and boldness in using ink. A closer look reveals that Meisheng's foundation in Western painting is solid, the result of hard work from a true artist."

Shang Hui, the executive editor of *Fine Arts* and the director of the Art Theory Committee of China Artists Association, and Zhao Quanli, an associate researcher at Chinese National Academy of Arts, summarized his creative style as "drawing from various sources, a combination of Eastern and Western aesthetics."

Shang Hui commented on Mr. Zhao's work:

"In the context of the decline of the spirit of freehand brushwork in contemporary Chinese painting, Mr. Zhao Meisheng has managed to perfectly combine the pursuit of visual form with the charm of brush and ink, maintaining the atmosphere and integrity of Chinese painting. In this regard, I think it's very rare for contemporary freehand brushwork flower-and-bird paintings to achieve such a level. Mr. Zhao Meisheng is well-cultured with a broad range of subjects. His creations mainly focus on flowers and birds, particularly plum blossoms, and he has extensively explored landscapes. Years ago, he went to Europe to capture its scenery with his brush, ingeniously transforming these European landscapes into the mountains, waters, and realms of Chinese painting. His landscapes emphasize simplicity, with bold and concise brushwork. … It's indeed difficult to innovate in flower-and-bird painting, but his plum blossom works are monumental, with trunks like Taihu rocks, possessing an intricate and translucent skeletal feel, and an aesthetic sense of form. His expressive spirit mostly comes from the strength of his brushwork. Zhao Meisheng absorbed the condensed and smooth style of the Shanghai School and added the interest of square brush strokes, forming his own unique characteristics in brushwork. In terms of color, he draws red flowers and ink leaves, especially in his red plum blossoms, the red is not a thin, translucent sunset red but contains a powdery component, cleverly combined with his brushwork."

Zhao Quanli, deputy editor of *Art Observation* and a member of China Artists Association, views him as "an artist who draws from various sources, integrating Eastern and Western aesthetics." He said: "Zhao Meisheng's works mainly win by momentum, strong yet restrained, and endlessly lively. … Perhaps because he mainly engaged in cartoon and other types of creation in his youth, his works seem to lack a specific lineage of mentorship. Moreover, he also studied Western painting, thus his paintings can integrate various merits, blending Eastern and Western influences."

Grand Vision from Innovative Ideas

As an artist brimming with innovative spirit, Mr. Zhao's works are also praised for their novel artistic conception, majestic momentum, and unique style.

Liu Xilin, a researcher of The National Art Museum of China once wrote an article titled *Yi Xin Hua Zi Qi* (*Novelty in Art Breeds Wonder*) to evaluate Mr. Zhao's artistic style, believing that the uniqueness of Zhao Meisheng's art lies in three novelties: novel ideas, novel composition, and novel vocabulary.

In an era when literati paintings dominated the art world, Chinese freehand brushwork flower-and-bird paintings had already achieved great heights, with modern predecessors like Wu Changshuo and Qi Baishi establishing new pinnacles. It is not an easy task for contemporary artists to further elevate this art form. Zhao Meisheng, fully aware of the difficulty, bravely advanced with new concepts, methods, and vocabularies, which is commendable. His driving force lies in his grasp of the artistic sense of the times, as well as his approach of "avoiding the overtrodden path" — avoiding the habitual and clichéd, adopting what others discard, and discarding what others adopt, grounded in his naturally intelligent quality.

"Bold brushwork, grand atmosphere, and broad-mindedness" come from the evaluation of art historian and professor Xue Yongnian from the China Academy of Art.

He said: Zhao Meisheng's large freehand brushwork flower-and-bird paintings "use bold strokes to depict grand atmospheres and broad-mindedness." He believes Mr. Zhao Meisheng's paintings embody two spirits: One is the pursuit of character and the praise of the country's historical culture. The other is a celebration of vigorous vitality. Zhao Meisheng paints both figures, flowers and birds, but I prefer his flowers and birds, especially his plum blossoms. He rarely paints the branches; the flowers directly grow on Taihu rocks, combining the unique beauty of weathered Taihu rocks with the plum blossoms' branches in a very majestic and lively manner. Zhao Meisheng's paintings also offer great imaginative space for viewers, boldly breaking through conventions on the basis of accurately grasping the characteristics of the subject, often with ideas that others cannot conceive.

Landscapes may not be Zhao Meisheng's favorite subject, but he paints a lot, using splash ink techniques to fill the landscapes with dynamism. His flower-and-bird paintings also include black pottery, gray pottery, and bronzes as still life, expanding the scope of flower-and-bird paintings, but more so, absorbing cultural essence into his flower-and-bird paintings. Thus, although his flower-and-bird paintings are simple, they have a deep cultural accumulation and rich brushwork.

Professor Li Kuizheng from the Minzu University of China considers Zhao Meisheng's flower-and-bird paintings to be "one of the important representatives of modern freehand art work." There are four reasons for this: First, his flower-and-bird paintings exhibit a grand and moist brushwork, a spirit of simplicity, unconstrained by established methods, naturally formed, hence the majestic atmosphere. Second, "distinctive personality, clear brushwork structure, and highlighting a form of aesthetic elegance" characterize his works. Importantly, he uses ink blocks and color blocks that match the trees in reality as backdrops and large-area backgrounds to highlight the branches and main subjects in front, thus creating a new form of beauty. Third, he simplifies grand strokes, embodying a true form with simple strokes. Though the brush may be broad, it's richly applied, revealing the true nature of rowing and regular script in the brush force, making one feel the plain and robust spirit of brush and ink. Fourth, Zhao Meisheng carries on a tradition. I feel from his plum blossoms, one can see the spring plum feeling of Yuan dynasty's Wang Mian and Ren Bonian's spirit of brush and ink in painting vines and gourds. Zhao Meisheng has a precise understanding of the traditional spirit of brush and ink, but more importantly, he does not dwell in it.

Li Yunjing, a director of Chinese Printmakers Association, uses "four phrases containing the Chinese character *Lao*" to evaluate Mr. Zhao's creative style: Zhao Meisheng's small pieces enter a realm of simplicity and majestic beauty, reminiscent of Zhuangzi's vast and majestic beauty, which should also be a highly regarded concept in the art world. Zhao Meisheng paints with experience, spiciness, maturity, and simplicity. His thinking is very wise, providing a novel path for Chinese painting, especially Chinese flower-and-bird painting.

"Vitality, clarity, spirituality, and talent" is how Professor Lu Xianneng professor from College of Arts, Taiyuan University of Technology summarizes Mr. Zhao's artistic style. He believes Mr. Zhao Meisheng's art embodies "four beauties." First, the beauty of vitality; under Zhao Meisheng's brush, there's nothing declining or feeble. What he portrays most is the image of vigorous life, and even if withered trees and remnants of flowers are included, they still depict an undying vitality. Second, the beauty of clarity; the painting exudes a refreshing and soothing atmosphere, providing a profound sense of aesthetic enjoyment. Third, the beauty of spirituality; highly perceptive artists always have unique artistic presentations. Zhao Meisheng's most prominent feature in painting is cleverness combined with interest, bringing unexpected surprises to the viewer. Fourth, the beauty of talent; the elderly individual possesses a broad mind, a kind heart, open-mindedness, and innovative thinking. He is a typical representative of contemporary Chinese artists, demonstrating a high sense of national pride and confidence, all while maintaining humility and self-reflection. Facing all times and all nations, facing development and change, he can move freely, advance and retreat at will. He also places special emphasis on learning, increasingly loving and knowing how to learn, unprejudiced between Chinese and Western aesthetics, integrating variations, light and color, literature, and seal imprints, ultimately achieving his original style, forming the unique Mei Sheng Art—a new freehand brushwork

Chinese flower-and-bird painting rich in the characteristics of the times.

In the eyes of Xia Shuoqi, former editor-in-chief of *Fine Arts*, Liu Longting, an art theorist and art historian as well as Jiang Wenzhan, deputy director of Xi'an Chinese Painting Academy, the most precious style in Mr. Zhao's paintings is freshness.

Xia Shuoqi believes that freshness is a very important aspect of the spirit of flower-and-bird paintings... The pursuit of freshness is the strongest psychological desire of modern people, but achieving freshness is not easy. Despite his advanced age, Mr. Zhao Meisheng's flower-and-bird paintings can reflect a fresh realm. He said: "Zhao Meisheng is very calm, if he is not calm, he wouldn't be clear in mind. If one is impetuous, the work will also be impetuous and cannot be fresh; moreover, if one does not eliminate staleness, one cannot have new ideas. If one cannot rid oneself of the stale air, it's impossible to have fresh memories."

Liu Longting said: "Viewing Mr. Zhao Meisheng's paintings feels a sense of 'freshness' even more novel than the works of some middle-aged and young painters. This novelty is not easy to achieve; it's a matter of cultivation and attainment, with the biggest feature being keeping pace with the times. Zhao Meisheng transcends traditional constraints, breathing new life into even the aging plum blossoms and ancient plum trees, joyously blooming in an era of prosperity!"

Jiang Wenzhan believes Mr. Zhao's paintings are filled with vitality, freshness and vitality. He said: "When I first saw Mr. Zhao's works, I thought they were painted by an inexperienced youth, not constrained by traditional classics, full of fresh and unconventional spirit. Painters have a dilemma: they need to reflect the voice of the times without departing from the influence of thousands of years of traditional culture. What's the way out? Zhao Meisheng has found a successful path—always being simple and following the heart."

Vigorous Painting through Mixed Techniques

Mr. Zhao Meisheng often said, "Innovation is not something that comes to mind in a day or two; it's a lifelong endeavor." He spends his life continuously pioneering, innovating, and transcending himself.

Professor of the National Art Museum of China, Liu Xilin thinks that Mr. Zhao invariably builds his creation upon innovation as well as inheritance.The same view is also held by Fan Di'an, a member of the National Committee of the CPPCC, Former Chairman of China Artists Association, and President of the Central Academy of Fine Arts.

Liu Xilin once said that Zhao Meisheng's artistic thinking is creative thinking, which includes learning from the past without being stuck in it, maintaining a personalized thinking that always keeps a distance from others, preserving a naturally innocent childlike mindset, and a thought process that depends on both Western aesthetics and Chinese art, truly "having a unique purpose." Let's take a look at Zhao Meisheng's works, and most of his pieces are rich in content and innovative in ideas, displaying vivid forms, skilled brushwork, and comprehensive techniques. His artworks possess a unique appearance and personality, maintaining a connection with tradition while avoiding confinement to it. There is a constant evolution, not merely for the sake of novelty but for a meaningful transformation. His innovation's core and motivation come from fresh sensations of life. As he stepped into the later years of life, he still maintained a keen sensitivity to life, which gives his paintings a fresh breath and vitality of life. Zhao Meisheng always naturally integrates a sunny, positive emotion into his brush and ink, making the paintings naturally exude a passion for life and creativity.

Fan Di'an believes that Mr. Zhao Meisheng's exploration in Chinese painting, especially in Chinese flower-and-bird painting, adhere to tradition, preserving the natural and vibrant style of Chinese flower-and-bird paintings, while also being pioneering and innovating, creating flower-and-bird paintings that reflect the new era, embodying the spirit of the times pursued in Chinese painting creation since the reform and opening up. His brush and ink has reached a very high realm. One of his characteristics is quite in line with a certain character of northern painters, pursuing the robustness of brush and ink. So whether he paints rocks or shaping flowers and birds, especially in the expression of flowers, he pays special attention to the strength of brush lines, showing a robust and majestic momentum in the structure of the painting and the organization of lines, thereby bringing momentum to flower-and-bird paintings. This is a very prominent feature of Mr. Zhao's paintings, especially known for painting red plum blossoms. In the theme of plum blossoms, he infuses a thematic sentiment, using plum blossoms to symbolize character, life, and the vigorous vitality of nature. Zhao Meisheng transcends the ordinary portrayal of plum blossoms, truly treating plum blossoms as a spiritual symbol, cultural symbol, and his ideal symbol, making the painting full of ingenious thoughts, giving this traditional symbol new era characteristics. Proficient in comprehending life, nature, and art, Meisheng's works are always meaningful.

Zhang Qing from the College of Fine Arts of Capital Normal University summarized the creative style of Mr. Zhao's works with "Blending the ancient with the contemporary, creating a unique style."

He said: "Mr. Zhao's art, based on fully absorbing the nutrients of the ancients and mastering the traditional brush and ink skills, combines personal life realities to blend ancient methods with the modern ones, forging his own path. This is also a true reflection of his learning from tradition without being confined by it, being diligent in thought and brave in exploration.... His innovation is not only reflected in themes, composition, and form but also prominently in the concepts and language of brush and ink. This kind of innovation is not for the sake of novelty but is based on his decades of rich experience, naturally revealing his resilient character and open-mindedness."

Li Qun, the former honorary chairman of Chinese Printmakers Association and a renowned painter, praised Mr. Zhao's works as "created in one go and full of momentum." He believes: "Mr. Zhao's works cover a wide range of content, including skillfully executed plum blossoms and peonies, simply brushed birds, boldly inked and vibrant flowers, distinctive features of the northern frontier and southern scenery, as well as modern foreign architecture that is difficult to incorporate into paintings. Zhao Meisheng's painting style is bold, his compositions are innovative, his brushwork is free, and his use of ink is exuberant and unrestrained. Overall, the most significant characteristic of his works is that the works are created in one go and full of momentum, which is a valuable style."

Pure Heart from Iron Bones

Throughout his life, Mr. Zhao loves life and is devoted to education, persistently creating for the people, faithfully fulfilling his own pursuits. His personal charm is as remarkable as his artistic creation.

Professor Shao Dazhen, an art historian at the Central Academy of Fine Arts, evaluated Mr. Zhao's life: "It is hardly too much to say that Zhao Meisheng's life is full of exploration, and a pursuit of innovation."

Poverty, disaster, and a rugged path of life are tortures to a person, as well as a severe test. Those who survive great adversities must have a strong will to enjoy "later blessings." Born in the late 1920s, Zhao Meisheng experienced the various humiliations and pains of our disaster-ridden nation in the past century. He tenaciously made it through, turning these hardships experienced into a force that inspired him to strive for strength.

Cheng Dali, a director of China Artists Association and former chief editor of People's Fine Arts Publishing House, evaluated Mr. Zhao:

Zhao Meisheng has a life full of hardships and dangers, but he is unyieldingly resilient, demonstrating a high level of character! When I saw Zhao Meisheng's painting exhibition, I couldn't help thinking of what Kang Youwei once said about the highest realms of Chinese calligraphy and painting: truth, simplicity, and brevity. Chinese painting emphasizes inner beauty, self-cultivation, interaction with the world, self-discipline and judge ourselves and others. Only when one has attained a certain level of oneself can it be conveyed to others. He is very humble, saying that during his entire learning phase, he remembered four words: Courtesy, Justice, Integrity and Sense of Shame, which are profound and the core of Confucian thought. The righteousness in Chinese painting actually embodies these virtues. Zhao Meisheng's brushwork shows skill, strength, and structure, describing objects as light as clouds, heavy as thunder, moist as spring rain, and vast as hills and valleys. His brushwork contains a deep elegance, touching on the deepest aspects of Chinese painting's use of the brush, achieving a level where not a single stroke is superfluous.

Zhang Yanyuan, when explaining the ancient method of using the brush, mentioned that firmness and uprightness constitute the "bone" of the art. He linked the use of the brush with personal conduct, emphasizing that the personification of the brush is the greatest characteristic of Chinese painting. Zhao Meisheng's nearly 90 years of life experience and over 70 years of artistic practice have fulfilled this principle, treating the use of the brush as he conducts himself, striving towards this realm!

Sun Qifeng, a tenure professor at Tianjin Academy of Fine Arts, believes Mr. Zhao possesses the same proud and unyielding spirit and selfless character as the plum.

He said: "Zhao Meisheng's creation of flower-and-bird paintings originates from a unique heartfelt source, forming his own style, especially in his painting of plums, appreciation of plums, understanding of plums, and using the spirit of the plum to inspire himself, cultivating a proud and unyielding spirit and a selfless character similar to that of the plum. His representative work 'Snow Sea Flowing Fragrance' fully reflects this. Despite experiencing life's hardships and tribulations, he is able to remain introspective and calm, appreciating life with a generous and honest demeanor, and an enthusiastic and sincere understanding, imparting to his works a robust, spirited, and authentic charm. Particularly valuable is his unwavering spirit of innovation and pioneering thinking, infusing his works with a rich, fresh, joyful, and vivid artistic vitality. This vitality is not only a vivid portrayal of the spirit of the times but also a personal symbol of Zhao Meisheng's dignity in his brushwork."

Pu Shurou and Shi Jin mentioned in their article *The New Freehand Painter Zhao Meisheng*:

> Mr. Zhao Meisheng is extremely humble. He believes that the difference in wisdom between people is not significant; sometimes, success is not about who is more clever, but about who is more diligent in contemplation. He often says: "In life, do not aim too high, but aim for just 1 centimeter. Many times, success is just 1 centimeter away from you—Zhu Jianhua won the high jump championship by just 1 centimeter." "I may not paint better than others, but I am always thinking about composition, layout, the overall sense, and how to paint what's in my heart."
>
> In the article *Infinite Heights, Zhao Meisheng* by Wu Shaoning, it is pointed out: Compared to many who label themselves as great Chinese artists, Zhao Meisheng's artistic achievements have an inner momentum of "Try to ascend the mountain's crest:

It dwarfs all peaks under our feet." yet he still humbly places himself in a relatively low academic position, letting worldly brilliance fade away, but still persistently climbing and achieving self-transcendence. Regardless of how impressive and admirable his achievements are, he never becomes complacent or showy. He always transforms righteousness into the phenomenon of Mei Sheng with his brush and ink, starting from the very beginning to infinity time and time again...

Chen Yuguang talked about his utmost admiration for Mr. Zhao's character in the article *Starting from Zero, Pursuing the Infinite—Zhao Meisheng's Philosophical Approach to Art:* What I admire most about Mr. Zhao's character is his indifference to gains, focusing solely on hard work, celebrating and lamenting with a proactive engagement with the world. Even in the roughest times of life, Mr. Zhao's works continue to sing, to chant, and celebrate the universe. It can be said that this represents the biggest difference between his humanistic perspective in freehand brushwork and the traditional literati's melancholy.

Researcher Chen Shouxiang from Chinese National Academy of Arts believes Mr. Zhao Meisheng is a "well-deserved artist." He said: "For decades, his mental state and attitude have not changed. I always feel a special tranquility in his heart. Once, he shared his personal experiences with me, how at the age of fourteen, he was taken away to be a laborer, and everyone else from his village died except for him, who managed to escape back. He explained this event very calmly, saying it was the suffering of an era. Later, he was labeled as a rightist, but now we can't detect any traces of such hardships on his face. He is a truly deserving artist, so I think his heart is genuinely tranquil. He is an artist who always thinks forward, not one who doesn't think at all, and I think that's the most valuable lesson I can learn from him."

Zhao Meisheng is essentially building on a foundation of ruins, learning from folk and Western painting through his own efforts. I believe this type of learning truly grasps a lot of what the era demands. The era depicted in his paintings is not something from the textbooks of the academy style of the West but what our nation and this era need, which can be summarized as composition, theme, and innovation. There could be many summaries, but I feel all his works are the propagation of his own life. The character for "life" truly represents Zhao Meisheng's existence. He is "Meisheng," born of the plum blossom, and his birthplace, Wenxi, symbolizes a Buddhist heart, always joyful. After viewing the exhibition, I was deeply moved. I feel he provides a lot of inspiration for the younger generation, directly expressing life to represent our era. I wrote him two lines of poetry: "Without regret, he solely achieves; painting into old age, even more naive. 'Snow Sea Flowing Fragrance' brings new craftsmanship, endlessly vivifying the divine spirit."

When talking about his artistic career, Mr. Zhao once said: "Painter is just a noun. Everyone wants to succeed, but one must recognize one's path and walk it steadfastly. I've been climbing this slope for decades, but I'm not ready to stop yet." He said: "Even if one day I'm penniless, I still have 'hardship, obstacles, struggle,' these three words, which are my most precious wealth as an artist." It is precisely with such a spirit, fearless of hardship and daring to innovate, that Mr. Zhao created his unique artistic world (Figure 61).

Immortal Master with Timeless Fragrance

After Mr. Zhao Meisheng's passing, on November 30, 2022, *Shanxi Evening News* dedicated 5 pages to a memorial special titled *Zhao Meisheng: Renowned Painter and Art Educator*. On October 31, 2022, *China Art News Figures of the Times* column used 8 pages for a memorial special titled *Zhao Meisheng: Born for the Plum, Fragrance Over Snowy Seas*. On March 1, 2023, *China Elite* used two pages for a special report titled *Disciples of the 'Plum' Garden: Remembering the Great Chinese Painting Master Zhao Meisheng*. Furthermore, traditional Chinese media and new media platforms such as *China Women's News*, *Beauty of Intangible Heritage*, etc., reported and commemorated this artist who held a high status and influence in the Chinese painting world and art education in various forms. People from all walks of life also expressed their respect for Mr. Zhao through these media outlets.

Liu Wanming, Former Deputy Director of the National Museum of China and President of China National Academy of Painting believes: Zhao Meisheng is one of the most influential contemporary Chinese flower-and-bird painters... Zhao Meisheng's flower-and-bird paintings are unique in contemporary creation and form his own strong artistic style. He skillfully uses long brushstrokes for harmony, clear and ethereal ink, steady and naturally blended colors, and just the right amount of "water" to make colors, powders, and ink complement each other... Zhao Meisheng's works are rooted in tradition without being confined by it. He excels in sketching, even more so in observation. Through observation and sketching, he firmly grasps the essence and charm of Chinese painting, including the life-drawing techniques of "capturing the essence" and "mindful recognition," making his works very summarized and selective, truly achieving refinement and essence... His paintings always exude an uplifting and flourishing scene, and more importantly, he maintains an optimistic attitude, with a kind heart, so the birds and flowers that he depicted are always fresh.

Xu Li, a member of the National Committee of the Chinese People's Political Consultative Conference, Secretary of the Party Group of China Artists Association, summarized Mr. Zhao's life with "diligently seeking, virtue and artistry":

Zhao Meisheng's 80 years in art can truly be described as diligently seeking, virtue, and artistry. On the one hand, with his exquisite artistic foundation, he cultivates a batch of painting talents, making significant contributions to art education. On the other hand, he always adheres to the philosophy of "learning until old, painting until old, donating until old," donating a large number of his works to national and social institutions, showing his patriotic sentiment and desire to give back to society. Zhao Meisheng, with his profound artistic skill, humble and sincere character, and naturally engaging teaching, displays the artistic power and personal charm of a master of Chinese painting. Zhao Meisheng excels in freehand brushwork flower-and-bird paintings. His brush and ink is thick and varied, and his language is expressive and unrestrained, representing one of the artists in the art world who embraces ideological liberation and dared to explore and innovate. His life and art are like the plum blossoms he depicts, resembling the old plum branches weathered by the passage of time, yet always blooming with vibrant new flowers.

Lu Yushun, former President of the China National Academy of Painting, regards Mr. Zhao Meisheng as a virtuous and talented artist and educator who made outstanding contributions to Chinese art education and the art industry. For many years, Zhao Meisheng devotes himself to painting, infusing the ink and brush spirit of Chinese painting with epic sentiments, capturing major events, praising the new era with his works that embody strength, morality, and warmth, expressing the love for the party and the country from a Communist Party member. … His creation has always kept pace with the times, adhering to the principle of leading the fashion of the times with virtue, showcasing the beauty of faith and nobility. In his works, we not only see a rapidly changing, vibrant beautiful world but also witness the continuous Chinese culture and the pure-hearted devotion to art. Live to old, paint to old! Zhao Meisheng has lived up to the era and the people! Worth learning for our generation!

Li Shuntong, the Executive Vice President and Secretary-General of Shanxi Mass Painting and Calligraphy Institute and advisor to Shanxi Calligraphers Association, believes Mr. Zhao Meisheng is a great artist of virtue and talent. His painting and calligraphy art have profound impact on our country's art industry. He always loves the party and the people. His works reflect a positive and optimistic attitude towards life and are significant in praising the new era, the party, and the people's glorious achievements. Over eighty years of teaching and creating, his works have developed a unique personality of "rich in content and novelty." … Zhao Meisheng's works are down-to-earth, boosting morale, and are deeply loved by the people, making a unique mark in contemporary Chinese painting.

Zhang Tiesuo, former Vice President and Deputy Secretary of the Party Group of Shanxi Provincial Institute of Historical Research, regards Mr. Zhao as a virtuous and talented art educator whom he deeply respects. Starting as an ordinary painting teacher, he has been steadfast, striving, and improving his work for decades... He gathers various strengths in painting art, creating numerous masterpieces that are widely loved by the people and recognized by society, rich in the distinct characteristics of the times. He is modest, low-key, diligent, serious in work, and his artistic style is steady and fresh. Mr. Zhao's passing is undoubtedly a significant loss for Shanxi and the Chinese art world. He lives a life worthy of the times and makes significant contributions to the party's educational cause. He is a true educator and artist of virtue and talent, worthy of eternal respect and to be learned.

Guo Zhenyou, an educational inspector from the Ministry of Education summarized Mr. Zhao's achievements in education and art as "a great beacon in the realm of education, a new sky in the garden of art."

He said: Mr. Zhao Meisheng is a grand master giant in the art world, awarded titles such as "Outstanding People's Artist" and "Artist of Special Contribution" by the state. Such honors in his life are, of course, very important to him. However, what he cherished more was another duty and title: People's Teacher. He was awarded the title of "Special-grade Teacher of Shanxi Province," recognized as a "National Model Worker in the Education System" by the Ministry of Education, and received the "People's Teacher" medal. This is the highest honor for a People's Teacher. "A great beacon in the realm of education, a new model in the garden of art." This is a couple of lines I wrote in August this year during an event to commemorate Mr. Zhao Meisheng's 80 years of teaching and artistry, at the invitation of Mr. Zhao Zifeng. I believe the honors and praises he received in the Chinese art world are also the glory of Chinese education and teachers.

Qiao Yinan, Deputy Director of the Art Development Center of the Ministry of Culture and Tourism, evaluates Mr. Zhao as follows: Mr. Zhao Meisheng is a typical painter of contemporary large freehand brushwork, ... His works are pure and romantic, capturing the true charm of Chinese painting brush and ink, inheriting the aesthetic spirit of traditional Chinese painting, and are highly individual and modern. ... He follows the party's steps throughout his life, creating for the people according to the party's policy on literature and arts. His works inherit excellent traditional Chinese culture, promote revolutionary culture, and actively contribute to the construction of advanced socialist culture. At the same time, Mr. Zhao also cultivates many outstanding art talents for the country.... making outstanding contributions to China's art and education industry.

Wang Anlu, former Deputy Secretary of the Party Committee and Secretary of the Discipline Inspection Commission of the General Office of Shanxi Provincial Government, gave a high appraisal of Mr. Zhao's life:

Looking over Mr. Zhao Meisheng's life of learning, teaching, working, painting, and living, it is a life that embodies the "Three Ox Spirit". He is loyal to the Party, loves the education industry, works hard and tirelessly, and generous and serves the people; he is faithful to the professional art of painting, goes deep in life, dedicates to learning and practicing diligently, maintaining integrity while innovating, standing bravely at the forefront of the times, painting portraits for the people, chronicling the era, nearly a century old, yet never ceasing to cultivate.

Mr. Zhao is always studious, indifferent to fame and wealth, diligent, and unwavering. He establishes his career on teaching, his livelihood on painting, and his life on virtue, devoting his life to the education industry, writing art textbooks for national normal schools, teaching by word and example to cultivate excellent art talents. His achievements make him a true people's teacher and art educator. He devotes his life's efforts to the field of Chinese calligraphy and painting, continuously climbing artistic peaks, exploring and creating a style blending calligraphy and painting with a strong sense of the times, making his influence an undeniable unique presence in the contemporary Chinese calligraphy and painting world. … Mr. Zhao, rooted in patriotic sentiments, pours his wisdom, education, skills, and efforts into creating and participating in activities with fine works, generously donating them all. He contributes to the dissemination and display of the diverse Chinese calligraphy and painting culture, telling China's story, and enhancing China's global influence. He is hailed as a "Chinese Traditional Art Ambassador" by foreign diplomats and celebrities, and a pride for the Chinese people and a glory added to Shanxi.

Dong Zhimin, former Vice Chairman of Shanxi Artists Association, said: Discussing the art industry of Shanxi since the founding of New China (since the founding of the People's Republic of China in 1949), Zhao Meisheng is undoubtedly one of the greats that cannot be bypassed... First, from his own consistent evaluation, he considers himself primarily a teacher, dedicating his life to teaching and cultivating generations of art talents; Second, as a painter, on the basis of his extensive study of Chinese and Western painting, he integrates various painting forms, languages, and techniques' expressiveness and richness into his own practice and heart's desire. Thus, he is able to "paint anything and everything, no painting is without originality," with a rich portrayal, an aesthetic consciousness, and aesthetic contemplation of "painting what ancient people haven't painted, painting what others haven't painted," creating a unique path and method in color ink forms and compositional expression. He forms a school of his own, blending the old with the new in spirit, temperament, and personal character; Thirdly, his contributions as the Honorary Dean of Taiyuan Academy of Fine Arts are noteworthy. His influence on generations and leadership in the establishment of the academy, as well as their impact on the development, creation, and academic spirit of art in Taiyuan and Shanxi, are significant.

Shanxi Daily published an article by Sun Yi on July 1, 2021, on page three, titled *Zhao Meisheng's Pure-hearted Devotion*, which states: Zhao Meisheng has produced excellent works in every historical period, representing the melody of the era and expressing his pure-hearted devotion of love for the Party, the country, and the people. In recent years, as he approached the age of a hundred, Zhao Meisheng created a series of works that breathe with the times and share the destiny of the era, reaching both the peak of his life and the pinnacle of the era and art. Zhao Meisheng infuses the ink and brush sentiment of traditional Chinese painting with epic emotions, casting cultural symbols bearing the spirit of the Chinese nation in a painting language full of patriotic beliefs, capturing major events, praising the new era with works of strength, morality, and warmth, expressing the love for the Party and country of an old Communist Party member. He perfectly unifies lofty beliefs with painting art, reflecting an extraordinary aesthetic of the era, showcasing the beauty of faith and nobility, and achieving the sublimation of art in the era.

Zhao Meisheng is always innovative and progressive, humble and prudent, embracing simplicity, diligently cultivating, and possessing broad-mindedness. His life and creativity will never cease. "Fragrance Over Snowy Seas, Iron-boned Elegance" is the best portrayal of Mr. Zhao's artistic life.

Inside Zhao Meisheng Art Museum, we can see the high praise given to this elderly artist by the Publicity Department of Shanxi Provincial Committee of the Communist Party of China, Taiyuan Municipal Committee of the Communist Party of China, and the People's Government of Taiyuan City:

> Mr. Zhao Meisheng is an influential artist in the contemporary Chinese painting circle. Despite being nearly a hundred years old, he still possesses vigorous creative vitality and keen on innovative thinking, his brush soaring through the clouds, and endlessly cultivating.

He has been engaged in art education for more than 70 years, working as a teacher at places like Shaanxi and Shanxi, cultivating countless students and talents. Apart from the teaching, he devotes all his energy to artistic creation. From copying classical figure embroidery in his youth, creating propaganda wall newspapers and headers during the Anti-Japanese War, and depicting the beautiful landscapes of the motherland; from oil painting, New Year's paintings, comics, to the traditional Chinese painting where he achieves his artistic accomplishments, he is dedicated and focused. His works are distinctive in personality, broad in subject matter, and unique in style. They not only reflect profound traditional skills but also possess pioneering and innovative thinking, widely welcomed and loved by all sides. He has held exhibitions at the National Art Museum of China, the National Museum of China, and China National Academy of Painting, and conducted exchange exhibitions in various areas in the Chinese Mainland, Hong Kong, Macao, Taiwan, and some foreign countries, with many institutions and professional organizations collecting his works. Mr. Zhao Meisheng is indifferent to fame and fortune, virtuous and talented. Coming from the old society and enduring hardships, he forgets an unyielding personality. Since the founding of New China (the founding of the People's Republic of China in 1949), he has always been grateful to the motherland, followed the Party, cared for the people, and enthusiastically engaged in public welfare, donating more than a thousand works. (Figure 62)

This is Zhao Meisheng, a steadfast, Party-loving excellent Party member, a master of the art world who remains devoted through hardships, and an art educator who is a high-level teacher and a model of integrity.

Section Three
Lasting Fragrance in Unfolding Scrolls

Every flower in the world has its lifecycle. When a flower falls and withers, marking the end of its life, seeds will become the continuation of its existence, continuing to brave the wind and rain in this world, facing another cycle of rebirth.

Mr. Zhao, as the name suggests, lives as the plum blossom, hanging amidst the cold breeze and snow, exuding fragrance and basking in colors. He is just like plum blossom, blooming fiercely against the cold, dazzlingly beautiful. Now, although his life has dispersed into the earth like the plum blossom, his loyalty to the Party and the nation, his passion for the educational cause, and his steadfast pursuit of art have taken root and sprouted like seeds, destined to bloom brilliantly in those who follow him!

Mr. Zhao, while in the county town, attended Wenxi Experimental Primary School, where the words "Courtesy, Justice, Integrity and Sense of Shame" were written above the classroom's blackboard. And in the private school, he learned something else, "To study and to practice frequently." He said, "I have learned these nine characters all my life." Traditional Chinese culture is the guidance of his lifetime. As one of the few outstanding people's artists of our times, Mr. Zhao, in his decades of engagement in fine art education and artistic creation, transformed the three-feet lectern into a hall for enlightening the soul; he expanded the language of painting to the philosophical realm; he elevated the sensory beauty of art to a profound understanding that touches the soul. His name is always closely linked with educational thought, aesthetic spirit, and the pursuit of innovation, and his artistic achievements leads the social aesthetics with righteousness and vigor. (Figure 63)

When asked, "How can one become a good painter?" Mr. Zhao replied, "For me, it is nothing but three points: First is to have reverence in one's heart, to follows the Party, to be loyal to the Party, and with heartfelt love, to praise the motherland, depict the era, and portray life; second is to be a good person, to prioritize morality, not to fear losses, to be a person first and then do things, so that one can have a better platform and higher development; finally, to keep painting, to paint what the ancients and others have not painted, to keep up with the times, and to constantly innovate, so that you might become a good painter."

Although Mr. Zhao has forever departed from us, in the hearts of his descendants and students, it seems as though he has never gone far, his fragrance remains, and his spirit lives on!

Moral Demonstration upon Love

Not only does Mr. Zhao achieve remarkable accomplishments in art and education, but he also sets a fine example for his children and grandchildren. Thanks to his teachings and personal example, his children are nurtured in an environment that fostered good character and noble sentiments, growing up to be pillars of the country.

In the eyes of Mr. Zhao's eldest son, Mr. Zhao Zifeng, his father is a resilient, brave, capable, responsible person, and dedicated lover of the educational cause. He does not succumb to the hardships in life but instead makes his life brilliantly bloom. He nurtured countless talents from his three-feet lectern, leading to abundant achievements. With a loyal heart, he is grateful for the Party's kindness. With his brush, he labored only to lay out scrolls for the new China (since the founding of the People's Republic of China in 1949). His every word and deed subtly nourishes the children's souls like the spring rain.

Mr. Zhao Zifeng told reporters, "My father taught us from our young age to be grateful, never to forget the Party and the motherland, and to contribute our efforts to the Party and country regardless of the industry we work in."

"In the eyes of our six siblings, Zhao Meisheng is not only a father but also a teacher. He is kind, amiable, and humorous, showing meticulous care for us in our daily lives; yet, he demands strictness in our artistic endeavors. For many years, I have lived with my father, and he teaches me how to be a person, how to handle affairs, and how to pursue knowledge. His spirit of gratitude, diligence, simplicity, resilience, innovation, selflessness, and commitment to "Art for the People" constantly inspire and drive us forward with courage (Figure 64)."

On November 23, 2022, Ms. Zhao Nannan, the daughter of Mr. Zhao Meisheng, published an article in the *Shanxi Daily* titled *In Memory of My Father Zhao Meisheng*. In the article, she described her father as follows:

My father is a hardworking person. He is a painter, but he resembles a farmer more, tirelessly managing his artistic realm from dawn to dusk, through all seasons, without ever slacking off. He is so composed, living his life from five in the morning to nine at night, feeling that everything is growing, developing, and strengthening so effortlessly and naturally, until the trees are lush and the crops are bountiful. In the autumn season, the fruits are generously offered to the earth, to nature.

……

My father is sincere, simple, and genuine. He was straightforward, unrestrained, and passionate, sincerely facing art without any ulterior motives for profit. He is faithful to friends, art, and his educational career. He worked hard and diligently as a teacher all his life, closely integrating art innovation research and teaching, real life, and national development, expressing his thoughts and making his work vibrant and effective. Wherever he goes, wherever he teaches, in any school, he is earnest and dedicated as a people's teacher. In his decades of teaching, because of his seriousness towards the profession and teaching work, he not only cultivated a large number of students and outstanding scholars but also achieved his professional career and his art path, and perfected his artistic personality. He is a true practitioner of learning by doing and teaching through practice, a model of integrating practice with teaching. His exploration and pursuit of art make him an outstanding people's teacher and also an excellent people's artist.

My father is a delightful person. ... His optimism makes his artistic style pure, novel, positive, and full of vitality and righteousness. ... He experiences art in difficulties, feels art in life, works earnestly and joyfully, enjoys art in his work, and creates art. Thus, his works are also a reflection of his life. He approaches the pinnacle of life with joy and happiness. His life is ordinary, fulfilling, artistic, happy, and joyful.

Just like his paintings, my father is like the proud plum blossom, the pure white magnolia, the spring-heralding wintersweet, the gorgeously blooming peony; my father is like a towering pine, a bamboo reaching towards the sky, my father is like a sharp sword! He stands at the forefront of the times and social development with his brush, expressing his full enthusiasm and convictions; he supports the country's development with his brush, endorsing and celebrating the prosperity and strength of the motherland; he devotes his life to working loyally for the Party, serving the people, dedicating everything to the people. He left with no regrets!

In the eyes of Mr. Zhao's grandson, Zhao Yan, his grandfather is the "most beautiful plum blossom in his heart." In his eulogy, he said of his grandfather: In my heart, from Mei Wa to Mei Sheng to Old Mei, grandfather's ninety-eight years of life journey is bumpy, rich, and splendid. ... To say he is ordinary is because, as a son, husband, father, grandfather, and great-grandfather, he also experiences laughter and scolding, the sweetness and bitterness of life, the mundane aspects of living, and the joys and sorrows of life. To say he is extraordinary is because of the outstanding achievements he made in his career in education and artistic pursuit, virtuous and artistic, like truly fragrance-free water. ... With the promise of "doing one thing well in a lifetime," he repays his parents, raises his children, serves the people, gives back to society, and serves the country, and these simple words and touching moments are the most precious spiritual wealth grandfather left for us, the younger generation. Iron in bone, fragrance over snow. Grandfather, you are forever the most beautiful plum blossom in our hearts!

Disciplined Behavior in Instruction

Mr. Zhao often said, "In this lifetime, I am most proud of being a teacher, and secondly, being an amateur painter! I only know, to plow the land for a day as a farmer, to stand at the lectern for a day as an art teacher, and to improve myself." He devotes his full patriotic passion to the three-feet lectern day after day, passing on civilization through painting techniques, enlightening life with wisdom. Many students, inspired by his education, have also embarked on the path of artistic creation or teaching and educating.

Mr. Zhao's student, Wang Yingchun, now 80, in the 1950s, followed the path of artistic creation under his influence and became a renowned figure painter. She believes Mr. Zhao's key to success was in the 1950s talent, perseverance, and open-mindedness.

She said: "Mr. Zhao was my art teacher in the second year of junior high school. I deeply admire the contributions he made to flower-and-bird painting. ... It's not easy for his painting art to have such an impact nationwide. It's difficult for local painters to break out of their local circles and influence the entire country, but Mr. Zhao Meisheng did. This is firstly due to his talent, ... On the basis of self-study, for Mr. Zhao to achieve such artistic accomplishments and maintain such vigorous artistic vitality, talent is indispensable. Of course, in addition to talent, Mr. Zhao's superhuman perseverance and courage, the resilience and open-mindedness forged through hardships, add a charm to his art. His paintings are very personal ..., his natural disposition is fully and vividly expressed in his works, which is different from others."

In the article *The Teacher Zhao Meisheng I Knew*, the famous student, Chen Maolin (former President of Shanxi Provincial Institute of Education), described his teacher as "a model of teacher's ethics and a pinnacle of art."

He wrote: I greatly respect him, not only because he is older than me..., but also because of his "nail" spirit in loving art education and his exemplary role in teacher's morality through personal example. ... For eighty years, Mr. Zhao Meisheng has interpreted the professional ethics that a teacher should possess with his own character, which are the patriotic spirit of sharing weal and woe with the motherland, the dedication spirit of supporting a new generation, and the scientific spirit of respecting objective laws. The state awarded him the gold medal of "People's Teacher," which he is well deserved. He sets an example for the vast majority of teachers — illuminating the path of students' growth with the brilliance of teacher's ethics. ... As a painter and art educator, Mr. Zhao Meisheng uses his character and the quality of his paintings to spread truth, goodness, and beauty, leading students to pursue them. ... He practices the unity of character and the quality of his paintings throughout his life, using a capital "P" for Person to paint the most beautiful pictures. ... His way of being in the world is without pretense, without perfunctoriness, without deceit; there is sincerity in his simplicity, wisdom in his humor, and magnanimity in the details. ... In his calm personality, there is also passion, which stemmed from his love for the motherland, his devotion to work, and his care for students. ... The National Science and Technology Award Conference's special award for science and art, naming Mr. Zhao Meisheng as an "Outstanding People's Artist," is well deserved.

An eighty-year engagement in art education could not have persisted without a spirit of dedicated study content in solitude, nor without the thought of self-discipline and dedication indifferent to fame and wealth. Mr. Zhao Meisheng's perseverance, no matter how bumpy, difficult, or grievous, could not change his original intention of a lifetime in teaching. What made him so resilient and unwavering in his original intention? It is the cultural literacy of the brilliance of teacher's ethics. ... Mr. Zhao Meisheng uses his work practice and paintings to interpret the essence and connotations of culture, subtly influencing his students. ... While praising the plum blossoms that withstand wind and snow, he also sings of a strong and unyielding character. To live and work with the character of the plum, that is the reason for his love and admiration for the plum.

Not talking big, keeping a low profile in actions, being diligent in learning, and brave in innovation, these are the personal and work principles of Mr. Zhao Meisheng. These characteristics permeates his eighty years of educational and artistic activities, and are also reflected in his paintings...

Mr. Zhao Meisheng is hailed as a paragon of teacher's ethics and a pinnacle of art.

Xing Maochuan, a members of Taiyuan Artists Association,Vice Chairman of Yingze District Writers Association, and Zhang Zhiyong, a student of Mr. Zhao (a member of Shanxi Provincial Writers Association and Chairman of Yingze District Writers Association in Taiyuan), co-authored the article *My Master Zhao Meisheng*. They summarized Mr. Zhao's life with the concepts of "plum blossom's resilience, fragrance, and elegance." In the article, they recount their time with Mr. Zhao with great admiration and gratitude:

The master had his unique teaching language and techniques! He is approachable, kind, humorous, and straightforward! Listening to his lectures often makes me feel like a father teaching his child how to behave and how to paint... He practices the motto of "it's never too old to learn, to paint, and to donate!"... He also repeatedly emphasized: "Be true to oneself, create a unique style!"... He provides the sincerest and simplest guidance with the most unadorned language!

The master's paintings have profound intentions, clear meanings, elegant styles, and unique compositions! Through continuous refinement, his artistic experience keeps improving and sublimating, and his modes of expression and artistic charm keeps evolving, but his spiritual artistic principles remains unchanged: Be true to oneself, create a unique style!... The soul of the master's art lies in his continual understanding and appreciation of the spirit, character, charm, resilience, fragrance, and elegance of the plum blossom!

...His life, his character, his works, his artistic career are like the plum blossoms he painted: simple, resilient, and proud! They exude a fresh, elegant, vigorous, intense, and unrestrained quality! They are gorgeous without being vulgar, proud without being arrogant, not confined to conventional painting techniques and compositions! He fully expresses the spirit, structure, character, and charm of the plum blossom!

The master's nature, like the plum blossoms he depicted, is resilient without being haughty!... He is like his paintings, and the paintings reflect his; unconventional and extraordinary; breaking norms and transcending the self!

Professor Huo Dehua from the College of Arts, Taiyuan University of Technology, who became Mr. Zhao's student in 1972 through the introduction of his junior high school teacher, considers Mr. Zhao as "a great flag in his heart, a model for learning."

Recalling his teacher, he remains deeply moved, saying: Mr. Zhao is open and upright, straightforward, pragmatic, tirelessly teaching, and diligently creating day in and day out. His works always appear to me as simple yet full, plain yet profound, friendly and genuine, filled with the flavor of the era and the romance of art. ... In my heart, Mr. Zhao is a great flag, providing me with endless motivation and strength, giving me special warmth and happiness....

Sun Xiaowei, an art education researcher at Shanxi Provincial Institute of Educational Sciences, a member of the Art Education Committee of Chinese Society of Education, and Secretary-General of Shanxi Education Society Art Education Committee, summarized Mr. Zhao's life with "Good honing work sharpens the edge of a sword; and bitter cold can only increase the fragrance of plum blossom." She wrote an article in memory of her mentor:

Mr. Zhao's life is full of up and downs, but his broad-mindedness and inclusive vision shine like the warm sun in winter, illuminating everyone around him. He believes that to paint well, one must first be a good person, "Praise the motherland, depict the era, portray life with heartfelt love; furthermore, be a good person, prioritize virtue, not fear loss, be a person first, then do things, so that you can have a better platform and higher development; and finally, keep painting, paint what the ancients and others have not painted, keep up with the times, constantly innovate, so that you might become a good painter."

...Mr. Zhao's natural artistic talent cannot be overlooked, but his artistic achievements today come entirely from his diligence. ... He always maintains a vigorous artistic vitality, and even as he is about a hundred years old. As long as his health permitted, he continues to create. Therefore, his painting techniques are skilled, and his implications are profound, with the "maturity" but not the "oldness," brimming with a fresh breath and the vitality of life.

What I admire and miss more is his spirit of accumulating knowledge over time and constantly breaking through himself. He is good at thinking, while works both adhere to tradition and constantly innovate, possessing strong contemporaneity and people-oriented qualities. His works have long received widespread praise from the industry and society, yet he persisted in exploring and innovating... His spirit of striving for excellence, innovation, and keeping pace with the times inspires a broad range of painters to courageously move forward.

His self-evaluation is always "I am a people's teacher first, and an amateur painter second"... As a model for teachers, he sets an example for the vast majority of teachers — illuminating the path of students' growth with the brilliance of teacher's ethics. Thus the state awarded him the gold medal of "People's Teacher," which he truly deserved.

On December 12, 2022, *Science Tribune* published an article by Zhang Jianyong, a former student of Taiyuan Normal School and now the principal of the Twelfth Primary School in Jinyuan District, Taiyuan City, titled *Fragrance over Snow, The Stature of Iron — In Memory of Mr. Zhao Meisheng*. In the article, he recalled his visit to the mentor during the Mid-Autumn Festival of 2021: The elderly man, speaking Mandarin with a Wenxi accent, earnestly advised, "As for school education, place the utmost importance on Courtesy, Justice, Integrity, and a Sense of Shame. Courtesy, Justice, Integrity, and a Sense of Shame are the four pillars of a country; if the four pillars are not upright, the country will surely perish. Courtesy is the attitude of discipline, justice is the behavior of righteousness, integrity is the discernment of purity, and a sense of shame is the realization of thorough awakening." ... Reflecting carefully on Mr. Zhao's earnest advice, it is also the spiritual backbone that supported the old man's life — Courtesy, Justice, Integrity, and a Sense of Shame!

In January 2019, representatives of the students and faculty of the Fine Arts Department of Taiyuan University visited Mr. Zhao. After the visit, a teacher, Li Yihua, deeply moved, wrote *A Record of Learning from the Visit to Mr. Zhao Meisheng:*

> Meeting Mr. Zhao Meisheng is immensely enlightening. The main teachings I took away are as follows: Art should reflect the contemporary rather than cling to the ancient, that's the first point; be bold in creating, that's the second point; paint anytime, anywhere, without confining oneself to a single style, that's the third point; freehand

painting is true Chinese painting, meticulous detailing is not the main path, that's the fourth point.

Mr. Zhao's life is accompanied by painting art, linked with the fate of the nation, and follows the development of the motherland. He "serves the world with his will, regards art as the earth, takes the era as the warp, and creativity as the weft," aiming high, braving the wind and frost, nurturing talents and pillars of society. His paintings and calligraphy delight people and are fragrant with ink. He works diligently, tirelessly, seeks after his goals, dedicates his life to the nation, devotes his heart to the people, and offers everything to art. We should carry forward his will, follow his footsteps, forge ahead, maintain integrity while innovating, and continue to move forward!

Word List

renowned 英 /rɪ'naʊnd/ 美 /rɪ'naʊnd/	*adj.* 有名的；闻名的；受尊敬的
benevolence 英 /bə'nevələns/ 美 /bə'nevələns/	*n.* 仁爱；善行
celestial 英 /sə'lestɪəl/ 美 /sə'lestʃl/	*adj.* 天空的；天上的
immortality 英 /ˌɪmɔː'tæləti/ 美 /ˌɪmɔːr'tæləti/	*n.* 不朽；永生
contemporaneity 英 /kənˌtemprə'neɪəti/ 美 /kənˌtempərə'neɪəti/	*n.* 当代性
resilient 英 /rɪ'zɪlɪənt/ 美 /rɪ'zɪlɪənt/	*adj.* 有弹性(或弹力)的；有适应力的
predecessor 英 /'priːdəsesə(r)/ 美 /'predəsesər/	*n.* 前任；原先的东西；被替代的事物
translucent 英 /trænz'luːsnt/ 美 /trænz'luːsnt/	*adj.* 半透明的
impetuous 英 /ɪm'petʃuəs/ 美 /ɪm'petʃuəs/	*adj.* 鲁莽的；冲动的；轻率的
tenaciously 英 /tə'neɪʃəsli/ 美 /tə'neɪʃəsli/	*adv.* 顽强地；坚持地；坚忍不拔地
righteousness 英 /'raɪtʃəsnəs/ 美 /'raɪtʃəsnəs/	*n.* 正义
exude 英 /ɪg'zjuːd/ 美 /ɪg'zuːd/	*v.* 流露，显露（感觉或品质）
paragon 英 /'pærəgən/ 美 /'pærəgɑːn/	*n.* 完人；典范
meticulous 英 /mə'tɪkjələs/ 美 /mə'tɪkjələs/	*adj.* 细心的；小心翼翼的

Questions for Thinking:

1. What contribute to Mr. Zhao's growth to be a renowned painter, calligrapher and educator? Have you learned any important lessons that may lead to your future success, and what are they?

2. As college students of the new era, what are your attitudes towards winning awards or prizes? How do you think you can handle different obstacles on your way to success?

Bibliography

Chen Sanhe, “Who Fills the Vast Sea, I Create Mount Kunlun”, *Banbutang*, December 8, 2022, accessed December 26,2023, https://mp.weixin.qq.com/s/neA4eu5sk42hENpk78uEcQ.

Chen Yuguang, “Starting from Zero, Pursuing Infinity: Zhao Meisheng’s Philosophical Approach to Art”, *Artist in the Art Website*, March 28, 2022, accessed December 26, 2023, https://mp.weixin.qq.com/s/avYQODbvPsBfR9alXpwoaQ.

Fan Zeng, “Understanding Laozi’s Heart”, *People’s Forum: Academic Preface*, accessed March 21, 2024, http://art.rmlt.com.cn/2019/0929/558119_27.shtml.

Feng Yuan, “Understanding the Artistic Realm,” *Art News*, November 24, 2012.

Gao Yamei, and Zhang Yixing. “Staying True to Oneself and Seeking Innovation and Change—The Artistic Life of Zhao Meisheng, a Master of New Literati Flower and Bird Painting,” *Journal of Tianjin Academy of Fine Arts*, 1(2019): 41–52.

Liu Xilin, “New Meanings and Unique Flowers—Artistic Analysis of Zhao Meisheng,” *Shanxi Daily*, January 30, 2008.

Liu Xilin, “New Meanings and Unique Flowers-Artistic Analysis of Zhao Meisheng,” *Appreciation of Masterpieces* 28 (2009): 125–129.

Ministry of Culture and Tourism, Ministry of Education, etc. “Utilizing Revolutionary Resources Effectively: Nurturing New Generation with Revolutionary Tourism Resources to Boost the Soul-Enriching and Educational Action Plan (2023–2025)” , August 8, 2023, accessed February 25, 2024, https://zwgk.mct.gov.cn/zfxxgkml/zykf/202308/t20230808_946543.html.

Ou Jinghai, “In Memory of Meisheng | Ojinghai: My Time with Mr. Zhao Meisheng”, *Wechat Official Account “Pure Spirit Flows Like Fragrance of Plum”*, February 18, 2023, accessed December 26, 2023, https://mp.weixin.qq.com/s/GoRmiIyKjR-Q2u2wlDGj_Q.

Shanxi Museum, “Selected New Freehand Brushwork Works by Zhao Meisheng”, *Cultural Relics Publishing House*, 2011.

Shao Dazhen, “Staying True to Oneself, Creating a Unique Style,” *Art News*, November 24, 2012.

Shen Xiaoying, “Unforgettable Trip to Japan-Remembering Mr. Zhao Meisheng”, *Sina Blog*, accessed December 26, 2023, http://blog.sina.cn/dpool/blog/s/blog_4baa2398010301zc.html?md=gd.

后　记

父亲一生淡泊明志，以满腔热血与赤诚，全身心地投身于教育事业。他爱党爱国，关爱学生，在讲坛耕耘八十载，兢兢业业，毫无懈怠。他把一生无私地奉献给了美术教育，将智慧与经验传予我及后辈。如今，我回首与父亲共同度过的岁月，心中满是感慨与敬佩之情。

父亲从不在口头上向我灌输做人为师的道理，而是凭借他的行动、作品以及生活态度，于潜移默化、润物无声中让我受益良多。小时候，我常常跟在父亲身旁，看着他挥毫泼墨，深切地感受到他对艺术的热爱与专注。他的每一幅作品皆是心血的凝聚，是他人生态度的生动写照，其中蕴含着对生活、对美的深刻理解与感悟。父亲生活简朴，一举一动都在向我传递着“一粥一饭，当思来之不易；半丝半缕，恒念物力维艰”的质朴生活态度，使我明白要以谦逊和感恩之心去面对生活。他的生活方式对全家人的生活习惯产生了极为深远的影响。长大后，在耳濡目染父亲的敬业奉献以及对学生的体恤关怀中，我渐渐认识到，教师这份职业责任重大，绝非仅仅是传授知识，而是承载着启迪心灵、塑造未来的神圣重任。

父亲的一生与三尺讲台结下了深厚的不解之缘，他把对知识的渴求和对学生的关爱融入到教育的每一个细微环节之中。父亲的执着与坚守，令我敬佩不已。他教导我，务必要尊重学生的个性，用心倾听他们的声音，耐心引导他们找寻对美术的兴趣与激情。我在不断地探索中前行，最终继承了父亲的衣钵，踏上了美术教育这条道路，全心全意、全力以赴地投入到教育工作当中。

如今，当我站在讲台上，面对每一位学生时，我深深地体会到父亲的教诲在我心中已然发芽生根。我将父亲的关爱、耐心以及智慧传承给我的学生们，期望能够点燃他们心中的艺术之火，引领他们在追求梦想的道路上不断迈进。我始终坚持“跳过教材讲美术”的理念，在教学中大胆创新，力求做到美术生活化、生活美术化。为了讲述生活中的美术，例如在“雪地飞龙”的创作教学中，我把课堂搬到了室外；利用废弃物品创作艺术作品，如用泡沫塑料制成“和平鸽”等，以此激发学生对美术的兴趣，让学生从思想和情感上真正走进美术的世界。在教学过程中，我针对学生的个性特点，进行灵活教学与创意教学，鼓励学生创新并培养他们的个性。比如“残缺的圆凳”美术创作教学案例，集趣味性与知识性于一体，启发并帮助学生发现问题、解决问题，培养他们的自主学习能力。

为推动美术教育事业的蓬勃发展，我秉承父志，参与了人民教育出版社、人民美术出版社以及湖南美术出版社等多家出版社的教材编写工作。我的"美术教学随记"课堂教学实录案例《雪地飞龙》以及《中小学美术教育案例丛书》由高等教育出版社出版发行。在与全国中小学美术教师进行交流时，这些成果广受欢迎。

桃李不言，下自成蹊。在父亲的影响下，我也选择了平凡而光荣的教师职业，潜心教书育人。1985 年 7 月，我与父亲一同加入中国共产党。在鲜红的党旗下，我们父子庄严宣誓，立志为共产主义奋斗终身。我和父亲一样毅然放弃了多次能到行政岗位工作的好机会，坚守三尺讲台。我始终以父亲为榜样，兢兢业业、踏实工作。2013 年，我从学校退休后，便开始系统研究、梳理父亲的艺术人生。

在我们兄妹六人眼里，赵梅生是父亲，更是先生。他慈祥和蔼、幽默风趣，在日常生活中他无微不至地关心我们；在艺术创作上他非常严格地要求我们。多年来，我有幸始终相伴父亲左右，他教会了我做人、做事、做学问。他心怀感恩、勤奋努力、生活简朴、吃苦耐劳、创新探索、无私奉献、艺术为民的精神，时刻激励我、鞭策我勇毅前行。感恩与父亲相伴的珍贵岁月，它让我拥有如此深厚的人生滋养。身处这崭新的时代，我更当奋进不息。最后，我想用父亲赵梅生最喜欢的一首自创小诗与大家共勉："梅干当拐杖，布履雪中行。一路烈风苦，健步不回头。"

赵梅生长子：赵紫峰
2024 年 2 月 29 日

赵紫峰：中共党员，美术教育专家，山西省人民政府文史研究馆研究员，中国美术家协会会员，教育部首批"国培计划"美术学科专家，国家"中学美术"教科书编著专家，山西省人民政府授予"特级教师"称号，教授级正高级教师，海南师范大学美术学院客座教授，太原学院客座教授，原太原市第二外国语学校校长助理，太原市委、市政府特聘高级专家，太原市专家协会副会长，赵梅生美术馆名誉馆长，山西梅生书画研究院院长。

图书在版编目（CIP）数据

梅香何处：赵梅生艺术人生：汉文、英文 / 李文洁，张静主编. -- 北京：中国人民大学出版社，2025. 3. -- ISBN 978-7-300-33133-1

Ⅰ. K825.72

中国国家版本馆 CIP 数据核字第 2024UE1135 号

梅香何处

赵梅生艺术人生

主　编　李文洁　张　静

编　者　董丽丽　何　莉　李建军　李小广　刘慧琴　孙　丽　王　赟　于晓君

Meixiang Hechu

出版发行	中国人民大学出版社		
社　　址	北京中关村大街31号	**邮政编码**	100080
电　　话	010—62511242（总编室）		010—62511770（质管部）
	010—82501766（邮购部）		010—62514148（门市部）
	010—62515195（发行公司）		010—62515275（盗版举报）
网　　址	http://www.crup.com.cn		
经　　销	新华书店		
印　　刷	中煤（北京）印务有限公司		
开　　本	787 mm × 1092 mm　1/16	**版　　次**	2025 年 3 月第 1 版
印　　张	15.25 插页 24	**印　　次**	2025 年 9 月第 2 次印刷
字　　数	322 000	**定　　价**	49.80 元